瘟世間

蘇曉康

（代序）黃禍之後來了瘟禍

愛達昆（Itaquai）河蜿蜒蛇形深入邈遠的叢林處女地，是未被掠奪過的，不像亞馬遜盆地上的許多便易接近之處，其黃金、石油、橡膠、木材、奴隸及其靈魂，撩撥起五百年的征服、瘟疫和摧毀，巴西上百萬的印第安人口銳減至三十五萬，叢林深處就藏著一些幽閉部落（uncontacted tribes）。當時的土著死於暴力衝突者並不多，大多數死於流行病，甚至是很普通的感冒，他們對此沒有生物機能上的免疫力。北美「新大陸」環境相對隔絕，不似歐亞非三大洲之間頻繁的貿易、交通以及連帶的細菌病毒交換，西班牙殖民者（對舊大陸已經具有免疫力）把劇烈的新病毒傳播到新大陸，沒人知道一四九二年哥倫布抵達今海地、多明尼加一帶時，那裡的人口有多少，保守的估計也超過十萬人，但到一五二〇年，那裡只剩下一千個印第安人，和單一的一個世代，在這個島上輝煌了上千年的文明及其肉體和靈魂，統統被摧毀。這堪稱五百年前的一場「細菌戰」。

接下來人類有過兩次熱戰，
熱戰之前是冷兵器時代，
熱戰幾乎引爆核戰，
於是冷靜下來就成了冷戰，
龐培歐在尼克森圖書館的講話被稱之為「新冷戰宣言」，
難道要來一場冷戰2.0？
不。下一次來的是

——溫戰。

太平洋上，一隻烏癱瘓一個航母打擊群。

中國心臟地帶的九省通衢，長江中游最大的江漢三鎮，六年前還是一座僅次於上海的一千萬人口的世界特大城市，瞬間成了瘟疫中的一座孤城，被死亡和哭泣淹沒，它從「盛唐心態」到孤城鬼魅，這也是只有中國才有的一種速度。

武漢封城前逃離的中國人，不到一個月已經散布到中國以外的三百八十二個城市。

這支病毒不出三個月就傳到我們落腳的馬里蘭蒙哥馬利郡。

美國因感染武肺病毒的生命折損、經濟損失總數應相當於美國四年的國內生產毛額（GDP），約二十兆美元（約五百八十四兆台幣）；武肺病毒可能會感染一億美國人，並導致一百至二百萬美國人死亡，以及六兆美元的經濟損失。

進步主義已在美國蔓延半個世紀，乘瘟疫陡然高漲，美國共產主義運動升級2.0版，「階級鬥爭」被「種族歧視」替換，東西兩岸大都市與中西部對立，美國分裂。

有一句老話：風從東方來；

有一句新話：毒從東方來。

柯林頓有句老話：笨蛋，是經濟！

習近平有句新話：笨蛋，是病毒！

當今演化生物學大家戴蒙教授（Jared Diamond）的巨著《槍炮、病菌與鋼鐵——人類社會的命運》（*Guns, Germs and Steel*），描繪一五三二年底秘魯高原上的「千古一見」——率領八萬大軍的印加帝國皇帝，居然被西班牙入侵者皮薩羅所生擒，這個無賴手下只有一百多個烏合之眾，人力懸殊是五百倍以上。然後他問了一個問題：

「為何印加皇帝不能捕獲西班牙國王？」

近因答案，包括槍炮、武器和馬匹的軍事科技、來自歐亞大陸的傳染病、歐洲海軍技術、中央集權的政治體制和文字等等，遠因則是所謂「自行發展糧食生產業」（food production arose independently）的領先群倫、所向披靡。

他也解答毛利人一個問題，就是為何是歐洲人征服美洲、澳洲、非洲，甚至亞洲，而不是歐洲人被他們征服？

而今日，歐美人也許需要反問：為什麼病毒是從落後的中國之心臟武漢出發征服先進的西方乃至全球，而不是相反？

人類進入到一個混沌不明的瘟世間。

二百年前「西力東漸」，東亞桑梓「亡國滅種」。

印第安人因隔絕而無免疫力，被西班牙征服者帶來的細菌滅族，這就是中國如椽大筆梁啟超所恐懼的「亡國滅種」，這是一個虛言嗎？晚清士大夫誤讀西典而迷信「天演」觀與弱肉強食，也是過度緊張？恐怕當年嚴復他們並不確知西班牙殖民者征服美洲的細節呢！新大陸土著因免疫力不足而亡於瘟疫，乃是現代生物學揭示的真相，而最早的抗生素要到一九〇一年才出現，免疫控制的整套理論架構遲至一九七四年才完備。

然而，從思想史的角度去看，在激進思潮澎湃的中國近代，又沒有第二個人對後世的劇烈影響能與這個「筆鋒常帶感情」的「飲冰室主人」相匹儔，「一紙風行，海內觀聽為之一聳」，黃遵憲甚至說他「一言興邦，一言喪邦」。只需稍爬梳一下，「亡國滅種」的危機意識在中國刻骨銘心、百年不泯，其催發戊戌變法求「全變」「速變」、導引「五四」啟蒙救亡於先，遵奉馬列、躬迎專政、聊發共產及「文化革命」狂想於後，激進思潮如水銀瀉地，覆不可收，尋此濫觴，追溯上去，驚駭一世，鼓動群倫者，非梁任公莫屬，而後來在歷史舞台上風流過的人物，有誰不曾被他那令人「攝魂忘疲」、「血沸神銷」的文字觸過「電」，包括毛澤東在內。難道這個邏輯是，中國現代災難的源頭，是五百年前的一場瘟疫，即新大陸的「細菌戰」之未預期效應，竟在大洋另一端的東亞桑梓，誘發了近現代激化思潮，進而導致蘇俄暴力革命元素乘虛而入，將神州浸入血泊？

激進化的後果不是「亡國滅種」，而是「亡黨亡國」，可是中共以「韜光養晦」之計，「全球化」之框架，廉價勞力之優勢，利用西方牟利本性榨取它，自己則成功穿越合法性、市場化、互聯網三道關隘，實現了「數位化列寧主義」的崛起，西方大夢如酣；而西方失去「領先」，又在歐洲受福利主義拖累而過早衰落，美國則技術被偷、貿易被騙、領袖被唬，讓中共當小孩一樣耍了好幾任總統，終於悔青了腸子。

然而世界在第一次世界大戰之前，西方甚囂塵上一種「黄禍論」，德皇威廉二世相信，日本將武裝中國入侵歐洲。不過細查當時歷史，緊追在西方工業強國後面的，是東方的三個國家——中國、俄國和日本，三個站在同一條起跑線的現代化後來者之間，有一場優勝劣敗的殘酷競爭，其結果則徹底的出人意料。先者，日本擊敗沙俄而稱霸亞洲，入侵中國；沙俄敗後則爆發革命釀成共產專制，跟擊敗納粹德國的美利堅爭霸成冷戰；這廂，中國經饑荒文革屠殺發財而崛起，既要替代日本的亞洲霸權，跟美國搶老大，也要取代蘇聯領軍共產體制。

經濟學、政治學、思想史，一切從十八世紀誕生的典範，都被瘟世間顛覆。

中國三十年高速發展一種資源耗竭型模式，山河破碎，道德淪喪，太子黨卻「絕不做亡國之君」，要在廢墟上「重整山河」，因為他們手中這個政權，是全世界最有錢的政府，控制了巨大的財富，即兩個一百萬億（一百萬億國有資產和一百萬億現金），國家主義主導的「中國模式」已經成功，下一步要開疆拓土、資本輸出、萬方來朝，然後是「五步控制世界」：第一步統治全球的製造業；第二步一帶一路，控制「世界島」和沿途主要港口；第三步5G網路；第四金融技術；第五步用人民幣取代美元。中國到二〇三五年成為世界第一經濟體。

可是這次很奇怪，西方無人嚷嚷「黃禍」了，直到瘟疫突然爆發，全球中毒，千夫所指東方。

沒有免疫力，一個淒涼的隱喻：無論是生物機能上的，還是文化制度上的。

新大陸隔絕，印第安人不敵從舊大陸帶來的細菌，感冒就可以滅族；二百年後變成「中國咳嗽，全球感冒」。

這個「新中國」曾廢除私有制度和市場半個世紀之久，很像當年環境相對隔絕的美洲「新大陸」，馬克思把金錢視為「罪惡」的觀念，恰好造就了對商品制度的「細菌」沒有防禦機制的一個社會，河南等地一旦將血液當作商品來買賣，對愛滋病毒沒有免疫力的系統，首先不是人體而是制度，而所謂「科學」若不是隨同整個西方系統來引進，則「賽先生」是引不進來的，形同虛設——這才是「五四」精神的大笑話。

「五月花號」從歐洲駛向新大陸。全球權力大轉移，第一次是西方崛起，這是美國崛起，然後領了風騷一百年，傲視兩次大戰，俯瞰歐陸，憐憫亞非拉，尤其溫柔中國。二戰期間，馬歇爾到中國斡旋，希望國共達成和平協定；韓戰期間，杜魯門政府希望阻止毛澤東派兵跨過鴨綠江；越戰期間，詹森政府相信中國會節制在南越的參與，這一切統統落空了。這基因又遺傳給柯林頓，他的落空，至少也有三條：市場經濟並沒有開發中國的公民社會，反而被中共引向發展國家資本主義，做強做大國營企業，要做世界老大；第二，美國分享技術給中國，也被他們拿去升級對社會的全面控制，而且還盜竊更先進的技術，反噬西方；第三，美國也沒有震懾中國放棄世界軍事野心，更沒能阻止他們在太平洋地區的步步進逼，甚至謀求取代美國的地位。這一切，都要耗費近三十年歲月，才令華盛頓相信，卻悔之晚矣。美國新教基督徒，相信天命，卻左傾天真，從未獲得對那個「歐洲幽靈」的免疫力，其仁慈善良，跟新大陸的印第安人，可有一比，會不會因此而令豐饒的北美，再遭遇一次外力入侵，而致文明替換，上一次高級換掉低級，這一次或許是低級來換高級，也說不定呢？

要知道中國返回「上甘嶺精神」去了，人家要「清場」美國。原來德國威廉二世的「生存空間」說在北京找到了繼承者，中共打著「民族復興」的旗號，要為中國有限資源、人口膨脹、土地極限、環境汙染等等找出路，用非常手段「清空」美國，不能用常規武器或核武器，唯有使用非破壞性的大規模殺人武器才能把美國完好地保留下來。這可能是關於「瘟世間」最準確的定義了。

今春一隻黑天鵝從東方飛來。我竟感冒或跟病毒擦肩而過，以後戴口罩帽子手套才敢出門，每週僅一次採購食品，七月進入我的「疫情歲月」，當時就想，這種日子也不是過不了，晚年難道就鎖在馬里蘭不成？如果人類就此進入另一個時代、那未經歷過的「瘟疫世紀」，則它的降臨竟然是無聲無息的、恐怖的、遲緩的、一刀一剮的、像凌遲一樣。我大概也會漸漸被切斷跟外界的聯繫，不再發表文字，讓自己慢慢消失……隧道盡頭，唯一的希望是疫苗，悶在家裡煩躁不安，十月份開始寫起一本書來，就為調節心情。年底聞訊疫苗已成，政府宣布老人優先注射。待我打上疫苗，走出這「瘟世間」，世界還是原來那一個嗎？

目次

第二章　大瘟疫在尖叫

第三章　庚子國恥

第四章　樂山大佛洗腳

第五章　若水

第一章

一九年結語：關上窗戶

中國毒藥

二〇一九年六月十六日，我在美國馬里蘭家中，看著網路上一副香港夜景，從高空俯瞰宏偉的百萬人群，穿梭於摩天樓群之間，頓時眼淚就出來了，順手也在臉書上寫道：

這是永恆。
這顆種子難道不是來自天安門廣場？
他們難道不也是在爭取我們的權利？
中共現在擔心的不是香港，而是大陸會不會也鬧起來。

出來一個跟帖：

（文烽）蘇曉康先生：不要再為個人樹碑立傳了。香港人民反抗共產黨的鬥爭的種子怎麼是來自六四天安門呢？你太貪了吧……

於是我在臉書上又寫了一點私人經驗，就是自戀式的詮釋香港青年的火種，來自天安門廣場，馬上遭到反駁，這才發現，「中國」已經成了毒藥，甭管正反哪一面，在中國之外，尤其是被它欺負的邊陲，都會惹人膩歪（即北京話「討厭」）。

曾幾何時，北京是多風光的大國上京，二〇〇四年國民黨競選輪替失利，敗選的連戰第二年就去大陸拜見胡錦濤，於是「人民幣跨海，金融系統接通，買下台灣」，也逼出了「太陽花學運」；二〇一四年六月的《香港白皮書》，北京可以說出這麼霸道的話：「香港特別行政區的高度自治權不是固有的……中央授予多少權力，香港特別行政區就享有多少權力，不存在『剩餘權力』。」這霸道的結果就是變成毒藥。

這當中可說之處確也有一些。比如，香港人震驚了全世界，其底蘊難道可以忽略一百年英國殖民遺產？若此，便解構了在中文語境中橫行了不止百年的諸如「殖民」、「外辱」、「侵略」等負面涵義，自然也會解構到今日中國最霸道的「民族主義」。我們不會忘記劉曉波的名言「香港最好殖民三百年」，乃真知灼見。

習近平不搞「共和主義」而偏要搞「帝國主義」，嚴重違逆時代進程，跟中國的大國地位不相稱，徒然虛擲了三十年經濟起飛的巨大物質力量，等於白白消耗民脂民膏；更可怕者，是中國一旦崩解的毀滅性力量，全世界跟它一道遭殃。

香港這次反中國霸權的意義，遠遠尚未顯示出來。一個顯見的效應，便是「一國兩制」徹底破產，而中共拿不出任何替代方案，除非它改制。這個破局，將引發中共三十年來推行的「大一統」戰略的毀損，其後果也必定逐漸會在新疆、西藏漸漸顯露出來。

毛澤東一生沒有「統一」中國，所以鄧小平高度重視「回收香港」，並視其為一生最大滿足，但他還是飲恨台灣。這漸漸慣出中共的一種「領袖情結」，誰上台都要以完成「統一大業」為最高業績；又則，「統一大業」也是這個政權代價最便宜的合法性補充劑，因為被「民族主義」馴化的老百姓最吃這一套，馬克思已經不靈光了。所以，香港教訓北京獨裁者，令其「大一統」情結消退，沒準對中國的政治改革都會產生意想不到的推力，那麼我們中國人還真得好好給香港人作個揖。

二〇一四年九月二十六日深夜爆發香港「和平佔中」運動，學生從添美道集會、逐漸擴大至中環、銅鑼灣、旺角，演變成一場「雨傘革命」——民眾以雨傘阻擋員警之催淚彈、辣椒水。「反送中」期間，至二〇一九年底警方公布被捕人士超過六千人，也發生大量自殺或原因不明死亡事件，且多為男女青少年、女童、少女，情形極為慘烈。二〇一九年六個月裡，高達一萬顆催淚彈落在這個彈丸之地，刺鼻硝煙瀰漫各個角落，炸開的是難以清除的生態地雷，含有致癌物，對人類的免疫系統、生殖系統都有嚴重危害。

這是「六四」二十五年來中共遇到的第一次大規模城市抗爭，且全球影響劇烈。起初我並不在意此事，若非王丹在台北催促我們（胡平、王軍濤、李恆青）關注發聲，我還沒反應。接著，又見在台北領唐奬的余英時教授對記者說「香港人抗爭不要怕坐牢」，才感到茲事體大，於是一路觀察下來，乃至日後分分秒秒地擔心香港了。

中共港版國安法生效，香港落閘，美國亦宣布取消香港特殊地位，這隻金母雞被殺掉了。這場東西對決，一定要拿香港玉石俱焚嗎？香港將被浸入血泊中，往後我們將看到無數的暴行和流血。我很擔憂，因為香港人是我的救命恩人，三十年前是香港的「黃雀行動」，將我從中國營救出來的。看到一個坦克碾軋、血光之下的香港，我會很難過……

四九後大陸淪陷，台灣也在蔣家軍政之下，中國文明不是只剩下香港一個孤島嗎？這個孤島才有牟宗三、徐復觀、錢穆、余英時……今日西方不救香港，其實也是救不了。黎安友教授就說「美國無力無心救香港」。所以香港是孤軍奮戰，香港青年是全世界民主社會的「犧牲」。

亡國感

黎智英接受《財訊》訪問，對台灣人苦口婆心：你們要是選郭台銘、韓國瑜這樣的人，台灣人不會死嗎？

他當然指的是台灣總統選舉，誰都知道，韓國瑜、郭台銘可以接受一國兩制，經香港一場轟轟烈烈的「反送中」，郭台銘表面上改口了，而韓國瑜反應遲鈍，還說「我不知道啊」，民調大跌。香港效應在台灣發酵，最大受益人是蔡英文，因為她對中國最強硬。

轉眼七月，台灣大選鏖戰，藍綠對決已然是一場美中「代理人」戰爭了。我先聽到一個高分貝的字眼「亡國感」，忍不住也去議論，台灣「亡國感」大行其道，卻是不一樣的兩種「亡國」危機。綠營之亡，乃民主制度有被對岸專制吞噬之危；藍營則有「中華民國」壽終正寢之危。「兩危」激盪二〇二〇大選，又在於台北已經出現「中共代理人」，而且民意度極高（有的民調甚至是最高）——此民意的背後，積澱著外面人不易解讀的恐懼和訴求，而且非常情緒化，卻是最棒的選舉資源。

綠營的「亡國感」，除了對岸「大國崛起」的霸凌，更大的背景，反而是美國重返亞太的強勢，蔡英文的「維持現狀」已勢不可能，兩強對決，逼她必須選邊站，自然不可能站到專制那一邊，雖然是「同文同種」；弔詭的是，藍營難道可以選擇站到習近平那一邊去嗎？那就是被關進「一國兩制」囚籠中，香港的苦苦掙扎，就在眼前！

相對而言，「藍亡」迷思偏重一點，因為其中暗含著「偏安」誤區，那自然是七十年積澱下來的；甚至「偏安」思維，就是一種中國傳統，源頭至少可以追溯到南宋臨安，趙宋小朝廷的苟且偷生，就不要說它了，那時的中原文人，對丟了北方半壁江山，痛心疾首，心心念念於北伐，到死都是「王師北定中原日，家祭無忘告乃翁」的。這種亡國情懷，錘鍊出許多大詩人，但是政治上毫不可取，最終氣數盡在崖山。時至今日，藍營中人仍不能看清今日北京就是當年的蒙古人，還存僥倖，豈不怪哉！

至於「綠亡」之誤，我看有點缺少機智。強敵之下，一水之隔，哪裡來的許多空間讓你揮灑？「轉型正義」也好、回饋選民也好，執政只有四年或八年，原是辦不了太大的事情，也容不得擠壓政敵太甚，中華民國之殼非要毀掉嗎？藍綠基本盤相當，輸贏全在中間選民的好惡，每年政黨輪替的意義，已經扭曲。我在大洋對岸，何敢妄言？這點感覺還是二〇一八年底赴台觀選「九合一」得來的，當時民進黨「雪崩式慘敗」，跌破眾人眼鏡，我聽到內行解讀，肇因乃「年金改革有侵犯財產權之虞、追討黨產有政治清算之嫌、轉型正義有違憲濫權之虞、前瞻計畫有違憲之嫌」，當然也包括「拔管」之類，綠營領袖被權力迷惑，可見一斑。

這次觀選，還讓我領略了台灣的「造神」傾向，前所未有。甫抵台北即聞聽「蔣中正還魂」，正在坊間盛傳，我不知所以，待看到「韓流」現象才明白，它令我想起中國六十年代的文革，然而當年老蔣也沒有這麼大「魅力」，反而有點毛澤東在台灣還魂，這個現象就是「克里斯瑪」嘛，藍營為奪回政權，而尋得一個「克里斯瑪」式人物，非常危險，還好民間、特別是年輕人，讀出其中的巫魅，大舉「返鄉投票」，扭轉局勢。東方社會的選舉，會不由自主的哄抬「巫魅」，這次在台灣才看到。其實不止藍營，綠營也不遑相讓，那個陳水扁，「台灣之子」，不是一樣很民粹嗎？至於今日大獲全勝的蔡英文，其實已經滿身輝煌，離「成聖」、「成鳳」很近了，更加巧合的是，台灣的本土神祇媽祖，恰是一個女性，因而土壤非常配合。我還沒有看到台灣有人擔憂，而把這個韋伯論說傳到中文裡的第一人，正是從台灣出來的林毓生教授！

綠營領袖沒有進步的話，對付藍營不在話下，可如何應付對岸的蒙古人？

西北來的征服者

這「蒙古人」是三十年前的舊概念。八九六四後流亡海外，我第一次訪台，貿然說了一句「台北有如當年南宋臨安」，那確是走在夜雨中滿地霓虹燈碎片的忠孝東路上我的一閃念，來自兒時的故鄉杭州，遭批「以中原心態看台灣」，其實背後襯托的南宋人那首七絕「山外青山樓外樓，西湖歌舞何時休。暖風熏得遊人醉，直把杭州作汴州」，是何等的迷離。

歷史學家余英時曾提出他的一個觀察，認為中國的歷史是從西北，從內陸亞細亞逐漸向海洋推移的一個過程。最初從漢代帝國唐代帝國所遇到的敵人，都是來自西北的，到唐以後，遼、金、元都是從東北西北，都是從不靠海的內陸開始，這是一個壓力，是少數民族對中國的壓力，不斷地把漢民族從黃河流域推到長江流域，從長江流域逐漸向海洋發展。余英時說這是一個從內陸來的政治壓力，一個代表西北的文化。中國的發展是從西邊向東邊，然後從北邊到南邊，慢慢地越來越接近海洋，這種發展一直沒中斷，但是遭遇到西北力量的影響時就有轉折。

他舉例，第一個轉折就是蒙古人的入侵。永樂的心裡想的依然是蒙古人，明朝對大知識分子的侮辱不是中國的制度，自漢唐以來對宰相、三公九卿是非常尊重的，何以有後來這些嚴酷的制度，當然是從內陸民族帶來的，最早是金人，後來是蒙古人，然後是明朝人繼承下來。但到明朝，向海外發展已經很大了，永樂有鄭和下西洋，西方人研究文藝復興的，研究航海歷史的，都承認中國可以向西發展，它何以沒發展？主要是政治原因，永樂的宮廷政治不允許這樣的海外發展。由於滿清王朝比後期的明代帶著更濃厚的內陸取向，海洋中國的發展在十七、十八世紀受到了嚴重的政治阻擾。

余英時總結：「我覺得海洋和內陸的問題是這樣一個問題，中國的政治是被內陸所左右的，經濟文化是慢慢向海洋發展的，所以政治與文化，經濟與文化有一種衝突，不是合一的，甚至是背道而馳的。這個衝突可以說一直延續到今天，我甚至可以說包括共產黨。它真正的基地是陝北，是在最貧窮的、也最能滋養原來內陸政治那一套的土地上發展起來的，在這種土地上發展的政權，有一種封閉性，就是關門主義，對外面是恐懼的，不放心的。歷史有時是奇詭的。近三、四百年來，中國內陸取向的政權雖然千方百計阻撓海洋中國的成長，但傳統的內陸文化，特別是家族組織和勤勞節儉的工作倫理，卻是中國人海外發展的主要的精神憑藉。脫離了內陸政治的羈絆，中國的傳統文化反而能在新的經濟領域中發揮得更為暢快。」

所以今天坐在中南海頭把交椅上的是一個陝北娃子，你不應該看成是一個偶然；而二〇一八年春北京全國人大近全票通過，修憲抬出一個「不穿衣服」的皇帝，要害又不在「裸體」，而在「全票」，中共的極權是有「民意」的，以至於當年選拔這個「二蛋」的中組部常務副部長李銳，在他一百零一歲生日當天，在北京一家醫院病房對美國之音記者大呼後悔：「我那個時候不曉得他文化程度那麼低，你們知道吧？他小學程度。」這裡的要害，又不在「小學程度」，而在這個黨的遴選機制。

瘟戰時間線1：爆發

二〇一九年十二月十五日

據中國大陸「財新網」一項獨家調查（已被刪除），二〇一九年十二月十五日，華南海鮮市場的一名六十五歲男性送貨員開始發燒。三天後，他去武漢市中心醫院急診看病。這與武漢市中心醫院急診科主任艾芬醫生的描述吻合。她說，早在十二月十六日，一名因「未知原因」而發高燒的病人就去了急診科尋求治療。

另據《柳葉刀》雜誌指出，「病人發病五天後」，第一位患者的妻子「沒有直接接觸海鮮市場，也感染了肺炎，並在隔離病房住院。」這就是說早在十二月的第二週，武漢就發現了證明該病毒是人傳人的第一個案例。

十二月二十五日，武漢市兩家醫院的醫務人員疑似感染病毒性肺炎，並被隔離。這也是「人傳人」的有力證據。

十二月二十七日，湖北省中西醫結合醫院張繼先醫生，向武漢市醫院和漢江市疾病預防控制中心報告，「發現了四名原因不明的病毒性肺炎患者」，這是一個重要時間點，說明已經群體感染。

十二月二十八日至二十九日，新華醫院收治了三名類似的患者，他們都有相似的病毒性肺炎症狀。新華醫院副主任夏文廣召開專家會議，一致認為病人的症狀很不尋常。夏文廣直接向武漢市和湖北省衛生廳以及武漢市中央醫院公共衛生部門報告。當天下午，武漢市和湖北省衛生委員會通知了省、市、區三級疾控中心。

十二月二十七日，廣東省廣州市黃埔區的一個實驗室，因與中國醫學科學院附屬病原學研究所共享數據，而獲知武漢患者的樣本裡面確實有一個病毒，「可能是一種跟蝙蝠SARS冠狀病毒類似的新型病毒」，意識到會出現「嚴重的公共衛生問題」，第二天即與武漢疾病預防控制中心聯繫，向該醫院和武漢市疾病預防控制中心通報了分析結果。

十二月下旬這幾天發生的事情說明，完全可能在這個病毒廣泛傳播之前，將其消除，但是官方不但無所作為，還報告「不會人傳人」，之後一切都失控了，全中國全世界都進入了疫情大戰，原因不是醫學技術問題，而是人類決策錯誤和媒體謊報。

十二月三十日

武漢市中心醫院獲得一名四十一歲患者的樣本，於一月三日發送到上海進行測試。同一天，北京博奧醫學檢驗所也檢查出「SARS冠狀病毒」。後來有專家告知「財新網」，該結果實際上是錯誤的，「他們的基因庫不夠完整，或者可能沒有經過審查，所以他們犯了一個小錯誤。實際上，它和SARS是不同的。這是一種新型的冠狀病毒。」

十二月三十日是關鍵的一天，因為兩家醫院驗出「SARS冠狀病毒」，卻導致了政府的一個陰謀決策：隱瞞。

當天，武漢市中心醫院急診科主任艾芬醫生在微信上的部門小組聊天中分享了一份傳染性非典型肺炎病毒的報告。她後來因「散布謠言」而被醫院處分。

她還與同事李文亮醫生進行了交談，後者後來成為了這次疫情的吹哨人。李文亮在微信群發了一條訊息：「華南水果海鮮市場確診了七例ＳＡＲＳ」，並且上傳了ＲＮＡ分析結果，顯示患者身上出現了類ＳＡＲＳ冠狀病毒和大量細菌菌落。

這一天，武漢市衛生委員會發布的緊急通知：「我市部分醫療機構陸續出現不明原因肺炎病人。」通知還命令所有醫療機構及時上報任何相關訊息，但禁止任何機構或個人對外界發布救治訊息。通知中未提及ＳＡＲＳ或冠狀病毒。這個通知在網上流傳。

十二月三十一日

武漢市衛健委首次公開通報肺炎疫情，稱「未發現『明顯人傳人』」。

中國國家衛健委委派專家組抵達武漢「指導」工作。

致命的傳染病已經在武漢出現，但是武漢人和全世界都還蒙在鼓裡。

這一天，台灣最先採取了行動，應對武漢的肺炎疫情，於十二月三十一日在邊境開始了一項標準化疾病控制措施，即對入境旅客進行篩查，檢查體溫、出行歷史、接觸已知病例等，以阻止疫情在台灣傳播。

後來事態的發展證明，台灣是這場大瘟疫受影響最小的國家之一，因為他們不信任中共和世界衛生組織，而是依靠自己的資訊和分析做出決策。

截至二〇一九年最後一天，十二月三十一日，至少有九份患者樣本受到檢測，其結果也顯示存在類似SARS的新型冠狀病毒。這些測試結果回饋到醫院，並上報了衛健委和疾控中心。然而，中國沒有採取任何預防措施。

「財新網」說：「回望二〇一九年十二月底至今年一月初的那幾天，原本應是決定無數人命運的關鍵時刻。但彼時，公眾對這種病毒日後會引發的後果還渾然不知。」

二〇二〇年一月一日

華南海鮮市場突然被關閉清理，這裡是COVID-19病毒的爆發地，但是沒有給那些動物及籠子取樣檢查，也沒有給市場工作人員抽血，更沒有檢查是否有人可能已被感染。

香港頂尖病毒學家管軼後來批評了此舉：「犯罪現場」都沒了，沒有證據怎麼破案啊？他還警告說，武漢冠狀病毒的感染規模將是SARS的十倍起跳。管軼的研究曾幫助內地政府成功避免了二〇〇四年SARS的再次爆發，他於一月二十一日至二十二日與團隊一起前往武漢，希望能追溯這種病毒的來源，卻無功而返。

當天，武漢市公安局傳喚李文亮醫生，指控他「散布謠言」。兩天後，李醫生在派出所簽署了一份訓誡書，承認自己「行為不當」，並承諾不再繼續進行「違法行為」。另外七人也因類似的罪名被拘留。

也是在當天，幾批基因組序列結果回饋到醫院並提交給衛生部門後，一家基因組公司的一名員工接到了湖北省衛生委員會官員的電話，勒令該公司停止進行武漢於新病毒相關測試，並銷毀所有現存樣本。

根據《紐約時報》對中國手機數據的研究，當天有十七萬五千人離開了武漢。

據全球旅行數據研究公司ＯＡＧ稱，二十一個國家有直飛武漢的航班。

經數據作比，在二〇二〇年第一季，就有一萬三千二百六十七名旅客從武漢飛往美國，即每月約四千四百二十二人。

一月二日

武漢病毒學研究所完整繪製了該病毒的基因組圖。

武漢病毒學研究所所長王延軼，向研究人員轉述了來自中國國家衛生委員會的電話通知，禁止任何人透露與疫情有關的訊息，包括檢測、實驗數據及結果結論，不得透露給包括官方媒體報導在內的任何媒體，或包括技術服務公司在內的合作機構。研究人員不允許在社交媒體平台或向自媒體平台發布任何訊息。

武漢一所軍事大學，海軍工程大學，突然宣布封鎖，嚴格控制外人進出。訪客需要特殊許可才能進入，並且必須在學校門口進行體溫檢查。禁止任何體溫高於三十八度的人進入。

此刻距離中共承認疫情爆發，還有十八天，

此刻距離武漢被封鎖，還有二十一天。

紐約會胡發雲

寫過ＳＡＲＳ的作家，大概只有胡發雲吧？他就是武漢人，據說他扔掉了所有「作家」頭銜，即湖北省作家協會賜封的所謂「專業作家」，甘願以平民身分寫作，在當下寡廉鮮恥的中國，此舉令人刮目相看。其實我已多年不讀大陸小說，過去並不知道他，而是一本《如焉@sars.come》，帶來他的盛名，煞是好看，文字清爽，故事揉進了顧准、李慎之的影子，彷彿大沉淪中一聲脆亮的雲雀啼叫，有評論稱其承俄羅斯文學遺風，但是女主角茹嫣，寫得收斂而韻味十足，中國小說寫女人不靠美豔取勝，連張愛玲都不行。

胡發雲高中畢業後插過隊，又回城當過工人、企業幹部，再上大學，閱歷豐富，寫過「反右」、「文革」等多種敏感題材，二〇〇三年ＳＡＲＳ爆發，他意識到一場瘟疫不僅是一次公衛事件，更是社會事件、政治事件，疫情平息後他就著手創作自己的第一部長篇小說《如焉》，三個月完稿。他的第一任妻子李虹，已因胃癌病重住院，看了書稿便知是一部難得的好小說，擔心找不到地方出版，而胡發雲也做好準備「深藏山林、留待後世」。不久李虹病故。

熟悉胡發雲的一些文學刊物和出版社，都肯定小說的價值，卻又不敢出版，一位老同學把它傳到網路上，迅速傳播開來，後來出現「手抄本」，用Ａ４紙列印裝訂，在地下管道售賣。直到二〇〇六年初，它才得以在浙江作協主辦的《江南》雜誌上一次全文刊出，一時洛陽紙貴，刊物由原來的兩千冊增發到兩萬冊，還一本難求。二〇〇六年十月，《如焉》單行本出版，首印五萬冊，但三個月後即遭官方查禁。一時間盜版蜂起，總印數遠遠超出正版書。有人（據說是章詒和）贊此書：

> 六朝無文，惟陶淵明〈歸去來辭〉而已；
> 當代亦無文，惟胡發雲《如焉》而已。

胡發雲在首頁題「獻給先我而去的李虹」。他筆下女主人公茹嫣，宛然有李虹身影，胡發雲寫女性的細微洞察，對亡妻的深情，感動了無數女性讀者。

二〇一〇年是個「多雪的冬天」，年初胡發雲來紐約，金鐘、胡平和我，約他在四十八街的「五糧液」川菜館相聚，聊了三個小時。他與我同庚，謙和沉靜，毫無鋒芒，談吐中仍有純情的那種人，在中國生態中能存活，真是不易。他為我出奇想：化名在國內出書，流傳開來後坊間便知某某是原先那個的某某，不是很妙嗎？我們趁著酒興夢想，好不快意。這次與他結伴從維也納來紐約的，是一位楊俊女士，讀了《如焉》就嫁給他了，席間拿出一本《離魂歷劫自序》，索要我的簽名，說「這也是我非常喜歡的一本書」。

然而這次大瘟疫爆發，胡發雲沒在武漢，他已移居奧地利，在維也納定居，兒子一家也在近旁。他旅居歐洲以後還出版了長篇小說《迷冬》、小說集《隱匿者》等，被公認是很有分量的作品。原本他訂了一月二十日的機票回故鄉，但接到大量國內親友傳來的「疫情嚴重」訊息後，他退掉了機票。半個月間他已聽說不少直接、間接認識的人，疑似了、確診了、過世了，他馬上意識到：「去世的許多人都不在官方的統計數字之中，和SARS時一樣。」

二月四日，台灣網媒「報導者」越洋專訪胡發雲，我在網上讀到，他當然是一個民間的權威，可以評析中國在災難中的社會、官場和人性：

問：SARS和《如焉》的誕生過去了十七年，《如焉》被禁也過去了十三年。如今類似的疫情再次爆發，還發生在你的家鄉武漢，這之間有著怎樣弔詭的聯繫？

答：今天的很多情況，對比SARS當年，可以說是一部大片的翻拍重演，連許多細節場景道具都是一樣的。有一句老話叫，「再蠢的驢，也不會在同一個地方跌兩次」。可是我們還是眼睜睜看著他們第二次在同一個坑裡跌倒，而且這一次跌得更難看。

問：《如焉》之前的很多作品，都是在寫一九四九年後的歷次政治運動，尤其是「文革」。這些政治運動和SARS、新型冠狀病毒疫情之間，存在著怎樣的聯繫嗎？

答：最關連的地方在於這個國家的政治制度、意識形態。可以說，所有的天災背後都是人禍。如果不吸取教訓，災難還會一而再、再而三地發生。一九九八年長江水災是和生態被破壞有很大關連。二〇〇八年汶川地震造成那麼嚴重的死傷，和建築的偷工減料有直接關係。

作家們如果看不到這一點，或者轉過身、閉上眼，裝作它們不存在，那中國文學永遠都是偽文學、幫凶文學！

問：你如何看待疫情之下的人性和中國共產黨治理下的中國社會？

答：人性需要長時間滋養、薰陶，但摧毀它卻可以在一夜之間。將近一個世紀裡，從土改到反右、文革以及之後的政治運動，已經把傳承下來的人性中善良、真誠、悲憫、正義等摧殘殆盡。油滑、自私、虛偽、強暴這些邪惡的東西卻在擴張。

所以人性的建設非常重要，但因為被傷害太重，中斷太久，中國人經歷了太多磨難與毒化，只能希望痛定思痛，期待在未來鳳凰涅槃。

令人欣慰的是，這次世紀大瘟疫中，我還是從一些武漢人身上看到楚人的豪邁與俠義，他們不顧個人生死安危，不顧強權打壓警戒，報導傳播疫情真相，徵集遞送抗疫物資，有人甚至為此獻出生命，真正體現了先祖「楚雖三戶，亡秦必楚」風采。

二月裡大瘟疫在中國尖叫，我想起二〇〇六年跟胡發雲在紐約喝酒，貼了那天在「五糧液」餐館門前我們四人的留影，瞬間收到他的問候：

曉康兄，胡平兄：整整十年，宛然如昨。世上已千年，洞中仍黯然。祝福大家，好好活著好還鄉。

瘟戰時間線２：隱瞞

二〇一九年十二月三十日

這一天，武漢市中心醫院的艾芬醫生被醫院領導約談，遭受了「前所未有的、嚴厲的斥責」。艾芬說，她感到精神崩潰，不願與任何問她問題的人交談。

一月三日

中國國家衛生委員會發布了一項全國性禁令，禁止任何機構向任何其他機構或個人提供生物樣本和相關訊息。所有已經獲得樣本的機構和個人應立即銷毀，或將其移交給指定的機構。甚至連武漢病毒學研究所也被要求停止病原體檢測，並銷毀已經獲得的樣本。

這一天，當地警察傳喚了李文亮醫生，並譴責他「散布謠言」。

武漢市衛生委員會發布通知，稱沒有「人傳人」。

新加坡宣布將開始對武漢來的乘客進行體溫測量。

一月四日

中國國家衛生和醫學委員會第一個專家組公開表示：「目前，尚未發現人傳人的明顯證據。」

香港對疫情啟動了「嚴重應變」級別。香港大學感染中心負責人柯伯良醫生警告說：「港府應採取嚴謹的檢疫措施。這種新型病毒肺炎已經感染了大陸數十人，很有可能已經可以人傳人。」

一月五日

上海復旦大學張永振教授鑑定了新的ＳＡＲＳ樣冠狀病毒，將基因組序列提供給了上海市衛生委員會和中國國家衛生委員會，並警告說該病毒就像ＳＡＲＳ，可以通過呼吸道傳播。第二天，中國疾病預防控制中心（ＣＤＣ）即啟動了二級應急響應。

這一天，世衛組織發表聲明說：「二〇一九年十二月三十一日，世衛組織中國國家代表處被告知武漢市發現了不明原因肺炎病例。」

一月六日

武漢市第五醫院呂小紅醫生稱，患者開始蜂擁而至，到一月十日，急診科和呼吸科不堪重負，醫務人員沒有穿防護服，而且患者可以自行由前往不同部門，加速了病毒的傳播。

這一天，美國疾病預防控制中心針對中國的疫情發布了一級疫情旅行建議，這是三個旅行建議等級中的最低水平，建議去武漢的旅客避免接觸活著或死亡的動物，動物市場以及病人。

美國疾病預防控制中心還提議派遣一個小組前往中國協助調查，但被中共拒絕。

一月七日

吹哨人李文亮醫生感染了該病毒。二月七日，李文亮去世，在去世前他對記者表示：一個健康的社會不應該只有一個聲音。

這一天，後來被中共黨魁習近平宣布為他開始親自主抓疫情防控的日子。

隨著香港的病例增加到三十例，香港人開始搶購口罩。

一月八日

中國衛生委員會證實，出現「新型冠狀病毒」，但是「並未有明確證據表明其可以在人際間傳播，如果是的話將非常危險，目前該病毒沒有造成死亡。」

西方媒體如《紐約時報》，繼續重複這種說辭。

世界衛生組織為中共背書：「在短時間內初步鑑定出一種新型病毒是一項顯著成就，表明中國在應對新疫情方面的能力有所提高……世衛組織不建議對旅行者採取任何具體措施。世衛組織根據現有訊息，不建議針對中國實行旅行和貿易限制。」

一月九日

中央應對疫情領導組的首席專家徐建國告訴中國官方媒體，研究人員在兩天前繪製了完整的病毒序列，並認為這是一種新病毒。

世衛組織也發表了一份關於武漢情況的聲明，稱中國發現了新型冠狀病毒。

同一天，北京大學教授王月丹對香港一家廣播電台說，根據二〇〇三年SARS爆發所發生的情況，這種新型冠狀病毒很有可能在人與人之間傳播。

也是在這一天，艾芬醫生在看到一名患者對著大家咳嗽後，開始要求給患者發放口罩讓他們戴上，儘管所有人都說這病不會傳染。

一月十日

春運開始，每年有數億人從工作的城市回到家鄉，與家人共度農曆新年，這被稱為「世界上年度最大規模的人類遷移」，但是沒有任何地方疾病預防或控制措施，包括距疫情爆發地不到一公里的武漢漢口火車站，以及其他各大城市的主要站點。人群密集，熙熙攘攘，將病毒傳播到各地。因為中國專家們宣布疫情「可防可控」。

一月十一日

武漢宣布第一名死亡者，是一名六十一歲男子，連名字都沒有。

這一天，為期七天的「兩會」在武漢舉行，根本沒有提到冠狀病毒疫情。直到兩會結束，武漢的報告病例數一直保持在四十一，從此停在這個數字上。當時一位英國專家的研究表明，全球感染者應該已經超過一千七百例。

這一天，張永振教授的研究團隊發布了世界上第一個病毒基因組序列，有人認為他才是二〇二〇年新冠病毒的第一個吹哨人；但是第二天，他的上海公共衛生臨床中心實驗室，被勒令關閉，進行「整改」，張永振教授也被學校解聘，不能入職上海。

一月十四日

在日內瓦的新聞發布會上，世衛組織新型疾病部的負責人范科霍芙（Maria Van Kerkhove）對記者說：「根據我們掌握的訊息，在家庭成員間可能存在很少的人傳人現象，但目前很明確沒有出現持續性的人際傳播。」

這一天，來自香港電台、商業電台，TVB 和 Now 新聞等至少四個香港媒體的記者和攝影師，在報導武漢市金銀潭醫院，首家定點治療肺炎的醫院時，遭到拘留。警察勒令他們刪除在醫院內獲得的所有錄影後，釋放了他們。

一月十五日

武漢市衛生健康委員會發布通報，第一次承認「人傳人」。

這一天，湖北省衛健委下令將武漢市金銀潭醫院的三層樓改建為重症監護病房，其他醫院的醫護人員也被安排前往支援。這家醫院很快不堪重負，每天都像打仗一樣緊張。所有員工都精疲力盡。從一月十二日到一月十五日，許多名衛生員因害怕辭職。

三天後，武漢百步亭社區舉行萬家宴，這個社區大約有十五萬至十八萬居民。

一月十六日

日本確認了第一例病毒患者。

台灣兩名防疫專家赴武漢訪視後表示，病毒會人傳人。此後台灣將武漢旅遊疫情建議升級為二級警示。台灣疾管署的專家召開會議，後舉行記者會，公布他們武漢一行的發現，並向公眾發出警告。

一月十七日

武漢市衛生健康委員會恢復了在一月五日停止的疫情每日通報，並宣布一月十六日累計病例為四十五例。

武漢醫院裡人滿為患，走廊地上都躺著人；很多醫務工作者被感染。

距華南海鮮市場僅二百公尺，有一家優撫醫院，以精神科專業為主的二級綜合醫院，早在十二月十三日就建議給從海鮮市場來的每位患者分發口罩，放射科和門診部的醫生全部戴口罩，懷疑這可能是一種傳染性很強的疾病。他們向衛生委員會的報告沒有獲得回應。

這一天，美國疾病管制與預防中心和美國國土安全部海關與邊境保護局宣布，在舊金山、紐約（甘迺迪機場）和洛杉磯三大國際機場，所有從武漢來的旅客都將接受武漢病毒相關症狀的入境篩查。

一月十八日

武漢大學中南醫院重症醫學科主任彭志勇醫生認為，診斷標準太高，需調低，結果確診人數突然上漲。說明此前的標準是錯誤的。

中國工程院院士頂級專家鍾南山「臨危受命」，組建「高級專家組」從廣州到達武漢。

一月十九日

由鍾南山率領的高級專家組考察了金銀潭醫院、武漢市疾控中心和華南海鮮市場，確認該病毒人傳人，建議採取「甲類」傳染病管理，根據中國《傳染病防治法》，只有兩種「甲類」傳染病：鼠疫和霍亂。

這一天，習近平下達了疫情控制的相關指示，仍強調「要加強輿論引導，加強有關政策措施宣傳解讀工作，堅決維護社會大局穩定，確保人民群眾度過一個安定祥和的新春佳節。」

這一天，武漢旅遊局宣布，中國新年活動期間將免費發放二十萬張旅遊券。

這一天，韓國報告了第一例確診病例。

一月二十一日

美國疾病管制與預防中心宣布了美國第一例感染病例：華盛頓州一名六天前從武漢返回的居民確診感染病毒。

澳洲也報導出現了首例疑似病例，是一位剛從武漢返澳的男性。

一月二十二日

武漢醫療系統崩潰，僅通過鐵路系統逃離武漢的人就多達三十萬。

這一天，北韓成為全世界第一個關閉對中國邊界的國家。

香港和澳門分別確診了第一例病毒病例。

世衛組織祕書長譚德塞繼續讚揚中共對疫情的處理：「我對中國報告的細節和深度印象深刻。我也感謝中國衛生部長的合作，在過去幾天和幾週內我和他進行了直接交談。他個人的領導，習近平和李總理的參與指導，以及他們為應對疫情採取的一切措施，都是無價之寶。」

瘟疫的中國歷史與隱喻

「亡國滅種」乃是一個虛言嗎？晚清士大夫誤讀西典而迷信「天演」觀與弱肉強食，也是過度緊張？恐怕當年嚴復他們並不確知西班牙殖民者征服美洲的細節呢？新大陸土著因免疫力不足而亡於瘟疫，乃是現代生物學揭示的真相，而最早的抗生素要到一九〇一年才出現，免疫控制的整套理論架構遲至一九七四年才完備。

除了沙士（SARS），襲擊過中國的病毒還有愛滋病。

中國現有一百萬人HIV顯示陽性，聯合國估計很容易在十年後增至一千萬，並且不難超過非洲（有三千萬愛滋感染者）。愛滋病在中國的迅速擴散借助了政府的力量——萬延海[1]介紹河南省九十年代興隆的血液買賣市場，驚心動魄：

> 河南地方政府在九十年代初把組織農民賣血當成了第三產業。一九九二年他們提出，河南有將近一億人口，百分之八十在農村，如果其中百分之一的人賣血，他們一年就可

1 萬延海，中國愛知行研究所負責人，愛滋病權益活動人士。

以有幾億元的利潤。事實上，河南賣血的規模大概不止一百萬人，整個九十年代參與過賣血的可能有將近一千萬人。政府辦血站、政府的各個醫院辦血站。有的縣，光政府辦的血站就有四、五家，就是一個簡易的小房子，或者一台拖拉機，人就躺在血站裡，變成了一台台造血機器，像一根根的管子一樣。對，他們把這些賣血的人就叫「管子」。

二〇〇一年五月三十日，河南一個「愛滋村」的七名村民在北京舉行記者會揭露慘烈真相。這個村子從八十年代中期開始流行賣血賺錢，做法簡陋，「血頭」把幾個人的血液混雜在一起，分離取走其中的血漿，然後把剩下的紅血球分成幾份再輸回賣血者體內，以減少賣血者的失血量，為愛滋病毒提供了蔓延機會，只要一人帶菌，就會迅速蔓延。駐馬店地區的新蔡，就是八十年代中期我去採寫《洪荒啟示錄》的地方，當時雖也耳聞賣血這檔子事，尚屬極個別，未及深問，後來竟弄到人人賣血的境地，乃我想像力不逮之處。有個東湖村，四千五百人，超過百分之八十的成人是愛滋病帶原者，幾乎家家戶戶都有愛滋感染者，十四、五歲以上的人百分之九十五都至少賣過一次血，《紐約時報》稱該村的發病率乃世界之最。駐馬店位處淮河支流洪汝河流域，是個自古洪水氾濫、逃荒要飯的地界，三、四十年代有所謂「水旱黃（皇軍）湯（恩伯）」；五九、六〇年之交更遭遇「新社會」的大饑荒，因人口銳減，北部十個縣從信陽地區劃出，另立一個專署，叫駐馬店，再後來的「改革開放」，竟又給這個窮窩帶來「血禍」「愛魔」。

「血漿經濟」的這些細節，具有從政治學到社會衛生學的豐富解讀涵義：從共產制度脫胎而來的這個政權，其市場概念之懵懂（「摸著石頭過河」[2]），與文盲占有率極高的農民階層衛生概念之欠缺，正好匹配；社會整體的「愛滋」盲，與體制關於發展的迷狂錯亂、不擇手段（「黑貓白貓」[3]），又兩相呼應；農民赤貧到了除去自己體內血液便再無別的商品可以出賣，與政府貪婪到了猶如巨獸吞食生靈從肉體、血液到靈魂之全部，恰成正比……概言之，這個社會不止是無知，更無人性。鄧小平「六四」殺了學生娃娃之後說：只要共產黨讓老百姓過上好日子，他們就會忘掉過去──此後二十年的這場「經濟改革」，就是被他「設計」在這樣一個冷血、功利的前提下，從一開始就剔除了公義、惻隱、善良等有關人性的一切。所以認為經濟搞上去中國就會進步，基本上是一種弱智。

中原的農民，曾為偉大領袖毛主席拿糧食跟蘇聯交換核子技術，而餓死了數百萬人，這個慘痛代價，他們被告知是為了「提前進入共產主義」而付出的；後來共產主義進不去，又要他們「反修防修」[4]，以免「吃二遍苦、遭二茬罪」，農民們覺得無非還是餓肚子吧？卻作夢也想不到──暴戾貧窮的共產極權社會，不會具有關於資本主義的想像力──這「二茬

2「摸著石頭過河」，這句話是中共建國初期的經濟主張的簡略概括，由陳雲提出。
3「不管白貓黑貓，抓住老鼠就是好貓。」這句話是鄧小平用來形容他的實用主義政策。
4「反修防修」，一九六〇年代毛澤東反對蘇共的政治口號。

罪」竟跟飢餓無關，而是要你染上那只有在萬惡的西方資本主義社會才有的「髒病」，那比餓死還要慘！

愛滋病在赤貧的農村蔓延，伴隨著深重的倫理折磨，一個權力強暴的淺顯直白的隱喻——「髒病」跟性亂相關，乃是下賤行為，人們莫名罹難，到死都背著一個「醜病」的惡名，此一層冤屈；農民以「血漿」澆灌的經濟繁榮，供養了官員幹部們的熾熱淫風，卻叫老百姓因染「髒病」而擔著這亂性的名聲，此另一層冤屈，都是「跳進黃河洗不清」；更甚者，政府文件和媒體大肆宣傳「愛滋病流傳的主要管道是吸毒與性」，將責任全部推到民間，用農民的話來說，這叫「吃雞連骨頭都不吐」。這就是「資本主義」？以農民的政治常識——不會比其衛生常識更高，他們便覺得，「走資本主義道路的當權派」[5]這頂帽子，當初毛主席並沒有搞錯呀，搞「開放」放出來個愛滋病，還不資本主義嗎？連封建社會那麼「漫長」，也沒叫莊稼人受過這種罪！

「髒」的涵義，只跟資本主義黏連，原是一個陳舊觀念，卻因為「血漿經濟」和愛滋病，再加上諸如批條、吃喝、二奶等等，而注入了新義，攪動著左右思潮。鄧小平拍板：「姓社姓資不爭論」，那意思其實是說：「髒就髒唄，你能拿我怎樣？」江澤民的祕笈功夫，就是面對國內國際指責中共之「髒」，充耳不聞，巋然不動；輪到胡錦濤便有些微妙，他似乎怕「髒」，總想去舀一勺延河水來當洗潔精，大概他的「清潔觀」還維持在一九四二年老毛界定的那個「延安定義」，即未曾改造的知識分子比工人農民髒，可胡錦濤能還給「工人農民」

那份所謂的「乾淨」嗎？而他使喚的一夥知識分子便真有老毛說的那個「髒」，他卻一點也不嫌棄，純屬「瞎折騰」；他坐的這座江山，無論在什麼涵義上，政治的、道德的、環境的、美學的，都沒有絲毫乾淨可言，能說的只有「怎一個髒字了得」！

細菌、病毒、腐敗的猖狂進攻，使「免疫系統」（immune system）成為極活躍的話語，從醫學滲透到政治學、甚至中共的官方理論體系。有一篇黨校教材作如下闡述：「『免疫』本來是一個醫學用語，指的是由於具有抵抗力而不患某種傳染病。免疫力有天然免疫力（或稱為先天性免疫）與獲得性免疫力兩種。對腐敗這種具有很強傳染性、危害性的『細菌』和『病毒』來說，每一位黨員幹部都不具有天然免疫力，而只能具有獲得性免疫力。」

中共的理論家們，從生物學獲得了極大的靈感。本來嘛，人類飼養禽畜而獲得免疫力，是發展出了農業的地域種族才有的一種倖免，富饒的美洲和乾旱的澳洲，就馴養不了大型哺乳動物，按理說是更乾淨的地方，卻敵不過骯髒大陸。歐亞大陸的免疫力，幾千年裡大概也是靠瘟疫一場場的爆發、人畜相廝培養起來的，但是只有這種骯髒大陸才到近代發現細菌，研製出疫苗，有醫學手段應對瘟疫。所以，「黨員幹部」們怎可能「先天廉潔」呢？自然是要靠吃喝嫖賭「廝混」一陣子，一次次地「腐敗」下去，才錘鍊得出「防腐」免疫力，這就是科學，大概馬克思對生物學不熟，當年並沒發現它。

5 「走資派」，文革術語，泛指所有中共當權派。

是的，人類雖然乾淨起來，禽畜們卻依然骯髒，滋生新的病毒。歐美鬧牛瘟、豬瘟，偏偏只有亞洲才鬧雞瘟，瘟出被稱為H5N1的禽流感病毒。人類已經先進到試管嬰兒、幹細胞研究，卻還是對農耕社會的瘟疫沒轍，大概也永無止境。在人性這一端，則是根本談不上「免疫」二字的，用生物學定理解釋社會、人性，便無疑是「社會達爾文主義」。人性利字當先、貪得無厭、欲壑難填、權力即春藥等等，是不會有疫苗的，若退而求抗生素的話，唯有制衡權力一途。但是，對獨霸江山的一個利益集團來說，「權力抗生素」無疑就是安樂死，因為其制度安排乃是細菌源、病毒源，抗生素便要滅殺它，只在這一點上，政治學跟生物學是相通的。最後，我們自然是在面對一個「亡黨亡國」的前景，不要說對這個市場與專制的連體嬰兒的分離手術尚未發明，得以誘使它服用的抗生素也沒找到呢。於是走筆至此，思路又咬回文首：「亡國滅種」乃是一個虛言嗎？

瘟戰時間線3：封城

二〇二〇年一月二十三日

凌晨兩點三十分左右，武漢發布封城通知，規定從當天上午十點起，「全市城市公交、地鐵、輪渡、長途客運暫停運營；無特殊原因，市民不要離開武漢，機場、火車站離漢通道暫時關閉。恢復時間另行通告。」

從那時起，這座城市將持續封城七十六天。

同日，其他多個湖北城市也宣布了封城。全國其他諸多省市也陸續啟動「一級」應急響應。北京等地宣布關閉旅遊景點。

從武漢宣布封城到實際封城的八個小時之內，大批民眾在恐慌中逃離了這座城市。大約幾十萬人通過各種方式試圖在封城前離開。

後來武漢市市長承認，有五百萬人在封鎖之前離開了武漢。

英國南安普敦大學的一項研究估計，自疫情爆發到封城實施期間，多達六萬居民已離開武漢前往世界各地。

武漢封城當天，國家衛健委突然發布新型冠狀病毒實驗室《生物安全指南》，涵蓋內容很多，包括病毒培養的生物安全要求、動物感染實驗、未經培養的感染性材料的操作、病原體和樣本運輸和管理、廢棄物管理等，以及實驗室生物安全操作失誤或意外的處理。

這一天，中共領導人習近平和約兩千名幹部，在北京人民大會堂舉行盛大的中國新年團拜會。習近平發表了超過一千五百字的講話，一個字未提到武漢疫情或當地正在經歷的災難，也沒有向全國發布任何疫情警告。

中央電視台當天晚間新聞報導了世界衛生組織如何讚揚中國的防疫措施。

這一天，世衛組織仍然沉默。

一月二十四日

是日農曆除夕。社交媒體上流傳的視頻，顯示有病人在醫院等待時突然倒地，醫院走廊躺滿屍體無人處理，這些很快在國內被刪除。

這一天，律師和公民記者陳秋實抵達武漢，開始從武漢進行實地報導。醫生證實處理屍體已成為一大難題，遺體常會在病床上擺幾個甚至十幾個小時才被運走。

這一天，越南報導出現了人傳人感染，日本、韓國和美國相繼報導第二起確診病例。美國的第二例確診是在芝加哥。兩天內，在洛杉磯，橘郡和亞利桑那州都報導出現了新病例。

一月二十五日

微信安全中心發布《關於新型冠狀病毒性肺炎謠言專項治理的公告》：「編造虛假的險情、疫情、災情、警情，在訊息網絡或者其他媒體上傳播，或者明知是上述虛假訊息，故意在訊息網絡或者其他媒體上傳播，嚴重擾亂社會秩序的，處三年以下有期徒刑、拘役或者管制；造成嚴重後果的，處三年以上七年以下有期徒刑。」

一月二十六日

美國宣布將關閉其在武漢的領事館，並要求員工撤離。

一月二十七日

國務院總理李克強視察武漢。他問當地官員有沒有什麼困難，所有官員異口同聲大喊道：「沒有！」

實際上武漢幾乎所有定點醫院患者都已爆滿。醫務人員沒有足夠的醫療物資，甚至「斷糧」三天。

這一天，武漢市市長周先旺在接受中共CCTV採訪時承認，只有得到中央首肯，地方政府才能披露疫情相關訊息，暗示疫情早已上報中央政府，是中央拖延時間直到一月二十日才公布。

這一天，世衛組織繼續堅持：「根據此次疫情目前所掌握的訊息，世衛組織不建議限制國際交通。」

一月二十八日

中國領導人習近平會見世衛組織祕書長譚德塞。習近平說，他一直在「親自」指揮和「親自」部署疫情相關工作。「親自」一詞很快在某些中國社交媒體平台上成為「敏感詞」。

同一天，美國衛生及公共服務部長亞歷克斯．阿薩爾說，美國曾請求派遣一支專家團隊到中國，遭到北京拒絕。

一月二十九日

武漢公安機關宣布，對八名醫生因「散布謠言」被捕，解釋為「進行了教育、批評，均未給予警告、罰款、拘留的處罰。」

這一天，社交媒體上一則報導瘋傳：單身父親鄢小文被帶到隔離中心隔離後，他十七歲的殘疾兒子在家中餓死。

一月三十日

世衛組織終於宣布新冠肺炎為全球突發公共衛生事件。

一月三十一日

美國衛生及公共服務部長亞歷克斯·阿薩爾宣布，新冠病毒在美國成為緊急公共衛生事件。

二月一日

病毒感染者全球超過一萬人，超過了SARS的八千一百例。

當天，武漢居民方斌前往武漢同濟醫院、協和醫院、第五醫院等多家醫院進行祕密拍攝，第五醫院僅五分鐘內就搬出八具屍體。

大約傍晚七點，警察闖進了方斌的家，將其帶到派出所，說他「引爆了一顆核彈」。深夜他被釋放，但是他的桌上型電腦和筆記本都被警察沒收。後在二月十日，方斌被捕。

這一天，李文亮醫生新冠病毒測試呈陽性，他在二月七日去世，享年三十四歲。

二月八日

全球超過三萬六千人感染了病毒，死亡人數超過八百，這些數字還不包括隱瞞未報患者。

一月二十三日武漢封城之際，網上流傳的一個帖子，來自國家疾控中心，如此解釋：

本來他們是拿到一手好牌的，我的同事們幾個通宵的努力，在不到一週的時間裡，分離了病毒，測完了序列，證實了病原。在不到兩週的時間裡研發了檢測試劑，發放到全國省級疾控中心，並覆核了幾十到上百份武漢來的標本，獲得了國際同行和世界衛生組織的一致讚賞和高度肯定，為防控疫情贏得了最寶貴的時間。然而，如此好牌還是被打得稀爛，因為有政治第一的明確指示，有保密協議的嚴格要求，不可說不可說，要維穩。於是檢測報告進了保險櫃，只看到武漢方面連續一週發布的無新增病例、密接人群無人感染、無醫務人員感染的消息。都以為是武漢措施得力，把疫情扼殺在搖籃裡了，誰知道背後的真相是醫務人員多人感染，人傳人確鑿無疑。最後恐怕是實在壓不住了，只好把鍾老這位大神（鍾南山）請出來，揭破部分事實，安定人心，可還是猶抱琵琶半遮面，不肯承認有瞞報遲報漏報，不承認「超級傳播者」，不承認英國的「疾病模型」是對的，不承認武漢醫院床位不夠，於是，在政治第一、維穩第一的正確指導下，在中國喜慶的節日氣氛裡，武漢人民喜迎封城。

另有一帖：

就問哪個國家有這種執行力？一紙命令，封城！一聲喊，幾百醫生除夕奔赴災區！一個號召，全民春節不出門！一聲動員，數百挖挖機幾天建一所醫院！你們嚮往的美國、日本、歐洲誰能？同是金磚國家的印度、巴西試試看，老百姓只有燒香拜佛，自生自滅了！唯有咱大中國，上下齊心、眾志成城、科學施策能抵禦一切艱險苦難！……我深信：不多久再回頭一看，這又將是一場多麼精采的勝利！加油，武漢！加油，我的國。我們要讓世界看到中國人守得住繁華，也耐得寂寞，可以讓各個景區人山人海，也能讓條條大路空空蕩蕩！

批評者（自是官方的代言者）說，這則帖子宣揚的是一種慘無人道的殘暴價值觀。反批評者說，這則帖子是以文學反諷的手法，即所謂的高級黑的手法，來譴責中共政權獨裁專制、愚弄禍害人民。所以正能量宣傳與「高級黑、低級紅」難解難分了。

李承鵬則留下溫馨的幾句：

非常冷的冬天，非常暖的〈漢陽門花園〉，謹以此歌祝願漂泊的武漢人民，能夠早日放肆坐在街頭吃碗熱乾麵。

季辛吉：關上窗戶，暴風雨要來了！

二〇一九年十一月季辛吉（基辛格）從中國回來，變得很反常，網上流傳他的一個怪異採訪，稱為「記者對季辛吉虛擬採訪實錄」，時間大約是在二〇一九年的秋季。

記者：中國人民一直視您為中美關係的開創者，銘記您為打開中美關係大門做出的歷史性貢獻。

季辛吉：老了，好漢不提當年勇！

記者：中國人民都記著那段改變世界的歷史。

季辛吉：都過去了！

記者：雖然過去，中國人民永遠不會忘記。

季辛吉：中國人善惡分明，幫助過你們的人，你們記著；傷害過你們的人，你們也沒忘記。

記者：可世界上總有些人善惡不分……

季辛吉：不是善惡不分，是不想分，對自己有利的分清，無利的還費勁幹嘛！

記者：這是你對當前世界的看法？

季辛吉：不是看法，是正在發生的。

……

記者：你如何評價川普總統？

季辛吉：從未想過他能成為美國總統。

記者：為何？

季辛吉：當川普初次在媒體前亮相時，我以為這只是短暫的現象，他的當選是外界前所未見的現象。

記者：怎麼解釋？

季辛吉：川普有很大的機會成為「美國歷史上最受矚目的總統」，他的特質與理論上的美國總統非常不同，而這些特質將體現在政策面上，如果他往好的方向發展，將產生非常出眾的結果。

記者：你的評價是？

季辛吉：他是一個總統。

記者：僅此而已？

季辛吉：他還做過商人。

記者：還有呢？

季辛吉：他是一個既做過商人、又當過總統的人！他將是一個不太尋常的美國總統。

記者：你如何看待他的執政風格？

季辛吉：性格決定命運。

記者：近期，川普參加G7會議，以及對中美貿易戰的一些言辭，你怎麼看？

季辛吉：川普沒有出格，他是站在美國利益的出發點。

記者：你不認為他有些言辭不妥嗎？

季辛吉：每個人表達方式不同，有的委婉，有的直白。川普屬於後者。

記者：他的執政風格與前四十四任總統有什麼不同。

季辛吉：世上沒有兩片相同的樹葉。

記者：他與其他四十四位總統有沒有共同之處？

季辛吉：這個……等一下告訴你。

記者：你對中國翻天覆地的變化有何評價？

季辛吉：一進一退。

記者：怎麼解釋？

季辛吉：前兩個字說物質，後兩個字說精神。
記者：中國發展有目共睹。
季辛吉：道德滑坡應當注意。
記者：原因何在？
季辛吉：洗澡不經常，大門沒關緊。
記者：怎麼解釋？
季辛吉：你會背中國的三字經嗎？
記者：……
季辛吉：中國還有多少人能背出來，又有多少人照著做的？
記者：你說的是我們的問題？
季辛吉：後面也不全是我們的問題。
記者：我們是開放的……
季辛吉：打開窗戶，新鮮空氣可以進來，蚊子蒼蠅，你們也歡迎嗎？
記者：您的意思是當初沒裝紗窗？
季辛吉：現在還來得及嗎？
記者：你的意思是？
季辛吉：窗戶總不能一直開著。

記者：你對台灣問題怎麼看？

季辛吉：你剛才問我，美國歷史上四十五位總統有沒有相同的地方？我現在告訴你，七十年沒變。

記者：你是指台灣問題？

季辛吉：……

記者：川普上台後不斷退群，你預測，他會退出中美三個聯合公報嗎？

季辛吉：美日安保條約是什麼時候簽訂的？

記者：一九五一年。

季辛吉：中美三個聯合公報呢？

記者：一九七二年、一九七八年和一九八二年。

季辛吉：……

記者：你的意思是，美日安保條約就能變化，中美三個聯合公報也可能……

季辛吉：我見上帝前，不想聽到這個消息。

記者：你是說，川普有可能退群？

季辛吉：我的話也不要信！

記者：關於台灣問題，你有什麼要提醒我們的嗎？

季辛吉：人老了，要早做準備，免得突然來了，手忙腳亂。

記者：這是你的提醒？

季辛吉：……

記者：我可以問一個傳言性問題嗎？

季辛吉：……

記者：傳言你曾建議美國聯俄抗中？

季辛吉：可以不回答嗎？

記者：大家猜測很多。

季辛吉：中國有句話「各為其主」。

……

記者：謝謝您接受我們採訪！

季辛吉：幫我關上窗戶，暴風雨要來了！

第二章

大瘟疫在尖叫

瘟彈：熱核等級

鼠年新春，第一隻黑天鵝突然降臨，正是「武漢肺炎」。

武漢雖封，而瘟彈已發。

落閘前，大量武漢人口，如民工、外來就業人員、放寒假的大學生、逃難的中產階層、春節探親者，僅飛離武漢就有幾十萬人。武漢和湖北，變成全國全球的一個「傳染源」。從武漢一個擴散源，又隨人口在國內、國際流動，擴散成各省市城鄉越來越多的擴散源，到一月二十六日凌晨，除西藏之外，全國所有省市都有確診的病例。

武漢華南海鮮城感染的人屬於第一代感染，這時已經形成了與這個病毒源無關的第二代感染，而第二代感染正在造成更多的新患者，很可能再出現第N代感染。武漢潰散的人口，也把「武漢肺炎」帶到許多國家。到一月二十五日早晨六點，在泰國、新加坡、韓國、日本、美國、越南、法國、尼泊爾、菲律賓、馬來西亞、英國、墨西哥、德國、芬蘭、澳洲和義大利等國家，都發現了確診患者。義大利首先淪陷，緊接著相鄰的西班牙、法國、德國，甚至隔著英吉利海峽的英國先後疫情爆發。歐洲疫情慘烈程度，已遠遠超出一般想像。西班牙確診超二十萬，死亡超二萬，義大利也超二十萬，德國、法國、英國也都在接近二十萬人。

白宮貿易和製造業辦公室主任納瓦洛，在美國保守派智庫「哈德遜研究所」演說時透露，二〇二〇年一月十五日，中國國務院副總理劉鶴率領貿易代表團，在白宮簽署美中第一階段貿易協議——

我們現在才知道，當時中共總書記習近平，以及中共其他高級官員都清楚知道，一個致命的病毒正在席捲中國，並且具有明顯的潛力通過人傳人導致全球大流行。當時中共代表團對著我們微笑，吃了我們的飯，握了我們的手，並簽署第一階段貿易協議，卻絲毫未透露對美國和世界構成明顯直接危險的武肺疫情，任何可能挽救生命的資訊都沒有傳遞給川普總統或白宮的任何人。

納瓦洛說，美國因感染武肺病毒的生命折損、經濟損失總數應相當於美國四年的國民生產毛額（GDP），約二十兆美元（約五百八十四兆台幣）；武肺病毒可能會感染一億美國人，並導致一百至兩百萬美國人死亡，以及六兆美元的經濟損失。

病毒已令世界停擺，股市狂瀉；歐亞各國封城鎖國，斷行斷飛；一帶一路成死亡帶，凡與中國親密關係國皆深度中標，韓國、日本失控，義大利滿街棺材成人間地獄，伊朗死人最多；全世界最安全的是台灣，俄羅斯早關閉中國邊境最早染毒最少……世衛預計全球將失守，經濟將崩潰，唯一希望是疫苗，世界末日在眼前，還沒有弄清這隻黑天鵝的神祕身世，全世界只有一個耳語在流傳：某「科技強國」祕製武器對抗西洋，進而稱霸，卻失手洩毒……

大論述

——《人類簡史》作者以色列天才尤瓦爾．赫拉利《冠狀病毒之後的世界》：

兩個選擇：

第一個是在極權主義監視與公民權利之間的選擇：

生物特徵識別手環、收集生物識別資料，監控憤怒、喜悅、無聊和愛；

像數十億人每天洗手一樣，人們會贊成、配合監控；

第二個是在民族主義孤立與全球團結之間的選擇：

全球資訊共用、全球旅行協定、團結還是割據一方？

美國的空白誰來填補？

——人稱真正智者的比爾．蓋茨，在英國《太陽報》發表公開信，是他的沉思結果，共十四個點分享與世界，但是前十三個都是「大實話」：人都是平等的、我們的命運連在一起、健康多麼珍貴、生命苦短、物質至上、家庭何等重要、工作並非打工而是互助、不能妄自尊大、自由在我們自己手中、要耐心不恐慌、疫情是一個輪迴、地球病了、困難總會過去，最後一個可能才是至理名言：

新冠病毒是一次「偉大的糾錯」。

——我的法國朋友張倫，塞爾吉・蓬圖瓦茲大學副教授，年初從巴黎飛到波士頓，在哈佛劍橋憋了半年，哪兒都不敢去，卻憋出一番我迄今看到的最為闊大的宏論，並深以為然：

我們正在經歷「第三次世界大戰」。這是一場非傳統性的世界大戰，跟恐怖攻擊一樣，是對國家、個人安全的新型的重大威脅。從人和病毒的大戰，連帶造成的各種政治、經濟、社會和意識上的後果，進而引發人和人的戰爭，也是完全有可能的。由於全球經濟的衰退造成經濟資源萎縮，會引發各地社會衝突，甚至包括沒受過疫情影響的地區，可能也會因次生的經濟問題帶來局部衝突。就像二次大戰一樣，有些國家沒有參戰，但事實上大戰對其影響深遠，也都沒逃得掉。總之，它會引發世界格局的重大變革，舊時代已經崩塌了，從此人類歷史會分為「二〇二〇年之前」和「「二〇二〇年之後」。

——中國一派興奮，網路上熱烈討論「百年未有之戰略機遇期」，認為出現「七個關鍵機會」：

一、中國百分之七十的對外石油依存度，此次波動有助於中國鎖定未來能源保障；
二、中國是唯一能夠大規模對外輸出醫療資源和醫療支持的國家，一批相關產業機會崛起；
三、經濟衰退，可能催生新一輪全球資產抄底機會，上一輪歐債危機時中國拿下希臘港口三十年的運營權；
四、當前局面也有助於中美貿易二階段談判的緩和；
五、大國責任背後意味著大國戰略，未來中國全球話語權會進一步加大；
六、中國醫療資源可能推動中國新一輪的對外資源獲取，如口罩換光刻機、晶片、人民幣結算權、石油等等；
七、石油危機三國俄美沙博弈帶來的的立場選擇紅利。

——我封在馬里蘭家中，也憋出「三道智力題」：

一、焚屍爐

上個世紀納粹發明了「高科技殺人」的焚屍爐——滅絕猶太人的所謂「最後解決」，瓶頸是一個「殺人速度」的技術問題，奧斯威辛創造過一天毒死六千人的紀錄。

武漢運來四十台醫用垃圾焚燒爐，也叫移動式焚化爐，據稱每台一天可燒三十屍，四十台可處理一千二百具屍體，據說中共準備了一百萬台，每天可焚屍三千萬具。

問：納粹用毒氣殺了猶太人再燒，武漢人則是被病毒殺死再燒，兩者有區別嗎？

二、病毒

北美「新大陸」環境相對隔絕，不似歐亞非三大洲之間頻繁的貿易、交通以及連帶的細菌病毒交換，西班牙殖民者把劇烈的新病毒傳播到新大陸，沒人知道一四九二年哥倫布抵達今海地、多明尼加一帶時，那裡的人口有多少，保守的估計也超過十萬人，但到一五二〇年，那裡只剩下一千個印第安人，和單一的一個世代，在這個島上輝煌了上千年的文明及其肉體和靈魂，統統被摧毀。

二十一世紀中國遭遇千年不遇的瘟疫，傳染性極強，感染了全世界，每天有上千成百的人在感染和死去。倫敦帝國學院利用數學模型演算的結果指出，從中國輸入的感染病例中，大約只有三分之一的人被發現，所以德國醫學家德羅斯滕認為，新冠肺炎疫情全球大流行無法避免；疫情形勢最緊張者，伊朗宣布關閉邊界，韓國宣布進入全國最高警戒狀態，義大利北方十幾座小城封鎖，威尼斯狂歡節煞車閉幕。

問：殺掉無免疫力者，跟無症狀帶菌者殺人，都是無辜的嗎？

三、東亞病夫

一九〇五年小說家曾樸著《孽海花》，用筆名「東亞病夫」，以示「病夫國之病夫」，旋即西洋人用「東亞病夫」一詞，從上海英文報上《字林西報》開始的，甲午戰後他們發現：「夫中國——東方病夫也，其痲木不仁久矣，然病根之深，自中日交戰後，地球各國始悉其虛實也。」此亦啟發如椽大筆梁啟超作如是說：「而稱病態畢露之國民為東亞病夫，實在也不算誣衊。」

新冠病毒目前在中國以外的確診人數為一千五百餘人，在中國則超過了七萬七千人；全球造成二千四百多人死亡，但在中國大陸以外只有二十四例。然而全世界已經「歧視」中國，澳洲媒體《太陽先驅報》堂而皇之地在報紙的醒目位置將新型冠狀病毒稱為「中國病毒」；二〇二〇年二月五日德國當地時間一月三十一日下午，在柏林中心區，兩名女性辱罵並襲擊了一名二十三歲的中國女留學生，先是稱呼她為中國病毒，隨後又向她吐口水、撕扯她的頭髮，在她倒地後，又朝她的頭部猛踢。隨後，當地警方將這一罪行定性為「仇外」事件。

問：因國弱而被歧視，或因瘟疫而被歧視，中間相距二百年，是否一脈相承？

鐵達尼號

真荒唐，我感冒咳嗽了，在華盛頓附近馬里蘭家中。

恰是春節後不久，「武漢肺炎」正禍害全球，不是說「中國咳嗽，全球感冒」嗎？

我那天要趕一個飯局，恰好汽車送修，修車鋪租一輛車給我用，還要自己去取，我早起看看氣溫低，套了一件厚毛衣出門，趕到那邊，修車鋪跟租車站扯皮，要我兩頭跑，跑了一身汗，脫掉毛衣只剩一件單褂，還嫌熱，趕到餐館又一頓大吃，忘了毛衣和風寒，更別提那個「瘟彈」放出來的「肺炎」。

回家就病倒了，躺了一天。家裡只有一種消炎藥，還是牙醫給傅莉開的，我只管胡亂服下。稍好一點，就出去買藥材，要熬一種寒露湯，這湯清肺、化痰、止咳，所謂「寒露一碗湯，不用醫生幫」。畢竟我曾有一位醫生太太，頭疼腦熱從不去醫院，待她倒下，多少我也「久病成醫」吧？那是我們在「寂寞的德拉瓦灣」十五年的活法，熬寒露湯雖從網上偶得，卻每年秋後都忘不了，倒成養生了。材料有玉竹、栗子、蜜棗、玉米、無花果、紅蘿蔔、淮山，所以也叫「玉竹湯」，中國超市皆有中藥貨架，不難找齊，再買一點豬骨，回家尋一砂鍋熬唄。我以此土法跟感冒搏鬥，整整一個星期，最後就留了一點咳嗽沒淨，只好上西藥了。砂鍋裡的寒露湯剩根也不捨得倒掉，打開煤氣爐再熬滾它，一不留神將整只砂鍋燒得黢黑，我心疼又用鹼水熬那鍋底，須臾便脫盡如新，中國砂鍋真是皮實。

叫我分心的，是兀見網上一視頻，武漢某醫院急診室，地上鋪一屍袋，先擺上一個小孩，接著又在兩側各擺一個，一袋三孩，真是慘絕人寰！中國盛世，轉眼就成了人間地獄。

大瘟疫也終於出現棄嬰，他也出現在一家醫院，署名「英」、「帆」的一對小夫妻，遺棄了這個嬰兒。孩子包袱上有一張紙條寫道：「我們夫婦倆因生活所迫，現真的無力撫養，生他已把僅有的積蓄用光，如今我倆走投無路身無分文……」這些孩子都令人想起甘肅農婦楊改蘭砍死自己的四個孩子，即使不在瘟疫世道，中國的「留守兒童」的悲慘，也毫不遜色。二〇一五年在貴州畢節，有四個孩子在家喝農藥自殺了，大的十三歲、最小的才五歲。貴州畢節這個地方，近年已有多起慘案：二〇一二年十一月五個小男孩在寒流來襲的雨夜躲進垃圾箱生火取暖，因一氧化碳中毒死亡，大的十三歲、最小九歲；二〇一三年十二月畢節五名兒童在放學路上被農用車撞死；二〇一四年四月，畢節當地傳出十二名小女生被教師強暴，年齡最小才八歲……這些被悶死、撞死、姦汙、自殺的孩子們，只因為他們的爸爸媽媽沒在身邊，離家打工去了，而殘害他們的其實不是別人，正是這個體制。

然而網路上外溢著更濃厚的，是人間地獄中的善良和人性。艾曉明進武漢照料臨終的老父親，封城後她安安靜靜地收拾、告別，最後父親走了，遺體由殯儀館接走火化，但是她困惑「最後我拿到的是不是我父親的骨灰」，這個驚異的細節，觸碰了我自己的痛點，那「天地閉的渤海灣」——二〇〇三年春我回北京奔父喪，未將父親的骨灰送八寶山埋葬，而是取出媽媽墓塚裡的骨灰，一道撒進渤海灣——我們都竭力做完該做的，卻控制不了結果，不過艾曉明還是合葬了她的父母，我卻沒有做到。截至二月十六日晚間十二點，中國官方公布的境內確診人數七萬零五百四十八人，死亡一千七百七十例，她父親是在那之外無法確診、沒有收治的龐大黑數之一。艾曉明寫道：

就算我們所居之城已經是一艘鐵達尼號，然而在那艘船上，也有樂隊相伴，有互助禮讓，有愛的永別。我想做的，只是在這段乍暖還寒的日子裡，保守住自己的人性。

還有一位作家方方，用她的日記，為這座封城向世界打開一扇窗。李文亮死後，她稱「整個中國的人都在為他而哭」；她也對網路審查直言抨擊：

親愛的網管們：有些話，你們還是得讓武漢人說出來……我們都已經被封在這裡十多天了，見到那麼多的慘絕人事。如果連發洩一下痛苦都不准，連幾句牢騷或一點反思都不准，難道真想讓大家瘋掉？

她在微博上有三百萬粉絲，一天有數千萬的閱讀量，也讓她有恐懼感，一度想停筆，但是，「一個留言說，方方日記是他們在壓抑和焦慮中的『呼吸閥』。大意如此。這句話讓我非常感動，又讓我覺得自己繼續記錄的意義所在。」她一直獨自待在家裡，只有一隻十六歲的愛犬陪伴她。這隻狗四月份也死了。

武漢傳出來的一言一語，比瘟疫、死訊、焚屍、視頻、照片、呼叫等等，都還要驚駭，中國怎麼會缺少關於「苦難」的語言？而且越是普通人講得越透澈，說它來自奧斯威辛，我會相信：

——你在我哭過的每一滴眼淚裡，你在我呼吸的每一口氧氣裡，你會存在於我之後所有剩下日子的每一個角落裡，手心裡，眼底裡，心尖上……我會聽你的話，要一個孩子，請你投胎轉世做我的女兒，我用餘生繼續愛你……

——爸爸，我把你也弄丟了，你去找媽媽，然後等我，我們一起回家。

——短短的二十天時間裡，有人只是度個假，卻被逼在他鄉流浪；有人只是探個親，卻永遠留在了故鄉；有人失去雙親，成了孤兒；有人失去生命，成了英雄……

——她緊緊地抱著娃哭了，我一個男人坐在車上也哭了。也許這是她今天唯一的一單生意……

——我的丈夫撫摸著我的淚水，一次次低聲說，什麼也不要說，什麼也不要發……

——有一個坐著死去的人，我無法告訴你們，我怎樣看到了他。他坐在那裡，已經死了，連數字都不是……

「盛唐心態」埋進瓦礫？

中國心臟地帶的九省通衢，長江中游最大的江漢三鎮，已成瘟疫中的一座孤城，被死亡和哭泣淹沒，然而它六年前還是一座僅次於上海的一千萬人口的世界特大城市，從「盛唐心態」到孤城鬼魅，這也是只有中國才有的一種速度。

「中國是否會再次震撼世界？」

這個設問，奇妙地從我的存檔裡跳出，恰好我這本書也寫到這裡。這是BBC經濟事務編輯羅伯特．派斯頓六年前的設問，奇又奇在他恰好是因了「武漢神話」而發問的，這個神話，這幾天以瘟疫而破滅，當然也是「震撼世界」的，當初有誰逆料？下面是他訪問武漢留下的紀錄：

> 除非你是中國共產黨歷史偉大時刻的狂熱愛好者，你可能沒有聽說過武漢（這是毛主席橫渡長江的傳奇發生的地方）。
>
> 但它也許比中國任何其他城市更能講述中國非凡的三十年現代化和財富積累、其經濟奇蹟如何接近尾聲的故事，以及它為什麼面臨一個災難性崩潰的嚴重危險。

在武漢，我採訪了市長唐良智，其資金和實力會使倫敦市長鮑里．強森相形見絀，自慚形穢。

他在五年時間裡為該市的一項重建計畫花費二千億英鎊，其目的就是為了讓武漢這個已有一千萬人口的城市成為一個世界特大城市，給中國第二大城市上海帶來嚴峻挑戰。單單武漢一座城市在基礎設施上的支出，就與英國全國更新和改善基礎設施的支出相同。

僅僅在這一座城市，數以百計的公寓樓、環城公路、橋梁、鐵路、一個完整的地鐵系統和第二座國際機場都在建設之中。

武漢市中心的舊建築被推翻，以便創造一個高科技商業區。它將包括一座造價為三十億英鎊的六百多米高的摩天大廈（比倫敦最高樓——「碎片塔」高出一倍），是世界上第二或第三高的大樓。

當然，我訪問武漢的目的是要講述一個更廣泛的故事。

在過去的幾年中，中國每隔五天建成一座新的摩天大樓，他們還修建了三十多個機場，二十五個城市的地鐵，三座世界上最長的橋梁，超過六千英里的高速鐵路線，二萬六千英里高速公路，商用建築和私人住宅的開發達到了一個令人難以置信的規模。

現在我們有兩種方式來看待這個有可能難倒埃及法老和羅馬人的景觀重塑。這當然可以被視為一個快速城市化的國家所需要的現代化。但是，這也可以被看作是一個不平衡經濟的徵候，這個經濟的增長來源並不是可持續性的。也許我拍攝的《中國如何愚弄世界？》的電視片想要說明的最重要的一點就是，中國經濟放緩的跡象已經顯現。加上最近中國金融市場的緊張表現，可以看出作為始於二〇〇七－〇八年全球金融危機的第三次浪潮即將到來（第一波是於二〇〇七－二〇〇八年的華爾街和倫敦金融城的崩潰，第二波是歐元區危機）……

「難倒埃及法老和羅馬人」的中國神話，是襯托在武漢後面的一個更大故事，恰好我也看到一篇報導，是《天下雜誌》三四七期的描述，題為〈急速崛起、世紀企圖〉：

> 外匯存底世界第一，石油消耗世界第二，貿易額世界第三，經濟總產出世界第四。
>
> 超英趕美，中國似乎做到了。
>
> 到中國，已是世界各國元首、全球企業CEO、學界領袖行事曆上的重要行程。
>
> 看到來自四面八方、絡繹不絕的各色人種，在北京胡同裡一個古色古香的餐廳，《資本雜誌》總編輯楊平自我調侃說：「盛唐心態油然升起，覺得中國又回到世界的中心。」
>
> 具體展現，一是作戰似的加速進行各類基礎建設，「要致富，先修路」。二是提升到戰略層次，從官員幹部，到幼兒園至研究所的各式「人才強國」的策略規畫。

在上海的東南，綿延無際的東海大橋向海中伸去，橋長三二．五公里，約莫台北到桃園的距離，跨海連結到杭州灣里的小洋山島。這一個嶄新的深水港已開始運作，要拿下世界第一貨運港，帶動長江三角洲的下一輪經濟盛世。

國父孫中山「實業計畫」裡構想的東方大港，已然完成。

在中國西部，由青海的格爾木，穿過四、五千公尺的高山峻嶺和冰原，直接開到西藏的拉薩，世界第一的高原鐵路——青藏鐵路，將提前於七月一日通車。

洋山港、青藏鐵路、三峽大壩，一個接一個的「世紀工程」，在環保人士的質疑和抗議聲中，被急行軍似的超速完成。

沒有「世紀工程」那麼引人注目，但同樣翻天覆地使中國變貌的，是總長四萬公里輻射散開的高速公路，已連結了幾乎所有中國的重要城市。

「蜀道難，難於上青天」的說法，已被成都向四面八方延伸的十二條高速公路所打破。四川的豬，只要一天就能馳過高速公路，運至香港。

而中國的第一條高鐵也已動工。四年後由北京到上海，只要五小時，高峰時每三分鐘開一班。

速度讓中國變小了。各個城市新建的摩天大樓也讓城市的天際線往上拉高。重慶的江邊夜景、高樓大廈霓虹燈光，一個恍惚，使人錯以為這是香港。而且，每個城市都花上數億人民幣建造都市規畫展覽館，向市民與訪客，展現未來十年、三十年後的都市願景。

除了交通、城市外，更有許多匪夷所思的巨大公共工程，如西氣東輸、南水北調等，都已完成或正在進行。「我們的國鳥，是塔吊（起重機）。」北京清華教授胡鞍鋼說。中國不僅是世界工廠、世界市場，也是世界大工地。

「以市場換技術」是戰略。技術「先引進，消化吸收，再創造超越」的步驟也是戰略。「請進來，走出去」借助外力向外學習，「但求為我用，不求為我有」是用人策略。在各校設立國學中心，在世界各國設立孔子學院，借歷史和中國的文化傳統，來填補社會的價值真空，和支撐對外的尊嚴與自信，也都有戰略思維。

最後這句話，已經公開在部署「偷竊」了，後文還會提到這一點。

習近平對付瘟疫，捨武漢，保全國，專制的效率，令人瞠目，也是奇觀。網上一派回憶二〇〇三年沙士（ＳＡＲＳ），我卻想問：還有人記得二〇〇八年的川震嗎？國家利益至上，便是這三十年鑄成的「中國價值」，大難臨頭它說了算，人還是草芥，此其一；中共能建華麗的「世紀工程」，它也能對「世紀大難」不動聲色，怎麼做端看政權需要，這種能力，絕對世界第一。

二〇〇八年五月十二日發生四川汶川大地震，八級，地震界的解釋是來自印度板塊的撞擊，千萬年尚未底定的一個地質運動。這個撞擊在四川盆地的東緣龍門山斷層，撕開了口子，而那裡正是世界上人口密度最高的地區，深山密林的綿陽安縣，就有五十萬人，因而殺傷極為慘重。[1]

我在《鬼推磨》中評析道：

修復機制的證明，不僅顯示於八十八天後在北京如期上演的「〇八奧運」雪恥大秀，更顯示於一年後的六十年國慶慶典，有人說「可能是人類有史以來最豪華和奢侈的慶典」，僅製衣費就花了十幾億，更多的花銷是：一級戰備式軍管、戒嚴、封網、政治員警和居委會的總動員——三道防線、三百四十八個盤查點、五萬民警、一百一十一萬志願者安保；再加上閱兵軍事演練、遊行和表演團體提前一年的排練……需要多少個百億？然而檢閱的本質，是「團體整齊劃一」，各類社會團體皆數以千計次的苦練，必須練成木偶才算數，只為通過天安門的十五分鐘。從北韓學來的這種「極權藝術」——中國攻克組織超大規模表演的技術難關，很多人圖解成天安門城樓上那個僵硬的胡錦濤的「帝王心態」，卻忽略了那主要是為了向全世界展示這個制度下人民的奴隸般服從，和政權的固若金湯。

瘟戰時間線4：甩鍋

截至二月八日，全球已有三萬六千確診患者，五十二國染疫，並且形成三個傳播中心：以中國為中心的亞洲，其中韓國、日本等國的疫情嚴重；以義大利為中心的歐洲連環爆發，二十一個歐洲國家出現病例；以伊朗為核心的中東十餘國盡皆爆發，伊朗成為死亡率最高國家。

二月二十六日

世衛組織突然宣告：疫情出現「拐點」：在中國境外確認感染病例數字首度超過中國國內。

「環球網」立刻發表消息：「根據世界衛生組織當地時間二月二十七日發布的全球最新疫情資料，過去二十四小時全球新增新冠肺炎確診病例一千一百八十五例，其中中國境外新增七百四十六例，中國四百三十九例。至此，中國境外日新增確診病例已連續第二日超過中國。」

同日，北京市舉行第三十二場新冠肺炎疫情防控新聞發布會，主題：「新冠肺炎在海外

1 蘇曉康《鬼推磨》第三章，頁一二八至一三〇。

擴散，北京作為國際性都市將如何加強防控？」

北京市衛健委新聞發言人高小俊表示，對來自或去過國家疫情嚴重地區人員，按照北京市規定，要接受居家或集中隔離十四天。自從武漢封城以來，一百二十八個國家對來自中國疫區的人禁入、檢查、隔離，現在第一次出現相反情形。

當天，成都開始查找八十二名韓國人，以防疫情「倒灌中國」。

二月二十七日

鍾南山在廣州醫科大學舉辦疫情防控專場新聞通氣會上稱：「對疫情的預測，我們首先考慮中國，沒考慮國外，現在國外出現一些情況，疫情首先出現在中國，不一定是發源在中國。」他的言外之意：病毒來自中國之外。

世衛祕書長譚德塞也在慕尼黑安全會議上，稱「中國犧牲自己，成為世界第一抗疫國，為世界抗疫贏得了『機會視窗』」，為中國向國際社會甩出了第一大鍋。

三月三日

中國「新華社」說，「世界應該感謝中國」對疫情的早期處理，並稱中國從未對美國民眾實行旅行禁令。

三月五日

中國國務院副總理孫春蘭視察武漢青山區某居民小區時，許多居民高喊：「假的，都是假的！」

三月八日

中共宣布向世界衛生組織捐款八百萬美元。

同一天，中國駐世界各國的大使館紛紛受命，開始宣揚病毒不是來源於中國的論調。

三月十日

中共領導人習近平自疫情爆發以來首次訪問武漢。大批警察出現在街道，當地居民傳到網上的照片還顯示，習訪問期間，每家住戶都有兩名警察看守，以確保不出意外。

官媒稱習近平曾到訪火神山醫院，但網傳錄影和照片顯示，習去到的地方不是新建的火神山醫院，而是附近的武漢工人療養院。

同一天，中共宣布所有肺炎患者都已治癒，武漢十四家方艙醫院全部關閉，快速「清倉」。

三月十二日

中共外交部發言人趙立堅公開表示，該病毒既不是起源於武漢，也不起源於中國，而是去年十月，由來武漢參加二〇一九年世界軍運會的美國軍人從美國帶來。

同一天，伯曼法律集團對中共政府提起聯邦集體訴訟，要求中共賠償「由於新冠疫情造成的損失」。

三月十四日

任志強因批評習近平而「失蹤」。

三月十六日

美國總統川普在其推文中首次將新冠病毒稱為「中國病毒」。

三月十八日

中共宣布《紐約時報》、《華盛頓郵報》和《華爾街日報》的十三名駐華記者將被驅逐出境。

三月十九日

「司法觀察」和「自由觀察」的創始人，前聯邦檢察官拉里·克萊曼宣布在美國德州的聯邦法院提起集體訴訟，要求中共政府為其「冷酷及冷漠無情的惡意行為」賠償至少二十萬億美元。

四月八日，武漢宣布取消封城。

這一天，《華盛頓郵報》報導稱，二〇一八年，美國大使館官員在訪問武漢病毒研究所後，曾向華盛頓發出過正式警告。其中一通電報對武漢病毒所蝙蝠冠狀病毒的研究表示擔憂，並警告，該病毒一旦擴散可能造成「非典疫情重演的危機」。

四月十五日

福斯新聞報導，美國官員之間正在達成的普遍共識是，新冠病毒來源於武漢病毒研究所研究蝙蝠冠狀病毒的部門。中共一直極力塑造自己戰勝病毒性傳染病的全球領導者形象，而該研究所正是其中的關鍵一環。

四月二十日

武漢病毒研究所的發言人否認與此次疫情有任何聯繫，稱該病毒「絕不可能」來自實驗室。

美國破口

一月份我喝「寒露湯」時，記得美國僅有一例病人，在西雅圖，已令NIH（國家衛生院）發言人上電視昭告全國，此病人已隔離治療，那邊竟是用機器人運送他！相比中國那頭的方艙醫院、焚屍爐，似覺中西有天壤之別，然而這都是表面的。

截至四月六日美國已確診三十三萬七千二百六十三人、死亡九千六百一十六人、康復一萬七千五百四十一人；我所在的馬里蘭州確診三千六百一十七人。這麼慘重的損失，原本是可以避免的，錯在川普政府的輕忽和優柔，遲關國門四十天，竟有四千人直接從武漢飛進美國，也有說四十三萬人從華抵美！

這次白宮的遲疑與計較，又在經濟和貿易兩端，跟三十年前毫無差別，這次反對封關的是財長梅努欽（Steven Mnuchin）和首席經濟顧問庫德洛（Larry Kudlow），兩個跟中國打貿易戰的主將，滿腦子美金，不懂政治。

「笨蛋，是經濟！」便是當年柯林頓自以為聰明，結果跌進中共陷阱，倒楣不算，還養虎貽患，至今令美國難以翻身，所以我在《鬼推磨》中，專闢了一章談「笨蛋，是經濟嗎？」。

坊間有「白宮內鬨」的傳說，導致封關的決定一再延遲。一月初美國衛生部門開始通過美國駐華大使及政府專家，收集武漢旅客人數、飛往哪些美國機場等資料，評估封關的利弊。據悉，公共衛生官員不贊成封關，指會轉移有限的醫療資源，但國家安全副顧問博明（Matt

Pottinger）質疑中國資料不實，極力推動嚴格的入境限制。一名國安會前官員形容當日會議激烈，有人「大喊大叫，反映他很沮喪」，可能指的就是博明。

一月二十日美國出現首宗確診病例，患者是一名三十多歲男子，確診前五天從武漢回美國。封關顯得越來越迫切。一月二十四日，博明提出限制來自中國的航班，卻遭美國財長梅努欽和白宮首席經濟顧問庫德洛反對，指除了會影響股市，更會擾亂從半導體到藥物原料等所有行業的供應鏈。據悉在會議上，博明「懇求梅努欽等人」阻止旅客入境。

一月二十九日，經濟顧問委員會向總統提交報告，分析最壞情況下疫情和入境禁令的經濟影響，該報告支持庫德洛和梅努欽的論點，並「嚇壞了所有人」。一月三十日，官員在白宮新成立的抗疫工作小組會議上，繼續爭辯入境禁令問題。時任白宮代理幕僚長麥克・馬瓦尼（Mick Mulvaney）走進會議室，對包括博明在內的一個小組說：「總統現在要見你。」隔天，川普宣布封關措施。那時，美國已有超過三十三萬人確診，九千六百多人病亡。

恰巧，英國南安普頓大學（University of Southampton）的大數據團隊（world pop）早在二月中旬，就以電腦針對六萬名武漢人的手機和航空資料進行分析，類比描繪其移動軌跡，不到一個月後對照發現，武漢封城前逃離的人士，已經散布到中國以外的三百八十二個城市，以亞洲為多數，也包括歐美澳等地。

《紐約時報》分析航班資料發現，去年十二月三十一日中國首次公開通報境內爆發不明肺炎後，從中國直飛美國的航班有一千三百班，共有至少四十三萬人入境。他們持不同國籍，大多數於一月抵達美國，從洛杉磯、舊金山、紐約、芝加哥、西雅圖、紐華克和底特律等各大國際機場入境。四十三萬人之中有四千多人是從疫情爆發中心武漢直航赴美。

一月三十一日川普宣布封關，二月二日實施，除綠卡持有者、美國公民的直系親屬及一些特定人士外，十四天內曾到中國的非美國公民禁止入境。

自二月封關後，仍有二百七十九班直航航班從中國飛抵美國，近四萬人入境，當中有六成非美國公民；由於大部分美國航空公司已停飛中國，他們所搭乘的主要是中國航空公司派出的班機。目前美中仍有直航航班，過去一週還是有旅客從北京飛抵洛杉磯、舊金山及紐約。

近兩個月入境的旅客中不少人批評機場檢疫鬆散。有旅客指從北京飛往洛杉磯，被機場檢疫人員詢問一連串問題，但沒有認真為他檢查，他入境時沒有症狀，獲告知要自我隔離十四日，翌日收到電郵及短信提醒，但其後沒有任何跟進。也有美國人從中國飛抵紐約，量體溫兩次並填寫健康申報表後，檢疫人員沒有問任何問題。

封關後還有四萬中國人入境，機場檢疫也鬆散，這些看似一個開放社會、自由制度司空見慣的常態，所以我說，這支病毒被祕製得很「政治」——在發源地中國，由集權制度強制封城、瞞報、封鎖消息，不僅京滬漢穗四都封城，津渝深等亦封城，中央軍委發十三條禁令，防堵軍民聯手，它還去全世界搶購口罩，買盡全球七十億口罩，還有世界衛生組織那個衣索比亞巫師替它矇騙天下；而在民主制度下「隔離」是人道災難，連強制戴口罩都不行，據川普三月二日的推特說：「我比大家建議的時間，提前許多週對中國封關，因此受到民主黨人批評。但這救了很多人的命。」不同制度對瘟疫的應對，優劣立見，這自然不能成為集權的辯護詞，然而西方制度文化的優勢，瞬間消弭，瘟疫之下「現代化」好似灰燼，科技至今也未能說明歐美證實病毒源頭，而未來莫測，英國女王也出來講話，二百年文明彷彿不存在。

《紐約時報》中文版不會放過這個機會說說「東風壓倒西風」：

川普政府為了經濟而放棄控制疫情之際，中國採取了聲勢浩大的行動，關閉邊境，封鎖大片地區，迅速給數百萬人做病毒檢測，控制感染率接近零的水準，結果是經濟增長，GDP增幅達四．九%，民眾再次湧入商場、酒吧、音樂廳和髮廊，學校、地鐵和辦公室也有了人氣。

中國的國慶長假期間，旅客擠滿上海的黃浦江岸邊，安徽省的黃山，成千上萬的群眾擠在狹窄的步道上，人碰人地走在花崗岩山峰和松樹之間。

中國權威主義政府的行事方式，是需要向選民負責的民主國家無法做到的，但是中國的經歷表明，開放經濟首先要保證公眾健康。

相比之下，在美國，這場大流行病已被高度政治化，美國的確診感染已超過九百萬例，死亡達二十二萬八千人；戴口罩是一個引起分歧的問題，許多美國人抵制政府的控制措施。

人類陷入滅頂之災中，全世界都看到，只有一個海島是安全的：台灣，那彷彿是一個天外仙境，或者一艘諾亞方舟，讓我借用陳芳明教授的詮釋文字：

這次武漢肺炎來襲時，整個台灣都動員起來。蔡政府即時成立疫情指揮中心，也立刻動員大量生產口罩，使整個海島搖身變成一個巨大的防護罩，使疫病隔離在外。許多人都說，民主政治是最沒有效率的制度，最有效率反而是獨裁專制；現在台灣向全世界證明，民主也是最有效率。

只要有任何外力入侵時，無論是武力或病例，往往可以使民族主義高漲。這種民族主義看不見，但是島上住民卻可以立即感受，彼此都是屬於命運共同體。這次疫病洶湧來襲，這個社會都面對一個看不見的敵人。在這個非常時期，每位住民都接受防疫中心的指揮。當周邊國家中國、日本、韓國、菲律賓，病例與死亡率不斷攀升時，台灣可以說是相對穩定。即使是遠在歐洲的義大利，或是太平洋彼岸的美國，如果不是失控，就是開始蔓延。我們島國台灣，反而相對安全。

無論是防疫國家隊或口罩國家隊，都是以社區為單位，地毯式進行照顧。社區（community）就是命運共同體的基本單位。尤其以健保制度來同時支撐，只要使用健保卡，就立即知道是否有國外旅行的紀錄。這種獨有的民主效率，正是其他國家所無法企及。經過這次疫病的肆虐，台灣民眾的團結意識又更加提升。在街頭排隊買口罩的景象，幾乎處處可見；那是日常生活，是非常平凡的百姓紀律。但那卻是公民意識長期培養起來，在天敵的疫病威脅下，使一般百姓都分擔了共同的危機意識。

金鐘哀歎「放棄老人」

三月三十日下午四時許，我和傅莉的手機同時一聲尖叫，她遞給我看，州長霍更宣布馬里蘭封州，網上同時亦有毗鄰的維吉尼亞，也宣布封州。世界停擺是何種模樣？從窗子望出去，郵車仍天天來送信，快遞也沒停，遛狗依然……

此時我才發現，竟忽略幾條重大新聞：

——四月六日美國醫務總監對CNN說，下個禮拜死亡人數將超過珍珠港、九一一；

——北京《環球日報》稱：「我們必須清醒，時間非常緊迫，中國或將面對更大風浪」；

——三月底停靠關島的美軍核動力航空母艦「西奧多．羅斯福」號官兵，全員接受新冠病毒檢測，八百四十人檢測結果呈陽性，艦長布雷特．克羅齊爾致信美國海軍高層，要求讓艦上官兵儘快上岸接受隔離；四月二日他被解除艦長職務；

——美國宣布撤僑；

——美國拒發聯合國祕書長入境簽證；

——德國總理梅克爾稱，二〇二〇年將是人類永久分水嶺；

——俄國總統普丁聲稱他要調查病毒來源……

川普會打中國嗎？當年日本偷襲珍珠港成功，美國反敗為勝，並無驚天殺器，只靠一條破航母和運氣，這次川普靠什麼？美國盲於生物戰，已先輸一局，後續大概非有什麼驚天殺器，否則引爆核戰並無贏家。

金鐘在微信留言：

現在大難臨頭了。美國一旦爆發，多少人在劫難逃？我想到二戰之列寧格勒圍城九百天，戰死餓死凍死三百萬人啊……希特勒下令要毀掉列城，今天，上帝會保佑美國嗎？義大利已經放棄了六十歲以上的老人……

「遺棄老人」來自英國。因為國家醫療系統無法承載巨大染病人口，首相強生欲採所謂達爾文式放任政策，即任由病毒蔓延，令國民自行「出現抗體」，稱為Herd Immunity，如此將犧牲七十歲以上有病老人族，估計有八十萬人，香港政論家陶傑比擬此舉如同第一次世界大戰英國之「焦土政策」，問「誰有權決定八十萬人應該死」？他也質疑：英國和歐洲眼睜睜看著武漢病毒肆虐東亞達三個月，而不思防範，又看著它在義大利登陸，如同當年張伯倫看著希特勒在歐洲擴張而一事無為。

及至年底，從倫敦傳來一位老人被新冠病毒奪去性命，竟是聞名於世的「鋼琴詩人」傅聰，不幸染疾，住院兩週後去世，得年八十六歲，他的故事，以及乃翁傅雷之著名家書，曾是中國極權社會裡一個淒涼的寓言。

金鐘和我，當然都屬於「危重人群」，八九流亡群落去國已久，七十歲以上者，在瘟疫之後還有幾人倖存？這個群落第一次面臨政治之外的威脅，但是威脅竟依然來自中國，它追殺你到天邊。我對他講我的信心：美國社會和醫療的質量，都是世界第一，關鍵看領袖如何，無非決斷和聽從專家意見，如果指揮失當，我們只有死。

我的藥品告罄，急速約見我的家庭醫生崔醫生，他說我們地區已汙染，能不出門盡量別出門，買食品要戴口罩手套，快去快回，超市停留不超過十五分鐘。我們宅在家裡竟不知外面已如此嚴重。我們落腳的蒙哥馬利郡，是馬里蘭疫情最嚴重之地。這支病毒不出三個月就傳到我們跟前，真是可怕。

三月二十八日，我們蒙郡疫情達到高峰，成為全州最嚴重的地方，華人中心的視頻媒體會上出現了崔醫生，他說病毒風暴來臨了，疫情正處於高速感染期，你周圍可能不少人就有輕症，只是你不知道，他說這裡開設了疫情熱線，可以遠端問診。疫情正如洪水猛獸衝擊著大華府居民的門扉……

法國《費加洛報》說，這次新冠病毒肆虐如今，因為衛生當局的決策者，甚至傳染病學家，皆感到有許多未知的領域，並總結了「三個想不到」：

第一個想不到，小小新冠病毒征服全球。這個過程並不必然，中國公開的第一批資訊並未預示這一病毒會如此大範圍流行，錯誤就在於以為疫情已被中國基本控制。頂多不過一如另外一個危險的病毒——中東呼吸綜合症，二〇一二年出現在沙烏地阿拉伯，從來也沒有傳染到世界，至今仍然在中東地區負隅頑抗。可惜中國提供的官方數字最後留下的是一場巨大的幻覺，只有那些瞭解這個政體的人沒有上當。一位對中國頗有研究的醫學院士 Christian Géraut 表示，「當我看到那些視頻，我明白了情況要比官方說出來的嚴重許多倍。」《費加洛報》東亞記者 Sébastien Falletti 早已撇開中國官方資料的迷宮，他評論：「我不相信這些資料，因為這是官方的資料。」

第二個想不到與第一個有聯繫，是以為這一新冠病毒如同它的表親ＳＡＲＳ一樣，主要是由帶症狀的患者來傳染的。這樣一旦發現一個感染源，就有可能儘快阻斷其傳染路線，這一戰略在於對所有接觸過確診患者的人進行排查，從而遏制傳播路線。這一戰略給衛生當局造成一個疫情可控的幻覺，法國新冠病毒教授 Jeanne Brugère-Picoux 說，這一戰略二〇〇三年管用，但是那時候中國人遠遠沒有像今天這樣大批來到巴黎旅遊。自從發現無症狀和輕症狀也能感染他人後，二〇〇三年建立起來的這一套應對方式被擊得粉碎。

最大一個沒想到涉及抗體壽命。四月十二日，法國科學顧問委員會主席 Jean-François Delfraissy 說：「新冠病毒是一種很特別的病毒，我們發現能夠應對它的抗體只存活一個很短的時期。我們發現越來越多已經感染過的患者再次感染。」

所以，整個人類的免疫力大廈垮塌了。人們被迫從零開始，每個人都戴上口罩。

第三章
庚子國恥

中國有一部趕超史

最早發難中國的美國人，可能是參議院軍事委員會參議員湯姆·柯頓（Tom Cotton），他在二〇二〇年三月間就指控新冠病毒可能是一場中國生物戰計畫，來自武漢實驗室洩漏的生化武器。三月十二日柯頓發表聲明，宣布因疫情關閉其國會辦公室，同時稱「武漢病毒是對美國的嚴重挑戰」、「要讓中國付出代價」，認為到了美國「清算時刻」。他不曉得的是，二〇二〇年是鼠年，也就是庚子年，在中國是一個災年。

接著美國宣布對中興公司禁令，禁止任何美國公司向中興公司銷售電子技術或通訊元件，長達七年。這家中國最大的通訊設備上市公司應聲「休克」，中國大陸輿論一片譁然。對此習近平批示，「要加快在晶片技術上實現重大突破，實現彎道超車，勇攀世界半導體存儲科技高峰」。妙在習近平這次居然使用了「彎道超車」這個詞，可知他就是一個「大躍進」產品，而滿世界嘲笑他，是因為不懂現當代中國史，「彎道超車」正是三十年中國經濟的特徵，中國自近代以來，要雪恥、要趕超，怎能沒有一部趕超史？不過最先不是從工業，而是從體育上起步的，我在《屠龍年代》中細述其間脈絡：

> 新中國的體育，是一枚「雪恥」的溫度計。中國近代思想史，原本是近代恥辱造的孽，委實延續出一段新中國續篇，或可稱一部《「東亞病夫」摘帽記》，卻絲毫沒有引起理

論界的重視。要知道，「東亞病夫」這四個字構成的恥辱，藏在歷史記憶並不深遠處，卻控制著近代以來華夏民族的潛意識……

一九八一年乃中國人的體育年。三月二十日，中央台通過國際通訊衛星實況轉播世界盃排球賽亞洲預選賽，中國男排反敗為勝，擊敗南韓獲小組冠軍，電視轉播之後，北大、復旦、科大學生立即在校園遊行，高呼「振興中華」——這個八〇年代最煽情的口號，便是一場體育賽事的電視轉播所引發的民間產物。那天還有人跑到復興門廣播大樓門前高呼「中央電視台萬歲」。

西方漢學界其實早就看懂了的。北京要把二〇〇八奧運辦成一幕「雪恥」大秀，美國作家夏偉（Orville Schell）在美國《新聞週刊》的點評，便使用了一個字眼：humiliation（恥辱），並詮釋得甚為透徹：「中國終於可以自我陶醉於它的國家認同，從受害者轉為勝利者，全賴奧林匹克的點金術。一場盛大的象徵性的一舉成功的比賽，意味著中國歷史上的恥辱一筆勾銷，翻過它那受難遺產的一頁，這個國家走向了春天，在世界舞台上重生，儘管中國人可能還會不對勁地繼續尋找他們的自信。」

研究義和團運動的美國漢學家科文（Paul A. Cohen）也指出，中國意識形態的監督者們，隨時隨地、從不猶豫將國家舊時之痛「用於政治的、意識形態的、修辭的和情感的需要」，放大其受難性質，獨占了所謂「往昔痛苦的道德權力」。中南海非得抓住國際體育盛會的機會，來向世界宣布他們收復了國家尊嚴，自然涉及到眾所周知的那個近代圖騰「東亞病夫」。這個精心設計是不言而喻的，但在民族心理上對「恥辱」的培育、教唆，應有一個二十多年的草蛇灰線可尋，甚至一九八七年我製作《河殤》的第一個靈感，就是來自那「五一九」球迷的狂躁：哦，我們中國人原來有「輸不起」情結。

你看在這些體育競技場上，中國人是多麼狂熱呵。
當五星紅旗升起的時候，大夥兒都跳、都哭。
如果輸了呢？大夥就罵、就砸、就鬧事。
一個在心理上再也輸不起的民族。
中國女排的姑娘們已經是五連冠了。壓在她們肩上的是民族和歷史的沉重責任。假如下一次她們輸了呢？

「新中國」的趕超意識，就是一種競技，是要跟西方（國際）比快慢、高低、勝負、優劣，在所有的領域裡比試；體育是第一利器，豈能逃脫？所以，它是由一個元帥主管的、半軍事化的、「從娃娃抓起」的、「一條龍」的、仗著人口基數大「萬裡挑一」的、急功近利型訓練模式的、一將成名萬骨枯的……總之，是和平建設時期的一支「雪恥」軍隊，戰略目標是用最短時間，衝到世界第一。這個戰略的最早模式，就是毛澤東的「超英趕美」，後來又直接成為鄧小平的「摸著石頭過河」。

這種「趕超欲」，被民族心理的自卑、嫉恨所驅使，也被梟雄玩於股掌之上，不僅在五〇年代鬧了一場荒唐的「大躍進」、餓死了幾千萬人；更在「開放時代」被來自西方的資本、文化所煎熬，仇外心智愈趨偏狹愚昧。凡此種種，令晚近中國二、三十年，瀰漫著憎羨交織的人格分裂氛圍，摘除了「東亞病夫」的帽子又怎地？

而今上千億的國家科技發展基金隨即注入晶片等半導體產科研領域。人們立即將此晶片開發潮，與一九五八年的全民大煉鋼鐵相提並論。經濟學家吳敬璉批評道，三年前建立的半導體晶片基金規模是四千億，效果並不好，前途堪憂。我參與的波托馬克文化沙龍，六月辦了一期演講會「中國晶片『大躍進』走得通嗎？」，請來三位專業人士破解「晶片之謎」，我聽下來，才知道晶片製造，反映一個國家的工業和科學等級，涉及的技術難度大、壁壘高、週期長，不是只投錢管用的，也需要時間浸潤，這個意思，即是說這裡沒有「彎道」，您就慢慢死磕吧。

二〇一八年底加拿大扣押華為孟晚舟、美國晶片技術核心人物張某（被中共收買）自殺，兩事顯示中共高科技及「工業二〇五〇」遭遇重大挫折，習近平崛起，棄「韜光養晦」而啟冷戰，甫與西方交手即吃敗仗，與上次冷戰蘇聯與美國近半個世紀打個平手，而蘇聯一度還在太空技術上領先的局部，不可比附。此差距，究為兩國共產制度的差異所致，還是文化差異，是一個有趣的課題。中國文化本有輕賤技術、四大發明並非科學的缺陷，近現代「民主科學」忽悠，又淪為拒絕民主但不妨礙偷竊技術、抄襲、山寨的極端實用主義路線，其實就是鄧小平「白貓黑貓」的流毒後果。這個政權傳到「太子黨」手上，已無底氣，所以習色厲內荏，徒然的奢華張揚於世，又貿然「大國崛起」，與川普一兩個回合下來，已在作揖了，其勢顯見習之前的「技術官僚」當家，對它的統治更安全，卻已無機制換下「太子黨」了，所以國內有一句浩歎：一個漫長的冰河時代來臨……

講衛生

三月十八日香港大學醫學院教授袁國勇、龍振邦，在香港《明報》發表題為〈大流行緣起武漢，十七年教訓盡忘〉一文稱：

己亥冬，疫發武漢。庚子春，湖北大疫，國內疫者八萬餘，死者三千。民不出戶月餘始遏，惟疫未止已外傳。三月，全球大疫，世衛後知，未及宣布大流行。諸國欠措施缺儲備，迅大疫。星、港、澳及中華民國皆免於大疫，惟零星海外輸入之症及小群組不絕，尚未失守。

此文以專家身分解析，七十五%之新發傳染病源於野生動物，冠狀病毒的元祖病毒則源於蝙蝠或雀鳥，認定野味市場乃萬毒之源，舉例〇三沙士，疫發河源，廣東大疫，傳香港，沙士冠狀病毒在果子狸身上找到，雖然中國明確禁絕野生動物交易，但是十七年野味市場禁而不絕，而且愈趨猖狂。中國人完全忘記沙士教訓，活野味市場內動物排泄物多含大量細菌病毒，環境擠迫、衛生惡劣、野生動物物種交雜，病毒易出現洗牌及基因突變……

此文招致攻擊，明顯來自內地當局，指其「中國人陋習劣根才是病毒之源」係汙名，兩人當晚決定撤稿，聲明他們只是科學家，無意捲入政治，並為「手民之誤」，表示歉意。不過袁、龍之說，可能是「病毒源之自然」說的最早版本。

「神州」這塊沃土汙染了，會不會飛出什麼么蛾子來？

醫學已經先進到試管嬰兒、幹細胞研究，卻還是懼怕瘟疫，上一次瘟疫「西班牙大流感」在一百年前，便知人類雖已登月並無多大進步。但若某國政治很野蠻，則更可怕，因為不止哥倫布時代「地球是圓的」，全球化時代它還是平的，這個規則，後來被反覆驗證。

二〇〇二年十一月，中國廣東佛山出現了不明原因的肺炎病例，民間各種小道消息沸騰，但官方控制的新聞媒體一聲不吭，網路上也封鎖。不久春運大潮起來，病毒劇烈向外輻射，中國絕大部分省區淪陷，並最終擴大為一場全球性的傳染病疫情，二十六個國家出現病例，八千多人被確診，八百多人死亡。

四月三日時任衛生部長張文康對全世界記者說：「北京市只有十二例非典，死亡三例。中國的非典已得到有效控制。歡迎大家到中國來旅遊，洽談生意，我保證大家的安全，戴不戴口罩都是安全的。」

北京三〇一醫院的退休外科醫生蔣彥永聞此言大驚，他發電郵披露真相，中國媒體不理他，但是這一資訊終於不脛而走，震驚世界。

兩個月後中國官方才正式稱為「非典型肺炎（不明原因）」；再兩個月後世界衛生組織（WHO）定名「嚴重急性呼吸系統綜合症」，縮寫為SARS。

這裡的常識是：第一、汙染培育么蛾子；第二、中國政府第一時間必定撒謊；第三、國際組織常常是腐敗的。

最近這次「武漢肺炎」，不過是把上述三點，重演了一遍。

人類雖然乾淨起來，禽畜們卻依然骯髒，滋生新的病毒，而人類的制度之惡，將是它的幫凶，冥冥之中的因果無從得知，神祕的大自然會報應。

髒：從生態到靈魂

髒，是一個涵義不清晰的概念，但是又很豐富，在中文裡它至少從公衛領域跨到文化思想上，綿延百年。胡適二十年代從美國返回路過日本，覺得日本人很不衛生，不知他到了上海甚而回到績溪老家，又作何感想？因為那時中國肯定還沒有日本「講衛生」。無疑胡適是留洋學來了「衛生」概念，可算他「全盤西化」的一端。

西方人從來就有偏見，視中國人為「東亞病夫」，這既是「種族偏見」，也是文明程度不同引出的一種世俗看法。丁子江作中西異族婚戀分析，稱白人女性眼中的華人男性的「原型偏見」之一，就是不講衛生，這可能是從早期（十八、十九世紀）廣東來的華僑男性得出的傳統印象，因此說明「衛生」也是一個「現代化」標誌，所謂「前現代」，無論東西方，都是髒的，如我在美國可以感覺到，「講衛生」是一個公共的風俗問題，大概至少需要一百年才能改變一個民族的「髒」，而「道成肉身」為一般人的生活習慣。中國人之髒，尤其男人之髒，大概是至今改變不多的一個事實，別的不說，曾讓西方人崇拜的毛澤東，被他的醫生揭露出來的真相，就是一個汙穢不堪的髒男人——從來不刷牙，只用茶水漱口；不管性衛生卻以權勢任意玩弄年輕女人——這個高知名度的領袖形象，大概只會加深西方對華人的「原型偏見」。

你若去查近現代史，會發現外面的世界看中國人，從來都是很不堪的，只不過後來西方人戴上了「政治正確」面具，讓你覺察不到了。反倒在近百年前，有個絕頂智慧的西方人，口無遮攔地說了他的觀感，卻還留在歷史中，也因為他的知名度而不會被掩蓋：

> 我發現這裡的男人和女人幾乎沒什麼差別，我不明白中國女性有什麼致命吸引力，能讓中國男性如此著迷，以至於他們無力抵抗繁衍後代的強大力量。

這竟是愛因斯坦的原話，二〇一八年普林斯頓大學出版社出版阿爾伯特·愛因斯坦（Albert Einstein）日記英文完整版，曾頗躊躇他有「種族歧視」言論，但是也絕不刪減。原來一九二二年，愛因斯坦在獲得諾貝爾物理學獎的同年，與妻子愛爾莎（Elsa）有長達五個半月的遠東、中東旅行。他在日記中，使用了時有歧視的極端詞彙，記下他對停留香港、新加坡、中國、日本、印度和巴勒斯坦時所見之人的印象。在香港，他對「勞苦眾生——這些每天為了掙五分錢敲打、搬運石頭的男男女女」表達了同情，他說，「中國人正因為他們的生育能力而受到無情經濟機器的嚴酷處罰。」他引用葡萄牙語老師的話說：「沒法兒培訓中國人進行邏輯思考，他們特別沒有數學天賦。」

在中國大陸各地，他看到了「勤勞、骯髒、遲鈍的人」、「中國人吃飯時不坐在長凳上，而是像歐洲人在茂密的樹林裡大小便時那樣蹲著。一切都安靜、肅穆。連孩子也無精打采，看起來很遲鈍。」在上海，他寫道，中國的葬禮「在我們看來很野蠻」，街上「擠滿了行人」；「空氣中永遠瀰漫著各種惡臭。」「就連那些淪落到像馬一樣工作的人似乎也沒有意識到自己的痛苦。特別像畜群的民族，」他寫道，「他們往往更像機器人，而不像人。」

愛因斯坦的歧視語言，可說觸目驚心，不過今日你在網路上，隨意就可搜那種斑駁的西洋舊片，大凡是某記者在「光緒某年」拍下北京前門一段錄影，鏡頭裡拖著辮子、目光呆滯、面容猥瑣的邋遢人群，你大概心裡面也會有抵觸：咱祖先怎麼這副德性？而今在中國暴富之後，中國遊客的世界各地的不文明行為，大聲喧譁、隨地大小便、爭搶擁擠，甚至在埃及神廟刻字「到此一遊」，再次證實「衛生」跟「民主化」一樣艱難。

醫學、中產階級和民族國家，這三項建構了西洋的公衛制度。中國的這種建制，從晚清至民國是怎樣的進程，一項專業和冷僻的學問，這裡暫且略過，卻要說一說當時偏僻角落裡的一個響動：延安發起一場「思想清潔」運動，非常前衛。

本來「髒」在中國的現代語境裡，從所謂「五四話語」到「延安話語」中，有另一種意思。魯迅最早「畫出沉默的國民的靈魂」，《吶喊》、《彷徨》兩個小說集呈現的農民，都是麻木保守（潤土，〈故鄉〉）、唯求「做穩奴隸」（祥林嫂，〈祝福〉）、愚昧冷漠（華老栓，〈藥〉）；再如前面提到的胡適，定義中國傳統之「髒」，從封建禮教、包辦子女婚姻直到納妾、逼女人裹腳等等。顯然，知識者有「療救」大眾之責，但是這個「衛生」概念，在延安被毛澤東顛覆了，他說「拿未曾改造的知識分子和工人農民相比，就覺得知識分子不乾淨了」，要「脫了褲子割尾巴」（知識分子是「猴子」，西班牙殖民者便視南美印地安土著為「猴子」），要「脫胎換骨」。延安整風的口號是「懲前毖後，治病救人」，徹底顛倒魯迅「療救」文學所界定的「醫生」（知識分子）和「病人」（民眾）的位置，重新詮釋「乾淨」和「骯髒」的涵義，在中國一個割據的邊區，承繼五四的「療救靈魂」而創造了思想改造的「政治衛生學」，這種治療有時是見血的，作家王實味就在整風中被砍了頭。

從西方引進的「衛生」概念，五四人先把它代入了「思想」，接著毛澤東這個「攪局」的梟雄，將它再升級為「改造」運動，這種「政治衛生學」影響了中國人近一個世紀，四九以後中共對知識分子「改造」、對民眾「洗腦」，一路政治運動此起彼伏，直到文化大革命「靈魂深處爆發革命」（最早講「靈魂」的是梁啟超），毛澤東被造神為「大救星」，從「個人衛生」到心理都陰暗猥瑣的一個「邊緣人」，主宰了十幾億人。

八十年代鄧小平把我們從毛澤東那裡拉回地面，「靈魂」再次回到「物質」，短短三十年「起飛」，東亞最豐腴的這塊江山，已經殘破不堪，一些資料觸目驚心：

中國實有耕地總數十八億畝，其中受重金屬汙染的耕地面積達三億畝，占十七%；

一百一十二億立方米森林，只剩餘十二億；

沙漠正在逼近、包圍北京，只剩下不足七十公里，遷都就在眼前；

全國有兩萬七千多條河流死亡，中國七大水系全部嚴重汙染；

數以億計的人口暴露在嚴重汙染的空氣之下。

二〇一二年馬雲說：「我們相信十年以後中國三大癌症將會困擾每一個家庭，肝癌，很多可能是因為水；肺癌是因為我們的空氣；胃癌是我們的食物。」

全國每年死於塵肺病估算約五千人，每年約有十三萬人死於結核病，四百萬白血病人，一年近五百萬人得癌症，近三百萬人罹癌而死，還有稱為「數以億計」的疾病：肝炎、腎病、關節炎、心臟病……由此，不僅「東亞病夫」的帽子又戴回給中國人，而且中國勞動力加速萎縮，經濟下行並面臨長期低迷，中國將未富先老，變成一個又老又窮的社會。

五四已百年，中國「精神改造」蔚為大觀，物質層面非常「現代化」，但汙染、非人道更加嚴重，也即變得更「髒」。其公衛事業有一項，震驚世界，即「計畫生育」，十億以上的中國農民，因此跟這個政權結了仇，他們說：計畫生育叫我們斷子絕孫啊！

這個政策的產生機制，是一九八〇年鄧小平要實現「二十年後（二〇〇〇年）GDP躍升四倍達一千美元」目標，專家告訴他達不到，除非把分母縮小，即人為壓縮總人口，而出這個主意的，是主導三峽大壩興建的火箭工程師宋健。

一九八三年中國進行了五千八百萬例計畫生育手術，二〇〇〇年達到八千六百多萬例絕育手術；這一年全國二點四億育齡婦女，一半人使用宮內節育器、三分之一輸卵管手術結紮，永久絕育，這是人類有史以來最大規模的有組織地侵犯女性的基本權利，全世界空前絕後，而且這個政策殺掉了四億嬰兒。

後果還有人口老齡化和男女比例嚴重失調兩大問題：

二十年後中國將出現四億多老無所養的老人；

二十年後中國將出現四千多萬壯年光棍。

大國崛起告吹

四月二十二日，美國密蘇里州總檢察長艾瑞克・施密特（Eric Schmitt）代表州政府向聯邦法院正式提起民事訴訟，稱中國的疫情影響使該州蒙受數百億美元巨大經濟損失，要求中國政府予以現金賠償。這份長達四十七頁的訴狀開篇列出一大串「被告」，包括中國政府、執政黨、國家衛健委、武漢市政府、中國科學院、武漢病毒研究所等。

北京因「洩毒」（或「放毒」）遭致全球追責、索賠，才提醒了中國人一樁「近代恥辱」，即一九〇〇年的八國聯軍和辛丑條約，那本來是中共絕好的「愛國主義」教材，以此洗腦了二、三十年，培育了幾代「新義和團」，現在倒好，這樁恥辱被瘟疫點石成金為「當下恥辱」，中國青年們都不知道該恨誰了。然而，他們還不知道，這三十年中南海已經出賣了無數的中國利益。

自六四屠殺後，鄧小平的「新洋務」洞開國門，向西方輸送利益。滿清戰敗而「割地賠款」，如八國聯軍攻入北京之後的辛丑條約，中國賠償四億五千萬兩銀，但是滿清再昏聵，也是打敗了才賠款，而今中國總理卻是年年到歐美拿大訂單、撒銀子，「新洋務」十年之間，中國廉價產品使美國消費者節省了六千億美元，兩廂對比，孰者為恥？從晚清賠款走到「世界大工廠」，中國用了一百六十年，西方列強當初賣你鴉片，也是逼你做生意嘛，一百多年的「國恥」中國人算是白受了。還有一個遺憾，是我們缺一張當代「辛丑條約簽署現場」的照片，它肯定有，因為朱鎔基不知道簽了多少次。

「同治中興」講富國強兵，雖有西太后拿海軍的銀子修了頤和園，但是還落下一支北洋水師。到了朱鎔基時代，任憑「圈地」賣地、國企私分，最後落實到外匯儲備達六百五十八億（二〇〇五年），以及三十萬個「千萬富豪」，只占總人口的〇．〇二三％。

利益都到了西方和少數國內權貴那裡，百分之九十九以上的中國老百姓，自然成為「新洋務」的受害者；再搭配「拋棄社會主義」，鑄成「新三座大山」——教育、醫療、住房三波「商品化」，將中國人民送回「舊社會」，民間有諺云：「房改是要把你腰包掏空，教改是要把二老逼瘋，醫改是要提前給你送終！」

關於索賠，輿論稱當下估計的全球經濟損失數字，從最低的二十兆美金到高達一百兆美金的都有；另外，就中共瞞報疫情至少四週這單項索賠，就可把中共逼到牆角，白宮手上有無數張經濟牌，中共手上一張都沒有。

北京隱瞞疫情延誤全球防疫，習近平不肯背鍋，而從美國國家安全顧問歐布萊恩到國務卿龐培歐（蓬佩奧），再到總統川普，異口同聲，一次一次地強調，中國在武漢疫情早期隱瞞了真相，阻攔美國科學家前往中國武漢調查，導致世界損失了數週極其寶貴的時間。針對趙立堅發言人有關暗示美國軍方把病毒帶入中國的說法，川普乾脆把新冠病毒稱之為「中國病毒」，中國官方指責美國汙名化……

六月十七日，國務卿龐培歐突然跟中共負責外事工作的政治局委員楊潔篪，在夏威夷舉行了七個小時的祕密會談，事後龐培歐說他就是來聽聽楊潔篪想說什麼。外界分析，這是習派楊來「求饒」，但是價碼給得太低，美國不允，否則，怎麼不是龐培歐去海南島？而且也不讓楊潔篪到華府來，只到太平洋正中間的一個島上？

不久，傳出國內一則網文：

近日，中共國牆內瘋傳一段中南坑北戴河會議針對美國最新精神的錄音：

1.全面清理美國在華企業，特別是金融及服務類企業，取消這些企業在華經營資格，不再對美國開放中國金融、農業及服務類產業，就是美國對華貿易獲得順差最多的企業。要打就把美國打痛。

2.大力發展核武器，真正以強大的核威震懾美國的瘋狂，使美國不敢對中國輕舉妄動。

3.全面提高國防開支，將國防開支提高到占GDP四%以上，大力發展先進武器，真正以強大的國防實力，與美國和以美國為首的帝國主義國家、集團相抗衡。

4.旗幟鮮明地提出，反對美國霸權主義，聯合一切可以聯合的力量，在全球建立反帝國主義、反霸權主義的國家聯盟，以正義聯盟對抗帝國主義霸權聯盟。

5.大力宣傳獨立自主、自力更生的精神，以舉國之力實現高科技及高端製造業突破，打破美國對中國在高科技和高端製造業方面的封鎖，啟動國家經濟雙循環體系，在國際上建立「歐亞大陸經濟體系」和「全球人民幣結算體系」。

6.堅決打破美國對中國的戰略圍堵，以強大的意志力解放台灣，突破美國構建的第一、第二島鏈，實現對美國戰略突圍。

7.堅決放棄對美國的任何幻想，在國內對國民進行戰爭動員，大力宣傳抗美援朝戰爭，大力宣傳上甘嶺精神，以戰爭思維做好國家經濟布局。

8.備戰備荒，做好糧食及能源儲備，全部出售美國債券，運回在美國的中國黃金儲備，撤回在美科學家、學者、留學生，做好與美國關係完全中斷的準備。

全世界還有誰記得習的「大國崛起」嗎？

二〇一七年秋，習的十九大報告，長達三個半小時。電視裡只有一個鏡頭：九十三歲的江澤民坐在那裡用放大鏡閱讀演講稿，同時一直看著他的手表。對於這個中共未來全球霸權統治的計畫，西方根本沒有人關注。習的計畫有五個方面：

第一，二〇二五計畫，掌控全球十個產業，其中三個產業，晶片及矽片製造，機器人和人工智慧，將使中國在二十一世紀裡統治全球的製造業；

第二，一帶一路，「一路」就是中國從絲綢之路開始擴張，把中亞那些重要的國家聯繫在一起，把伊斯蘭教政治統一到一個市場中去，控制「世界島」；「一帶」，是在波斯灣、吉布地、南中國海，用海軍、用港口控制世界島嶼，把沿途的主要港口都連接起來。

第三，5G網路；

第四，是金融技術；

第五，用人民幣取代美元。

這個戰略部署，是中國到二〇三〇或二〇三五年，成為世界第一經濟體。

蝙蝠女

四月十九日中央紀委國家監委網站公布，公安部黨委委員、副部長孫力軍涉嫌嚴重違紀違法，目前正接受中央紀委國家監委紀律審查和監察調查。在他的簡歷中，刺目地列出學歷：「澳洲新南威爾斯州州立大學公共衛生和城市管理專業畢業，在職研究生學歷，公共衛生碩士學位」，而且今年一月二十六日中共成立中央應對新型冠狀病毒感染肺炎疫情工作領導小組指導組時，孫力軍代表公安維穩系統成為指導組成員。

當時坊間有兩大傳聞：中共傅政華系統崩解，北韓金正日腦死；同時發生的這兩件事，看似不相干，卻有一個相同涵義：極權之下的黑道出事了，民間多少有點普大喜奔。網上又重提薄熙來及其鷹犬王立軍，以比附落馬的孫力軍，大家都在言不由衷，潛台詞是習近平扳倒薄二哥，也不過是一場黑吃黑。習手下的孟建柱，也仿周永康故事經營自己的「王國」，豈有不倒之理？

然而更驚人的背後祕聞是，孫力軍落馬原因有五個版本之多，其中最詭異的是洩密之說，說他將在病毒嚴峻期進入武漢所獲疫情洩漏之核心祕密，尤其是Ｐ４實驗室的訊息發給了他在澳洲的妻子，以為自保，若此便看似西方應已掌握病毒源頭在中國的資訊。

香港實業家袁弓夷稱，正因為掌握了孫力軍偷送出國的證據，澳洲成為首個要求國際社會對中共病毒源頭進行獨立調查，並要求中共要就疫情作出賠償的國家。

二〇年四月，與澳洲總理莫里森同屬執政聯盟陣營的議員克利斯坦森與參議員安提克，先後發聲要求中共政府賠償澳洲因武漢肺炎疫情遭受的巨大損失，不少議員也紛紛表態，贊同澳洲政府沒收中共企業在澳洲的資產作為賠償。

五月二十七、二十八日，澳洲外交部長瑪麗斯．佩恩（Marise Payne）和澳洲國防部長琳達．雷諾茲（Linda Karen Reynolds）在華盛頓與美國國務卿龐培歐及美國國防部部長埃斯珀（Mark Esper）舉行了2＋2部長會議，其後發表聯合聲明，宣布雙方同意在南海和香港等問題上加強合作。

對此，袁弓夷分析稱，澳洲外長與國防部長此行的一個目的，就是把澳洲情報部門截獲的武漢肺炎病毒證據親手交給美方，而美國政府也得以進一步確認，COVID-19疫情爆發是中共的生化武器洩漏所致。

奇怪的是，西方仍輕易不敢懷疑病毒來自中共，正是他們過去不敢懷疑先進技術被北京盜竊的延續；相反，譚德塞的世衛協助習近平向全世界放毒，還是明火執仗，比爾蓋茲偏要捐一．五億給這個黑窩子，他帳算得賊清，因為中南海那個黑窩子讓他賺錢老了，花這點小錢算什麼？對此，再沒有比舊社會罵地主「老財」的那句話擱這兒更合適的了：天下烏鴉一般黑。

無獨有偶，已成為眾矢之的的武漢病毒研究所P4實驗室副主任石正麗，在今年二月接受美國媒體訪問時透露，事實上，她在第一時間也懷疑過病毒是不是來自自己的實驗室，甚至焦慮失眠。

中國出了一個「毒女」，吸引了逃到德國九年的廖亦武，檯面底下我們管他叫「禿子」，一個寫中國底層社會的鬼才，流亡西方五年了，他那支筆也該顯露一下。這回禿子寫的，那可不在底層，而在頂層呢！是中南海豢養的一隻毒蝙蝠，我稱之為「背屍人」寫手再寫「毒女」，他在網上貼出〈石正麗和SARS一代的終結〉，梳理武漢病毒所從果子狸到蝙蝠搜尋SARS病毒的脈絡，以及該所竭力撇清「人造病毒」，禿子這次在海外寫的難道不是中國的另類「黑社會」？

這裡暴露的另一個問題，恰是西方學界警告的：這個毒女，是不是在全世界生物學尚未訂出完善的「功能性取得」（Gain of Function, GOF）研究規範時，走得太遠太險？美國國家衛生研究院（NIH）和武漢病毒所曾經有這方面的專案合作，但是二〇一四年美國叫停，NIH率先探討功能取得研究的道德風險及規範建立，而不貿然闖進禁區。無獨有偶，在人工智慧、基因編輯等領域，中國也躍躍欲試，這恰好是一個「彎道超車」的典範，極有可能車速過猛，而溢出那毒液？

武漢病毒所的「甩鍋」，隨即被外交部發言人趙立堅接過來發揮，稱COVID-19的零號病人是美軍，被美國P4的洩漏病毒感染，先是流感症狀，就帶病入境參加在武漢舉行的第七屆世界軍人運動會，這是最早的「陰謀論」；鍾南山也出來助陣：COVID-19爆發在中國，源頭不一定在中國。由此，一場病毒「甩鍋」發作，顯然習近平不肯背鍋。

然而中國知名主持人崔永元，二月二十八日在推特做「武漢新冠病毒」民調，提供四個選項：「一，天然病毒自然傳播；二，天然病毒疏忽洩漏；三，人造病毒疏忽洩漏，四，人造病毒惡意傳播。」一天時間，便有九千九百六十八人回答，認同「人造病毒，疏忽洩漏」者最高，占五十一．一％；認為「天然病毒自然傳播」的人最少，占比十二％。與此同時，上海市新冠肺炎臨床救治專家組組長、復旦大學附屬華山醫院感染科主任張文宏，不認同新冠病毒來自外國的說法。他說，如果是外面傳到中國來，應該是幾個中國城市同時發病。

隨後幾天，從美國國家安全顧問歐布萊恩到國務卿龐培歐、再到總統川普，一再聲明，中國在武漢疫情早期隱瞞了真相，阻攔美國科學家前往中國武漢調查，導致世界損失了數週極其寶貴的時間。川普乾脆把新冠病毒稱之為「中國病毒」，反擊北京給美國扣鍋。

中美對抗已全面展開。美國釋放出領頭西方國家向中共索賠的信號，中共在國內全面發動了反美的民族主義運動。美國在南海試射了飛彈，中共軍艦駛入了從未如此接近關島的水域，其航母穿越宮古海峽並繞行台灣東部，美艦則頻繁穿越台灣海峽，同時台軍在東部試射飛彈……

啟示錄

十四年前美國一個喜歡寫殭屍的小說家，便預言了中國爆發瘟疫，這是詭異，還是巧合？

但是這本《末日之戰》（*World War Z*）在中國成為禁書。

小說模擬出現神祕疾病的城市不是武漢，而是重慶，作者似乎很熟悉集權政府對付瘟疫的套路：箝制新聞媒體不允許報導、威脅嘗試向社會大眾報警的醫生，更有趣的是，藉著發動對台灣的軍事威脅，轉移各國注意力，終於導致感染力極強的病毒擴散至全球。台灣遠流出版社二〇一三年再版此書時，將書名改譯為《末日之戰：政府不想讓你知道的事》，定義這是一本啟示錄式的小說。

作者布魯克斯（Max Brooks）談構想說，最初設計故事時就覺得人口眾多、交通網路發達這兩個條件還不夠，應該需要一個「強力控制新聞媒體的專制政權」，以降低大眾危機意識，讓病毒有時間在當地人口之間傳播，再大爆發到全世界，等到其他國家弄清楚狀況，為時已晚。

恰是二〇〇二年初現於廣東的中國沙士（SARS）疫情，給布魯克斯提供了絕佳素材，中國政府正是隱瞞病例、禁止報導、延緩向世衛組織報告的速度，不願影響廣東經濟成長，才導致全球二十六國出現病例，八千零九十六人感染，七百七十四人死亡。

這本小說在美國出版後，有海外出版商建議布魯克斯刪除所有關於中國的章節，將中國改為另一個虛構國家，或是將可能冒犯中國政府的章節另外發布在中國以外的網域上，才能在中國出版這本書，但是布魯克斯拒絕刪改。他認為「社會開放、政府運作透明、資訊自由流通，是公共衛生的基礎」，審查刪改這些章節，將是為虎作倀、危害公民，而且「黑箱運作、缺乏問責機制的政府」不足以控制流行病蔓延；公民若無法信任政府、或缺乏來源可靠的自保知識，無論是面對傳染病或政府濫權，都會更加脆弱。

在這本小說中，美國雖然是自由開放制度，但是遭到殭屍病毒侵入時，美國人貪婪、冷漠、輕信謠言，拒絕承認科學事實，還擁戴一個無能的總統。作者舉例川普訪印度時，稱武漢肺炎是「即將消失的問題」；在記者會也不斷聲稱，美國人染武漢肺炎、社區傳播的風險很低，他根本不管疾病管制與預防中心（CDC）的專業資訊，所以布魯克斯說：「在中國，人民很難得到真相；在美國，人們可能不在乎真相。」

小說也寫了一個最神祕的國家是北韓，所有北韓人口都消失，可能全數在某地生還，可能全亡，作者沒有給出結局。但是他問：北韓至今沒有任何武漢肺炎確診病例嗎？伊朗感染武漢肺炎者死亡率高達十四％，甚至遠高於中國，而伊朗公布的數字可不可信？

《末日之戰》由好萊塢拍成電影《末日之戰》，另創了一番奇觀：優秀的好萊塢電影工業製成品，標準的美國個人英雄主義情節，好萊塢風格的「一個人拯救世界」的劇情。外媒評論有稱「與其說這是一部殭屍恐怖片，不如說這是一部動作科幻片」。

劇情沒有交代殭屍病毒從何起源，只提到了最早出自韓國軍方的一份筆記，從而促使布萊德．彼特飾演的男主角傑瑞．藍恩，以韓國為起點踏上橫越半個地球尋找病毒起源的旅程。最終病毒起源依然未知（通常會留一個噱頭以拍續集），卻找到了應對之道。布萊德．彼特的製片公司 Plan B 買下小說版權，由他親自擔任製片，大作改編，這部電影展現了恐怖和驚悚，沒有太多血腥場面。

在片中一些角色探討殭屍病毒起源的時候，中國是其中一個被懷疑的對象。為了能夠讓影片在中國市場得以順利發行，派拉蒙在製作過程中經歷了將近七週的重拍和對後半段重新編寫了劇本，大大超過了一．二五億美元的預算。該片定於六月二十一日在北美公映。影片運用了很多航拍，比如海上聯合國軍艦、以色列城外喪屍和城內難民、片尾處人類大戰殭屍等；耶路撒冷殭屍人牆那一段，場面震撼，可列入殭屍電影的經典鏡頭。

近兩年各類殭屍影片層出不窮，基本是單純的恐怖片，《末日之戰》則站上末日題材的高度，如熱播的美劇《陰屍路》（*The Walking Dead*）從一小隊倖存者的角度反映了末日背景下人類世界觀和價值觀的改變，它則是站在了另外一個高度對當今人類社會的未來進行警示。這可能是有史以來最有深度也最有特色的一部殭屍影片，突破傳統殭屍片困守一地求援的故事模式。

我看這部電影，就發現影片中的「牆」話語頗有特色，情節是藍恩獲知以色列耶路撒冷早在病毒爆發前做好強大的防範措施，他就飛往耶路撒冷尋找答案，原來以色列是從印度對抗「羅剎」（印度神話中的惡魔，類似殭屍）中獲得靈感，於是以色列國防軍趕工將耶路撒冷哭牆強化成巨大高牆防堵外圍的殭屍，也將未感染的倖存者接到高牆內部的安全地帶。而牆內宗教人士高唱宗教歌慶祝時，居然吸引牆外僵屍，用「疊羅漢」的方式越過高牆最終攻陷耶路撒冷……「牆」恰是「隔離」的隱喻，自從武漢爆發病毒以來，先是中國封掉武漢，繼而為防「中國病毒」侵入，世界各國都關閉邊境、海關以封國封城，全世界的防疫模範台灣，恰好是因為一個島國，封關最早最徹底，美國的最大失誤就是封關猶豫，於是人們忽然發現，最善於「隔離」技術的，是中國那種集權制度，而西方的開放社會卻只有死路一條。「制度選擇」被瘟疫顛覆，人類不期然進入一個「隔離」年代，在找到與病毒和平相處的機制之前，「隔離」是唯一活法。

第四章

樂山大佛洗腳

二〇二〇年六月以來，南方二十多場強降雨，導致長江黃河洪水迸發，七百多條河流水位超警戒，二十八個省分、七千多萬人受災，半個中國泡在水裡，面臨一九九八年以來最嚴峻汛情。長江三峽水庫遭遇建庫以來最大入庫流量，大壩汛期攔洪，才保下游大城市荊州、武漢、南京大城市，然而民間盛傳大壩出現壩體變形，逼使官方出面解釋「彈性變形」……洪水到四川，樂山大佛被「洗腳」，民間有諺云：「大佛洗腳」乃中國變天預兆，這才是二〇二〇洪水的政治寓意。

三峽大壩政治學

中國但凡發生水災、地震等天災，中共的執政能力便遭遇挑戰，並邏輯性地導向它的合法性問題。這次南方大水，再次引發民間對三峽大壩防洪能力的質疑，平時政府吹慣了可擋「萬年一遇」、「千年一遇」大洪水，臨到頭卻囁嚅而稱「三峽工程只是長江防洪系統的一部分，並不是萬能的」。

國際水利專家普遍懷疑三峽大壩的「神話」。史丹佛大學胡佛研究所研究員歐斯林說：

實際上他們必須允許人為控制的洪水。問題是，如果降雨像預測的那樣持續下去，如果上游較舊、較小的水壩發生故障，那麼單獨依靠三峽工程就能控制一切嗎？還是他們其實必須釋放不受控制的洪水？那可能是災難性的……我認為更大的問題是，他們是否對大壩的風險，以及三峽大壩上游較小水壩的風險，保持公開和透明的態度；是否採取了足夠的預防措施來疏散人員，並準備好了獲取農作物和電力的其他途徑。他們無法控制降雨，但可以做到的是在實際風險上更加開放和透明。

阿拉巴馬大學地理學教授尚克曼也指出，三峽水庫無法應對今年這樣嚴重的洪災：

三峽水庫的總防洪能力只是大壩下游和長江中部的總洪水量的一小部分。所以它可以容納部分洪水嗎？是的。但是像現在這樣的嚴重情況下，它無法起到有效的作用。

然而中國水利專家卻是從「政權安全」的角度發言，人民日報旗下的《中國經濟周刊》引用中國工程院院士王浩的話說，三峽大壩「抗壓能力反而會在一百年內水越泡越結實」；而中國水力發電工程學會副祕書長張博庭更表示，「假如原子彈直接命中大壩，其後果只是把大壩炸出一個大缺口」。

著名氣候科學家葛雷克，在過去數十年內致力於水資源研究，他質疑：「大壩不會隨著時間的推移變得更強大。大壩一旦修建就已經到位，而且你必須應對它的後果。我希望我們永遠不會看到大壩接受核彈測試。這是一個荒謬的說法，也是我們希望永遠不會看到的。大壩已經建起來了，在某些情況下可以運行。但是我們現在開始拆除大型水壩，因為我們瞭解到它們對環境有多麼大的破壞。」

歐斯林認為，治洪失敗，甚至是大壩安全出現問題，將會對中國共產黨的執政合理性造成致命一擊。他說：

> 這或許將是自文革以來中國共產黨面臨的最嚴峻考驗。這是一個他們有多麼公開和透明的問題，尤其是緊隨武漢新冠疫情之後，他們在多大程度上制定了應急計畫，以及集結該國其他地區和國外的支援能力。黨和政府向全國保證大壩是安全的，如果大壩失敗了，所有上述問題都將是重大考驗。這可能是對中共執政以來合法性的最嚴重打擊，可能導致抗議活動和騷亂，因為大壩的失敗會導致嚴重的問題，嚴重的人文、農業和經濟問題，還要加上武漢爆發新冠疫情後的損失……但這是中共應該非常擔心的「黑天鵝」，在人們眼中，這可能是中共合法性的最後致命一擊。

實際上，三峽大壩本身就是一個中國政治符號。早在八十年代末，一個水壩爭議的時代，在中國拉開序幕。八八年，長江三峽大壩的論證，遭到全國政協幾位老資格委員調查後的質疑，戴晴領銜的十幾位首都大報記者，聯合採寫出版了《長江長江》一書，並引發了一場民間「抵制三峽大壩」的運動，反對大壩的清華大學教授黃萬里是靈魂人物，未料隨之而來的

「六四」大屠殺，也將這場抵制運動夭折於血泊中，而力主建壩的李鵬，恰趁屠殺勝利之彈冠相慶，啟動建壩工程，葛洲壩幾乎成為鎮壓學生、屠殺平民的一座「豐碑」，攔腰截斷長江而起。

「黃萬里悲歌」，起之於黃河三門峽，是構成我的《屠龍年代》主要內容之一，他「愧對蒼生」的悲涼，令我終生難忘：

我在八五年的治黃採訪中，沒有見過黃萬里。直到兩年之後，在製作《河殤》的時期，才請他來演播室，用幾分鐘講一講他的治黃方略，才聽到他那一口吳儂軟語。他一九九九年的手稿《論江河淮海綜合治理》中有一段文字，評說四九之後的五十年治水之成敗，並道出一個治水人的悲涼。

「近年來江河淮海迭受災害：黃河從來以洪患著名，七二年來警聞有斷流兼洪災之惡耗。海河素賴黃河分流淤灌，今已斷航多年。淮河一九三七年導流入海方完成，即遭黃河破堤重淤之災，其後改導入江初非長計。在一九八三年漢水安康洪災之後，一九九八年長江中下游又遭特大洪災，接著冬春九江又以基本斷航問世。江災受害人口二・三三億，死亡三千餘人，淹地三百九十二萬畝，資金三千萬元以上。

「這些災難絕非全由天然造成。看到軍民合作捨身救護的壯烈，自己一介老書生，無能為力。除了捐助些資金衣物外，只有悲痛與慚愧。記得少時父親說：『我國自有歷史以來，耕作的農民從來沒有對不起過統治階層的！』自度身受國家教育十七年，獲得各級學位，七十多年來從事水利工程的教學、研究、和實踐：舉凡查勘、規畫、測量、設計、施工和行政莫不曾經親自操作，培養過四十幾個工程人員，教課五十整年，然而對於我國治水大計未曾有過多大有效貢獻，乃有上列『愧對蒼生老益悲』的詩句。」

天黑下來

二〇一八年六月八日，山東、四川、重慶、安徽等至少十個省市的卡車司機發起了一連串抗議。上百輛卡車停泊在路邊形成長長的車龍，車上掛了「拒絕疲勞駕駛」、「抵制低價」等標語。司機的抗議內容一致，主要是運價過低、油價高漲、交警路政隨意罰款、疲勞駕駛以及貨運平台「運滿滿」禁止其與客戶私下溝通的新政策不滿。

顯然，這是中美貿易戰所產生的的效應，其導致國內油價上漲，令原本就是微利的長途運輸業更形慘淡，卡車司機活不下去了，而這個行業如同晚清兩廣挑夫一樣，乃是一個跨區域流動的群體，通訊聯絡便捷，容易組織，方可能形成罷工行為，也顯示其內部深處已有較成熟的地下會社和領袖人物，但是訴求僅止於經濟層面，離社會運動尚遙遠。

此時恰有一舊友來美，問他當下最著名的民間人物是誰？他說：

任志強，首屈一指，房市大亨，也是最牛分析師，如今中國無人不跟房地產無關。第二位是于建嶸，在農民當中知名度最高，這兩位是全國性的。接下來是賀衛方，在中產階級企業家裡最有名。

我問孫立平呢？他說知名度出不了學界；那鮑彤呢？「民間已不知此人是誰。」我頗錯愕。

關於天下大勢，他說了兩種預測，一說，一年半後「天全黑下來」；另說「半年後」，然後就是天下大亂，再往後就不知道了。此意是說習近平將翻盤，失控全局？他說國內亦猜他欲傳位女兒，而無論體制內外，均無替代人物可能出現，逼垮習的只能是外力、戰爭、大災難。習的唯一手段是軍隊，但是人們都懷疑他控制軍隊的能力。幾日後，又見一位來客，稱「國內形勢已到極限」，半年一年之內會有大事，習只信老婆女兒兩個女人，難道中國會再現晚清格局——兩宮太后和一個兒皇帝？我對這種臆測似信非信，好像中國正在出現一種無人辨識的統治模式。

我最感興趣的是「天黑下來」這句話，一個最時髦的政治新語，中國永遠在創造新詞彙，無窮無盡地描繪政治這個怪物，「天要亮了」、「天下大亂」、「昏天黑地」等等，「天黑下來」蘊含著人民內心多少絕望和無奈啊！

然而我歸納上述民間情勢，叫做「民間無社會、底層求生活」，令廣大吃瓜大眾尚無政治涵義，經濟起飛三十年，只創造了一個富裕的中產階級，眼下只有外逃衝動，需要政治啟蒙，覺醒後才有政治意義；知識階層徹底邊緣化，在金錢至上利益驅動的社會裡，不僅是權力的婢女，也是娛樂的丫頭，而政治上的尷尬是，越在民間深孚眾望者，越想留在「體制內」；黨內改革成分「缺氧化、臨終化、僵化」，比知識界更加遁形，且無重組機率。假如習體制此刻解體，則中國面臨無組織替代的前景，中國體制的沙漠化愈見顯著，也顯示強人替代的可行性越高，區域分離性也越高。川普政府的不確定性，是外部不利因素加劇的源頭，它也在攪動東亞不確定性，如北韓的莫測，假如台灣自立傾向被鼓勵，則令北京兩岸政策陷入困境，必須在戰爭邊緣游移，它將成為加劇北京高層出現裂口的最大力量，而可預測替代習的只有軍方。

美國與中國爭奪亞太主導權的遊戲，令習之擴張政策受挫，此情勢在中共權力結構中的涵義尚不清晰，習還有退回溫和路線的空間嗎？一個剛剛黃袍加身的政治寡頭，有其「克里斯瑪」魔咒的負擔，玩不出奇蹟就是失敗，更遑論一個重大外交挫折？拿破崙二世當初栽的就是這種跟頭。

榮劍貼了一個「國內智者判斷」，說「三重門」打擊而使一場前所未有的危機「轟然而至」，分析中國面臨四面八方的外敵：

——美國不斷加強的經濟、科技封鎖以及軍事進攻的巨大壓力；

——最大的鄰國印度，在邊境進行軍事挑釁並與中國全面斷絕經濟關係；

——歐盟、北美及澳洲在內的全部西方國家因香港和新疆問題，對中國進行一致的批評與制裁；

——強盛的鄰國日本明確地調整對中國的軍事戰略——由被動防守轉為主動進攻型防禦；

——與中國大陸處於戰爭邊緣的台灣，已經成為世界半導體產業中心，以前所未有的速度促成了經濟迅猛發展和軍事力量的迅速提升；

——包括中國本土製造業在內的各國廠商在中美對抗的壓力下，大規模地把生產線轉移到中國之外的國家和地區，一個排除了中國製造的新的世界供應鏈正在成形；

——中國面臨世界疫情穩定之後必然到來的，對病毒起源與早期疫情控制失誤的國際追責和天文數字的索賠……

可是種種危機，「上面那個人不願意聽。『楚王好細腰，宮中多餓死』。」這個楚王不姓芈，姓習。

陳勝吳廣還在深圳打工嗎？

拉回話頭，什麼叫「三重門」打擊？來自榮劍那個帖子：

第一重門是中美貿易戰；第二重門是新冠大疫；第三重門是多年積澱下來的結構性矛盾和危機。

這個殘酷打擊，導致改革開放四十多年來經濟形勢最糟糕最困難最嚴峻的時刻，金華地區八十一%的出口企業垮了，再這麼下去，年底之前這個比例會達到九十五%以上。

經濟危機的現實後果和遞進邏輯是：

A，企業大量倒閉；

B，工人大量失業；

C，銀行大量貸款壞死；

D，國際訂單消失，國內消費市場亦急劇萎縮，民眾購買力下降——市場沒有了，這是中國經濟正在承受卻難以承受之重，所謂「內循環」，所謂「西方不亮東方亮」，根本就是一廂情願、單相思，或者，畫餅充饑，望梅止渴；

E，政府稅收銳減，財政拮据；

F，政府被迫超限印鈔發鈔，通貨膨脹，民生遭受收入減少、停擺與物價飛漲「前後夾擊」，可謂「禍不單行」、「腹背受敵」；

G，出口銳減的結果是創匯少了，國家沒有足夠的美元進口中國所必需的四分之一的糧食、三分之二的石油以及晶片、原材料，所以以前是「退耕還林」，現在是「退林還耕」，加上提倡節糧、號召少吃；所以宣導新能源汽車，少用石油；所以重新挖出「南泥灣精神」，企圖借此衝破晶片等核心技術瓶頸等等……

H，政府要過緊日子了，「官不聊生」，易發「官變」；維穩費和軍費皆為剛性支出，怎一個「緊縮」了得？還有，援非下降，黑國反目成仇，「給錢時是親人，給不出錢時是敵人」，應是大概率事件。

為什麼要和美國為敵？歷史證明，中國經濟發展最快最好最牛逼的時期，正是中美友好、形同夫妻的時期；現在中美交惡，中國經濟的天快要塌下來了——為什麼要交惡呢？胡錫進、金燦榮、復旦陳平這些人應該槍斃，但根子不在他們，在幕後操縱他們的人。

這個分析來自一份《楊魯軍的田野調查》，他舉例浙江金華，是中國長江經濟帶的核心區域，是「流淌著牛奶和黃金」的地方：

十一年前的二〇〇九年我與朋友曾經從杭州開車去衢州，中間路過幾十公里的繁榮地帶，工廠林立，車輛穿梭，集裝箱貨櫃在高速公路兩側的廠區密密麻麻地碼放著。我問開車的杭州朋友這是什麼地方，朋友說是金華。金華，地如其名，那時是一個處處閃爍著黃金光華的地域呀！時隔十多年，在感言中出現的金華，卻是一派荒蕪與蒼涼：八十一％的出口企業垮了，如此發展下去，到年底會有九十五％以上的出口企業垮掉。也就是說，金華的出口加工企業徹底垮掉了。一個中國最繁榮經濟帶的核心區域從此不復存在。

有趣的是榮劍這個帖子，引來的跟帖，居然是一派嘲笑，大意也可歸納為其中的一句話：「這也能稱為智者？」

這恰是我最為驚詫的，線民（國民？）已然做好了大難臨頭的準備，這是三十年來頭一遭吧？

要說也是，我們預測中國或中共「崩潰」，三十年來已經數不清預測了多少回了，它還在那裡，這就跟嚷嚷「狼來了」一樣，不管用了。

但是，這回大夥兒的嘲笑，好像不太一樣。有個跟帖說：

崔永元都中毒了，任大炮都給搞死了，香港已經不再是亞洲金融中心了，一切已經朝著朝鮮模式飛速發展。

這分明是說，中國哪裡還是什麼一般的危機，根本是「統治危機」，「智者」是不敢說呢，還是看不懂？所以下面有個帖子就狠起來：

所以才要支援加速主義，這種智者一抓一大把，只是倒退路上無關緊要的小石子，只有往民族主義的油箱裡猛灌汽油，讓總加速師一直油門踩到死，這裡的支那人才能在廢土上獲得新生……

國內形勢的嚴峻，令我約了幾個朋友，在一家自媒體「光傳媒」侃了一期視頻節目，叫「大變前夜：天亮還是天黑？」。

我做主持，開門見山就說：二〇一八年底，一舊友來美，問他天下大勢，他說了兩種預測，一說一年半後「天全黑下來」；另說「半年後」，然後就是天下大亂，再往後就不知道了，此時正好一年半。

移民到佛羅里達的民營企業家魯難認為，中國出了一個「總加速師」，習近平主席成功地把中國與世界對立起來，與周邊國家全面對抗，又跟川普打貿易戰、殘酷鎮壓香港反送中、隱瞞武漢疫情、操縱ＷＨＯ遺禍全世界，導致中國改革開放四十年建立起的世界工廠的產業鏈斷裂，這哪是外界能辦得到的？

李恆青斷言，大規模失業潮正在襲來。

王丹認為，現在還有能力改變中國的，只有兩種菁英：體制內變革力量和企業家，前一類還看不清楚，只剩下後一類。

但是我認為，「歲月靜好」還沒讓吃瓜大眾醒來，知識分子無能為力，中國人心離散，老學人和紅二代，皆逃離家園，到西方尋地落腳，不管這座江山了，難道中國的企業家階層，還留在國內等死？於是只剩下兩種角色：體制內變革力量和軍人。

王軍濤認為中國當下，菁英同盟、經濟同盟皆瓦解，人心思變，但是變革需要突發事件來點燃，我們不知道準確發生的時間和地點，也不知道角色人物是誰，只能在海外做好迎接大變的準備。

金鐘很感慨：

白宮正在制定禁止中共黨員入境的法律。一旦實施，這是普世價值對抗專制獨裁的一個歷史性紀念碑。我和網友們為這一事態發展，感到欣慰。此事針對人類歷史上一個最龐大而無恥的政黨，他們無惡不作，不但在其統治下殘民以逞血洗中華，而且禍及世界，光輸出暴力，東南亞就害死數百萬人！當年毛賊勾結尼克森打擊正在修正改善的蘇聯，今天美國反省養虎為患對華綏靖戰略，這是我四十年夢想成真！就像阿波羅登月時的一句話：登月一小步、人類一大步。來之不易啊！希望中國良知未泯的一代新人，打破思想的牢籠，爭取自由民主的未來！然而，我們的問題是：中國準備好了嗎？

我幾天後才回過神兒來，我們左算右算，沒有分析到的，只剩下陳勝吳廣了。

造帝之術

一九七八年至二〇一三年，這四十年裡，中國經濟以十%的年平均速度增長，人均收入提高了十倍，約八億人擺脫了貧困，嬰兒死亡率降低了八十五%，人口平均壽命提高了十一年。這些成就，是在中共壓制社會、禁錮言論、破壞環境的條件下達至的，歷史上無先例，理論上說不通，但是西方還是竭力要解釋它，《外交政策》（*Foreign Policy*）雜誌主編強納森・迪波曼（Jonathan Tepperman）管這個怪物叫「適應性專制」。

關於其特色，他的描述其實並不新鮮：如在名義上保持共產主義信仰的同時，接受多種形式的市場資本主義和其他放寬限制的改革；又如，雖然審查制度從未消失，但黨員可以有不同意見，也可以展開辯論；內部報告可能會出人意料的直言不諱。

他說這個體制的創建者自然是鄧小平，他汲取毛澤東專權的教訓，不讓一人專權，而是在領導集團成員之間實行分權，即人們常說的「常委集體負責制」，但是迪波曼看不懂的一點是，每一屆「常委制」是有一個「核心」的，習近平之前即江澤民、胡錦濤，在有限「分權」

之中仍然保留「最終拍板人」——這是「六四屠殺」後鄧小平推出「婆婆」模式之「垂簾聽政」的殘留，這才是中共頂層結構四十年有效運作的訣竅。另外如論功受賞、有限的地方自治等一些基本的權力鬆綁或稱誘惑。

然而，在這個權力不受制約和監督的制度下，「分權」恰好導致腐敗氾濫，一個驚人的經濟增長，變成一場更驚人的腐敗，而所謂「官二代」（或江胡兩屆執政）的腐敗，向太子黨提供了一個集權的合法性來源，在習近平的前任胡錦濤時代，二〇一二年位高權重的重慶市委書記薄熙來因腐敗而落馬，而他又是靠親信王立軍殘酷的「打黑」治官，加上「唱紅」的文革手段，向胡錦濤挑戰，我在前一本書《鬼推磨》中有一節「社會黑化」，專寫此細節，讀者可參閱。

事實上，在習近平不僅是踏著薄熙來的屍骨登頂，中國也因經濟發達而腐敗橫行，中共壟斷一切社會資源、權力，而勢必成為腐敗的制度性根源，習的權力問鼎之路，也是一場場反腐的結果。習近平的發跡，底蘊就在這裡——如果說「發財」是中共的「第一合法性」（後六四），那麼「反腐」就是它的「第二合法性」（後開放），第二個顛覆了第一個，然而橫豎都是它「合法」，天下哪有這樣的道理？

習上台六年中，有一百三十四萬名官員因腐敗而被整肅，部長或副部長級的高官有一百七十多名被撤職、大多數投入監獄。自二〇一二年以來，遭到整肅的中共中央委員比整個中國共產主義革命史上的加在一起還多。國際刑警組織主席、中國公安部副部長孟宏偉的落馬，具有二〇一二年位高權重的重慶市委書記薄熙來落馬一樣的震撼效應。黨是黑社會大老，黨主席也唯有以反腐、集權、專制，才能存活。所以習近平的「造帝之術」，就是拆除鄧小平建構的「適應性專制」，迪波曼寫道：

用裴敏欣的話來說——習近平「用基於恐懼的體系取代了鼓勵業績的體系」。這一改變帶來了兩大問題。首先，它扭曲了官員的工作動機，從顯示業績變成了顯示忠誠度。第二個問題，用卡內基莫斯科中心的中國問題專家亞歷山大．加布耶夫（Alexander Gabuev）的話來說就是，「當你只剩下了恐懼的時候，如果高層沒有下達明確指令，官員會因為害怕而什麼都不敢做。這樣整個官僚體系都變得消極被動，什麼事都幹不成了。」

習近平並不滿足於僅僅消除競爭對手，他還通過取消國家主席任期限制和拒絕指定接班人來進一步鞏固自己的權力，而他之前的領導人通常在任期中途就會提名繼任者。他將「習近平思想」寫入中國憲法（此前只有毛和鄧享此殊榮）；他一手攥住了最高軍權；他在從金融到台灣到互聯網安全的各個領域建立了多個「領導小組」並自任組長，成了「萬能主席」。

糾習與下墜

七月十一日，新華網突然轉載《學習時報》舊文〈華國鋒認錯〉，在整個政壇勾起無窮聯想、猜測、幻覺。這個老故事，說的是一九八〇年群眾來信向中紀委反映了華國鋒——中央主席搞「個人崇拜」的三件事，華立即做了改正並給中紀委回信，被黨內認為「認錯」，時任中紀委書記黃克誠請示陳雲，中共中央又轉發了這封信。

這個典故被「古為今用」，顯然是映射習近平「搞個人崇拜」，在其急速集權背景下，便異常引人注目，坊間傳出，江澤民、胡錦濤兩屆前常委，除李鵬之外聯名致信政治局要求開會，討論習稱霸發昏，引發中美貿易戰，危及中共命脈，北京因此戒嚴。北京據稱已下令摘下所有含習近平畫像的海報宣傳品、《人民日報》頭版五年來首次在標題沒現習近平名字、甚至連所謂的「梁家河大學問」研究也被撤去，看上去幾乎是一場政變了。

事後有人分析，熱傳的政變不過是謠言，但是有幾點是確定的：

一、個人崇拜在高層引發普遍反感；

二、中美貿易戰造成巨大被動，引發對習外交失敗的追責；

三、習的粗暴施政令各層級失去安全感；

四、經濟形勢日趨嚴峻亟須調整所謂「小組治理體制」。

習近平上位以後遭遇多次挑戰，這次是最嚴重的，然而這樣黨內博弈，如果並無一個明確的替代者出現，則局勢無法明朗。

若以中共的脈絡來圖解它，也很費勁，無論這個祕聞有多少真實性，它都在重複一個「老人政治」的舊式故事。中共的政治結構，自從五八年大躍進餓死人之後，毛澤東「退居二線」，劉少奇在一線主持工作，糾正毛的錯誤，這種「一線二線」的怪異結構，不能反映真實的權力關係，最後導致毛以文革打倒劉鄧奪回權力的荒謬，毛澤東先打倒一個元帥彭德懷，再分別偷襲劉少奇、林彪，這段歷史我在《屠龍年代．人龍》一章有詳細描述。[1]

另一種怪異結構，就是改革開放後鄧小平「垂簾聽政」，啟用年輕一點的胡耀邦、趙紫陽，卻又不放心，其實也是「一線二線」結構的重複，終於釀成六四大屠殺的悲劇，其中一個核心情節，便是趙紫陽向戈巴契夫托出「鄧掌舵」的祕密，我在《鬼推磨》中也分析了所謂「常委的婆婆」模式，由此可見，從《屠龍年代》到《鬼推磨》，多少展示中共制度的隱形結構。[2]

在這裡講的兩段故事，其實是一個意思，即中共權力缺乏合法延續機制，反而退休的老人永遠都有「復辟」的欲望和機制，「老人干政」是排除不了的，我們看到最悲催的兩例，就是胡耀邦和趙紫陽。這種機制形成了中共制度中一個奇怪而有效的功能，即「老人勢力」

1 蘇曉康《屠龍年代》第四章，頁二七〇至二七三。
2 蘇曉康《鬼推磨》第一章，頁二一。

在必要時可以調整第一線當政者之錯誤。

現在我們再回來解讀「華國鋒認錯了」，就一目瞭然它是回到「老人政治」的語境，即「老人干政」機制出來試圖糾正習近平的蠻幹，早在二〇一二年就有人分析：

——中國根本就不可能出希特勒，眼下到處都腐敗，就更不可能，出了也讓老百姓把他趕下去；

——中國出現的專制，肯定是土的，水準低的，是中國專制主義加一點現代化；

——這個土的，不會是「Hi，希特勒」，也不會是「偉大領袖毛主席萬歲」；

顯然，當年的預測有看走眼的成分，也有驚人的準確。

習近平上台就出師不利，「走向海洋」，在南海造島，被海牙法庭裁決敗訴，網路上驚見公開信促習下台，列數其「集權而造成的前所未有危機」、「大搞個人崇拜，令文革回潮，知識分子寒心」、「港台政策進退失據，一國兩制受阻」、「盲目出手刺激周遭國際環境，縱容北韓核試，導致美國成功重返亞洲」……

然而越接近暑期北戴河會議，情勢越迷離，或許雙方都在尋找一個妥協的平衡點。北戴河休假結束後，習近平又高調復出，「個人迷信」與「強國反美」兩個調子也再次充斥中國媒體，習近平竟可以如期出訪中東和非洲多國，出行之前，媒體也做反擊，《人民日報》頭版全版四分之三報導習，似對外宣示習「大權在握」，央視也再次呼籲維護「習核心」。
雖然外媒仍詮釋習的勢力已打折扣，網絡上的自媒體則一派失望。然而在中共自身，只要代替習的人選闕如，只有讓習蠻幹下去；而中美衝突升高，貿易戰引發諸多危機，令中共高層也有必須團結一致對外的「大局意識」，大敵當前收斂分歧，乃是一貫老練的反映，「個人崇拜」從來不是這個黨的病灶和死穴，相反應對西方使用民族主義和民粹主義兩招極其有效。
這次危機，顯然習過去五年「反腐集權」的效應還在——他曾拿下包括中共前政法委書記周永康，前軍委副主席徐才厚、郭伯雄，前中辦主任令計畫，前中共政治局委員孫政才等多名江派核心人員，十八大以來已有四百四十名省部級和中管官員（包括軍級）被查處，其中中央委員、候補中央委員就高達四十三人，中央紀委委員九人。因此習近平似乎終結了「老人干政」機制，這可能是他鍛鑄「新集權」的奧祕之一。
但是海外觀察的失誤，卻顯示了近來一個明顯的傾向，即迷信貿易戰摧折中共的效應，「崩潰論」再次瀰漫，襯托的背景，則是美國基要派民眾選上川普，向中國報復所引發的「第二次冷戰」將搬到習體制，而忽略了中國落後經濟體制的承受韌性。尤其，川普的逼債，是侮辱性的，也衝著習近平的個人性格而去，令其強撐嘴臉不能示弱，網上稱為「流氓打架」，但是投射到中國老百姓中，無疑是「近代恥辱」的一次重複，勾引出吃瓜大眾的「受辱記憶」，幫助中共調動其最有效的民族主義支援意識，進而對中國政治轉型產生阻力。

一幅新舊雜駁、層次錯亂的社會圖景。三十年經濟起飛，國家（政權）空前富裕而驕橫，上層貪腐奢靡，揮霍無度，但是民間也「歲月靜好」了幾十年，農民已經不靠土地生活，農村破敗但也造反機率極低，幾千萬年輕的農民工都苟活在大城市邊緣，是最有革命衝動的一個社會階層，但是他們的領袖在哪裡？官方和民間反體制力量都對他們陌生；中產階級這三十年，也是一個利益集團了，甚至可說是體制的合謀者，然而他們改變制度的意向曖昧，恐怕是因為也怕失去利益，這個階層令西方政治學的「經濟發展引導民主」論說破產，毋寧他們也是下一場革命的對象；城市市民被股市房產牢牢捆綁在體制的戰車上成為市場奴隸，只有年輕的九〇後〇〇後成為P2P受害者而滿懷怨恨，但是如何塑造他們成為新的「八九一代」？國內的陳勝吳廣還在搵食，然而海外有孫中山嗎？至於知識界，亂哄哄的，思潮就十種之多，從最左的「回到文革」可以到最右的「回到民國」，也可以從主張復辟史達林直到主張復辟儒家；官方與民間也共同懷舊「改革」，另一種「偽改革」還冠冕堂皇地活在主流話語中，「鄧改革」的欲蓋彌彰和邪惡虛偽，依然是菁英拯救社會大眾的法寶，而被「經濟奇蹟」斷送了所有前景以後，彷彿回到「鄧時代」是一種「中興」……事實上，「奇蹟」的發生不在經濟，而在中國不僅是一「巨嬰國」，還從傳統人格又一次跌破底線，貪婪物欲膨脹而毫無權利意識，皇權觀念肆意回潮，傳統沉渣泛起，看客文化盛行，菁英墮落無礙，由此而令美國貿易戰的效應，是在中國被逼回閉關集權之際，只會加劇民眾民族主義的升高而擁戴集權，是自由進一步淪喪。

不過，貿易戰也可說初見成效，因為第一，中國盜竊智慧產權被美國抓到，便意味著「中國製造二〇二五」泡湯了；第二，「經濟冷戰」令美國對中國關閉高科技和生物醫藥技術大門，此刻恰恰是中國亟須依靠科技升級，以完成從經濟的數量型發展向質量型發展之轉換，這也是完成從工業社會向智慧型社會的現代化轉換，屬於完成一個前發達國家向發達國家轉型，在這個關鍵時刻美國全面關閉對中國的大門，對中國的現代化進程影響是難以估計的。

張倫：民族盛衰失去外因

正在哈佛訪問的張倫，再次發聲，他三月間才發驚世之言，稱人類歷史將分為「二〇二〇年之前」和「二〇二〇年之後」，此刻給我傳來他接受《財經》雜誌馬國川的採訪，再談瘟疫與國家制度、中西衝突、中國文明提升等重大命題，談得大氣磅礴：

馬國川：中國解決公共衛生危機的做法是「集中力量辦大事」，這種「舉國體制」受到了國內許多民眾的追捧，在解決這種突發危機的時候也確實見效。

張倫：傳統上中國就是個「量」的帝國，可以靠集中力量辦很多巨大的工程，但一旦出現危機，因為缺乏地方自主和有效的平衡機制，災難的傳遞效果，後果也是非常可怕的。在現代世界，一切都等著一個決策中心，等著「集中力量辦大事」，隱藏著各種各樣重大的隱患。西方國家很難強迫把國民像監獄一樣地關在家裡，而是依靠喚醒每個人的自律。中國人可能習慣了「硬」的方式，對所謂「軟」的方式不理解，這反映出中外的制度差別、文化差別和價值標準差別。這裡有一個根本性的問題是：國家制度的基本哲學是什麼？是以效率為所有制度和政策的合法性基礎，還是以道義和自由權利為合法性基礎？國外也沒有哪個國家有中國這類街道管理體制，能夠在警方之外還有如此強制性的限制居民行動的手段。

馬國川：現在國際社會對中國應對大疫的措施整體評價如何？

張倫：這些年，一些中國人在海外的不文明舉止、暴發戶心態、對他人缺乏尊重、自以為是、強詞奪理等做法，讓我越來越憂慮。有些中國人對其他國家有幸災樂禍的心態，和在疫情最高峰的時候一些中國人對湖北人、武漢人的暴力、不人道、不人性對待本質上是相類似的，其實質都是缺乏對人的尊重、對他人生命的關懷。這可能是中國最重要的、將來最難恢復、最難建設的問題。我希望，從災難中中國人的思維、情感、認識能夠更深刻一些，能夠對文明、對生命的認識有所提升。不論在中國還是身處世界各處，都應該對正義、人的權利與尊嚴有些普遍性的關心與追求，不僅僅局限於自己的、自己群體的權利與利益。

馬國川：現在知識界最擔心的是，這次危機不但會衝擊全球化和國際秩序崩塌，而且很可能會引發戰爭。

張倫：從人和病毒的大戰，連帶造成的各種政治、經濟、社會和意識上的後果，進而引發人和人的戰爭，也是完全有可能的。由於全球經濟的衰退造成經濟資源萎縮，會引發各地社會衝突，甚至包括沒受過疫情影響的地區，可能也會因次生的經濟問題帶來局部衝突。就像二次大戰一樣，有些國家沒有參戰，但事實上大戰對其影響深遠，也都沒逃得掉。總之，它會引發世界格局的重大變革，舊時代已經崩塌了，從此人類歷史會分為「二〇二〇年之前」和「二〇二〇年之後」。

馬國川：這對中國來說也是一個巨大挑戰，比如中美關係將經受嚴峻考驗。

張倫：如果中美雙方處理不好，互不信任，或者一方做出某些選擇，中美漸行漸遠的趨勢就不可逆了。對於中國來說，現在真正進入了一個新時代，應該推動更深刻的制度轉型，實現法治國家。

像歷次人類經歷的大災難後一樣，「二〇二〇年之後」的人們會更加珍惜生命，熱愛生活。歷史上許多狂歡節、節日就是這麼誕生的。此次疫情也一定會引發世界範圍內某些重大的思想討論，有關公共健康與政府角色，市場的地位，資本與權力的關係，運作的邏輯，地緣政治結構的重塑，也或許會引發些有關現代文明的基本問題的思考：人與自然界、動物的關係，如何看待財富、環境與發展，據說從威尼斯到中國，各地的空氣、水都前所未有地清潔，讓人印象深刻，那麼重新開工後人們會怎樣來尋回這境地呢？災難會改變人類行為方式、思維方式。在特殊情況下展現出來的東西，會勾起人們的一些記憶、激發新的想法。這次危機也在考驗我們這個民族到底有沒有反思性，到底有沒有思考和檢討的能力？我希望，在制度轉型之外，國人能夠在價值方面做出更深層的調整，加快文明轉型。當代的中國人要以怎樣的文明形象展示給世界？中國人也需要對這個問題給出一個答案了。

從一九一九到二〇二〇，滄桑巨變。民族的危機、盛衰從此不該再委推於外，更將取決於中國人自己的抉擇；能否超越單一的民族意識與框架，以一種明確、堅定、恢宏的人類意識去思考中國，觀照人類，這是衡量中國知識分子百年來思想是否昇華的一個最重要的尺度。在這個前路不明、危機頻現、專斷、偏狹的氛圍再度蔓延的時代，我們繼續召喚自由、理性和寬容的精神，為每個中國人的尊嚴、權利與幸福，亦為這個星球上的和平、繁榮與文明的存續，努力去思索未來，再造文明，以貢獻於人類。

張倫重拾「五四衣衫」，在我的視野裡，乃三十年未有比肩者，三十年來中國讀書人都在離棄「五四」、重新擁抱傳統，或者「告別革命」，或者「國家至上」，或者「民國範兒」，不一而足，卻視而不見中國在泥潭裡越陷越深。張倫後勁十足，真乃學界之幸。

第五章

若水

維園燭光

一九八九年八月三十一日，午夜。

香港水域。龍鼓灘。

「跳下去！」

「……？」

「只能送到這裡。你們往前走，走過去就是岸。跳！」

我們三人驚恐地跳下快艇。水沒膝蓋，是淺水區了。

那快艇在身後吼叫著，急打個彎「嗖」地開走了。

……寂靜、海水的反光、四周黑黢黢的礁石。

我們涉水幾十步就登岸。沙灘空無一人，那個瘆人啊。

那夜好像沒有月光。

突然，前方一束強光射來。

我們在驚悸中，聽得那邊高聲在喊：

「慢慢往這邊走過來！」

此時方可定睛看到，前方沙灘上一輛小轎車停著，前燈大亮，直射過來。

走近，見後面兩側車門開著，我們三人魚貫入座。

那車徐徐開動。大家默然無聲。

無聲地任沙灘、灰暗的海天，漸漸後退。

也是無聲地，車子駛出暗夜，駛出沉睡的郊野；

又駛進街燈迷濛的城廓，駛進未眠的不夜城；

駛進星閃的霓虹燈光暈中，駛進酣睡的氣息中；

我身上的細胞觸覺，也在這無聲行駛中漸漸甦醒過來；

而大腦依舊是麻木的，只感覺前座有兩個人影……

車子在一棟樓前停下。我們下車被領進去。

一間房裡，屋頂很低，一個瘦瘦的穿黑衫的漢子等在那裡——他就是江湖上稱「六哥」的陳達鉦。

很多年後他告訴我：「我救出你的時候，你都快瘋了。」

「黃雀行動」營救了我，二十四年後我寫《寂寞的德拉瓦灣》，才第一次寫出當年的細節。然而從龍鼓灘上岸那一刻開始，我就視香港人為我的救命恩人，我雖再也不能踏上港島，但是那裡的一盞燭光，永遠亮在我心裡；那裡發生了什麼，第一時間便會吸引我的神經。二〇一六年六月三日，我對當時在上海的台灣中央社記者張淑伶說：

香港是我的恩人，每年六四在香港維多利亞公園的燭光紀念晚會，是我心中最溫馨的燭光。

她就香港青年對紀念六四出現歧見而採訪我，香港市民支援愛國民主運動聯合會（支聯會）一如往常舉行燭光紀念晚會，但是多所大專院校的學生會今年決定不參加晚會，改為自行在校內舉辦「六四學運論壇」，討論香港前途問題，而非大陸民主建設。

我說我完全可以理解，而傳遞有關六四的記憶，本該是我們這一代知識分子的責任；同時我認為，香港人出現「香港主體性」非常好：

香港學生想跟中共或中國切割，必須找到有效的議題才能讓聲音變大，六四成了議題之一，但是這並不表示港青就不支持六四的價值，更不是贊成六四屠殺。所謂香港主體性，在政治訴求上可能是與中共分離或不分離，並不意味一定是「港獨」。

兩岸三地越來越多一九九〇年後出生的年輕人，對六四的認識模糊，情感漸漸淡薄。我覺得，時間是記憶的殺手，不能要求別人一定要知道六四：

但可以靠我們這些依然要紀念它的人，或要求它得到公正解決的人的努力，把記憶傳遞下去。我們沒有想到這會是一輩子的流亡，回不了家，這就是我們的命，中國人的命。每年六四這一天我一定會參加一個紀念活動，這是我對自己的承諾，今年美東時間四日晚上將在中國大陸駐美國大使館前，全美中國學生自治聯合會舉辦抗議活動，我會參加。

我知道有一個人，一直逃不開「六四」、逃不出那個廣場。我在龍鼓灘上岸後，負責營救行動的朱耀明牧師，把我藏在一對年輕夫婦的公寓裡，女主人也是剛從天安門廣場逃回來的，夜夜從夢中哭醒，她叫蔡淑芳，《星島日報》記者，她再也回不到往昔的人生，很多年一直在流浪，直到眼下這個四月裡，又在網上見她說：今年亦不打算回港。幾年前我說過：「許多人死在天安門廣場，卻也有人永遠活在那裡。」她就是一個。我們流亡者「失去大地、得到天空」，她卻失去了自己往昔的一切美好與天倫之樂。她囚禁自己，不比獄中的「六四囚犯」有更多自由。她化為每年「六四」維園燭海裡的一點燭淚。她陪整個民族受難。

我們被籠罩其下的這個時代，有一個血腥的起點，發生在眾目睽睽、光天化日之下，竟然快要被塗抹、消音得乾乾淨淨了，於是它更是需要目擊者站出來向後人後世提供見證。這種使命，是將我們所有人都要肩擔的劇痛和責任，卸落、強加在罕見的承擔者身上，而使他們忍受劫後餘生。

然而，這也是一種資格，只有稀少的人，有幸具備這種資格。二十年前在紀念碑底下的那個悲壯夜晚，纖瘦的蔡淑芳，溶化在茫茫靜坐者的淚光和歌聲裡，一夜之間死而復生，成了另一個人。她跟廣場上的學生們一道，靠電筒光寫下自己的遺言：「也許我也要寫遺書吧！在這樣的一個夜裡，我從個人掙扎到國家興亡的潮流中淹沒自己，我相信我這樣做是對的。」由此，她獲得了這種資格。

「凌晨一時，在廣場東南側不斷有信號彈向天安門方向發射，信號彈在人民英雄紀念碑上空閃光，散落……廣場上歌聲悲壯動人……信號彈發放詭異彩光，製造恐怖的戰場氣氛。」蔡淑芳就是這樣，被定格在一首她自己親手書寫的史詩裡。

她在槍聲流彈中奔突、跌倒。她在流血如注的槍傷者前面驚呆。她目睹了清晨四點的「熄燈」，「整個廣場漆黑一片」。她在紀念碑的東北面，曾經面對一個持槍的士兵朝她走過來。五點三十分，她在撤離人群中，回頭看了天安門最後一眼。許多人死在天安門廣場，卻也有人永遠活在那裡。

她不是軟弱。她只有恐懼，恐懼廣場上的血白流了，恐懼坦克碾壓人群的影像不再震撼。假如「六四」被遺忘，等於再一次槍殺她！她也是一個「天安門母親」，煎熬歲月二十年，她那被謀殺的孩子，就是中國人的記憶。她的敵人是遺忘。

中共綁架中國，菁英整體投降，西方輸誠利益。香港女子蔡淑芳的努力，或許只是杯水車薪。但「六四」把她淬礪成一個「革命者」——她已經忘我，她不再是一個私人的蔡淑芳。俗話說，時間改變一切；不屈不撓地跟歲月搏鬥，乃是她的回應。

她把自己變成了一座「六四」的活碑。

攪炒

「八九」是一個亂世的起點。三十年來香港四次大規模社會運動，起點也在北京屠城：

一九八九年聲援八九民運的一百五十萬人大遊行；

二〇一九年反送中的兩百萬人「譴責鎮壓，撤回惡法」大遊行；

二〇一九年八月十八日一百七十萬人「煞停警黑亂港，落實五大訴求」的大型「流水式」集會運動；

二〇一四年九月二十六日深夜一百二十萬人的「雨傘革命」。

然而，「雨傘」又來自「太陽花」。

二〇一四年伊始，傅莉跟我說「今年是個凶年」，我並未在意。未料三月中旬台北爆發「太陽花學運」，學生突襲占領立法院，抵制馬英九與北京簽署「服貿協議」，兩岸衝突迅速從制度差異，遞進到生存空間、資源分享、經濟分餅等實質領域，我至今記得，當時學生撤離台北立法院後網上一封忠告信，言辭激勵哀傷：

這是我們的最後一役，一旦我們輸掉了這場戰爭，我們的下一代、世世代代都不會有翻身的餘地，只能重蹈西藏人的命運……聆聽香港人的忠告，借鏡防火長城下新加坡人的吶喊，感受新疆人遭受血腥鎮壓的悲痛，悼念西藏人自焚又自焚的哀歌……這一切都不會發生在我們身上……

我的感受是，六四屠殺二十五週年之際，中國周遭已然蔓延著恐懼，一個擴張型的凶暴制度好像已經無法遏制了，周邊小國也只有奮起自保。此刻香港已成前車之鑒，「回歸祖國」如陷地獄，港人悔之晚矣，他們「焦土抗戰」、「玉石俱焚」的決絕，令人心疼；北京除了再次「屠城」已黔驢技窮；川普則再搖貿易戰大棒別無良策。這個文明世界對一個極權的束手無策，從來沒有像今天這麼難看！

香港再度挑起兩個高分貝話語：「開槍」與「革命」，則顯示中國這個新崛起、新集權的世界第二大經濟體，尚在前現代的框架中，民眾和統治者都還面臨著艱難的終極選擇，前者是要不要「革命」，後者是敢不敢再開槍？卻拿香港先做了「試驗田」，將這隻「金母雞」置於血火之中，「中國模式」竟止於此，真乃慘不忍睹，而這個體制之中亦無任何理性力量出來糾錯，只憑洪水滔天，這是「六四」以來的一種機制，三十年之久！

「攬炒」這句廣東話，翻譯過來即「毀掉」、「砸碎」，勇武派似以玉石俱焚的姿態，拖垮香港經濟跟北京博弈——香港至今是中國與國際資本市場的主要管道，二〇一七年仍有六十六．六％的外資經過這裡流向大陸，而大陸有五十七．六％的直接投資進入香港，所以它還是中國獨一無二的金融樞紐，無以替代。網上有一文，港視編導蔡錦源寫的〈反政府抗爭新世代的形成〉稱：「一個打電玩的新世代，正為香港爭取時間」：

這些年輕人毋需指揮，做哨兵的做哨兵，要傳話的傳話，分配物資，毋需糾察，一人需要，一呼百應。退入太古廣場後，有人叫「哮喘藥」，由天橋末端傳聲傳到商場內圍，不到十秒藥瓶一個傳一個傳到需要的人，「有啦」回應又馬上傳開去。他們成長的養分並不來自奶粉，而是online games，素未謀面的人在虛擬的戰場上互相合作，各司崗位，各展所長對付共同敵人。他們已經訓練成有種憑直覺而互相有默契的行動能耐。電競新世代的特質是：不怕輸，輸一局，反而更強，再來，一個level一個level打上去，這個level打不贏，轉個策略再打。他們進退有度，知道幾時攻，幾時守。那些不在現場的不停在聊天谷傳幾點幾點清場叫人呼籲他們撤退，不明白這班年輕人不需要不懂打game的人指指點點。是的，他們也許將對抗威權政府的戰場當作online games來打，你班老鬼用了多年那個爭取的方式，可以繼續做，但他們自己世代的未來，就讓他們用自己方法打吧。

香港抗爭的背後，是港人的煉獄生活：七百四十萬人中兩成生活貧困，全球工時最長，最低薪一小時四點八美元，房價上漲三倍，二十萬人住在劏房裡，絕望才是人們上街的原因。

但是街頭抗爭總會走向激化，衝擊法院，塗抹國徽之舉過激，徒然洩憤而已，人稱「令多次靜默大規模遊行白走」。眾口稱頌的「無領袖無明星無大台」抗爭，難道終究是群龍無首？全憑「電報」、「連登」等社群軟體組織行動，崇尚李小龍「水可靜靜流淌，亦可猛烈衝擊，像水一樣吧，我的朋友」，「若水」式抗爭模式，可謂香港特有傳統、本地文化承傳，又絕妙之至。

但是，在香港之外觀戰的人們，卻吵得不亦樂乎，在我臉書上的跟帖也不少：

> 勇武派綁架了香港民眾，損害了香港民運的聲譽，斷送了香港民眾和平理性派的成果，斷送了香港的前途。我完全支持胡平對香港勇武派的批評。
>
> 一邊是勇武派（香港民眾的強硬派），另一邊是中共暴政。香港民眾方面以己之最弱項，以己之不得人心之項，來挑釁中共之最強項。一旦中共實施暴力鎮壓，則勝敗如何，幾乎注定。即中共勝算極大，勇武派（香港民眾）勝算極小。中共既勝，便更可能一不作二不休，更加控制，更加壓迫。而香港民眾則很可能從此一蹶不振，更加被控制，更加受壓迫。勇武派之為，令人不敬之，遠之，痛心之。
>
> 圖以暴力凌駕法律規矩道德的是來歷不明的武裝凶徒，熱愛和平自由平等文化智識的是公民社會內的群眾。此刻是士可殺，不可辱！
>
> 一個談經濟、金融的孤島，也是一個每年堅持不忘六四的孤島。每年那一天就這個孤

島的幾十萬飄搖的燭光照亮全世界。

美國的民眾通過習近平政權製造的種種「意外」，已經甦醒過來，這就是一場西方和獨裁帝國的決戰，如果香港淪陷，難民的人道災難是任何一個西方國家無法承受的。除此之外，還有環境災難。

劉青山撰文稱，勇武派從一開始攻擊和詆毀「和理非」（和平、理性、非暴力的簡稱），在每次大型遊行中都帶上暴力衝擊尾巴。從騎劫和理非到取代和理非，導致大型遊行不能繼續。其後的堵路、放火、攻擊商場、地鐵等等的強迫別人罷工，只能在強化其核心支持者的同時，令原先參加遊行的淡黃退出和失望。

比較專業的，如史丹佛那位「民主運動教授」戴雅門（Larry Diamond）對媒體評估「勇武派」，是「徒然破壞財物的暴力」，是運動紀律崩壞之故，還特別提到八九年天安門學生已經在道德上勝利，卻不聽趙紫陽的勸說撤走，而導致悲劇，他強調「戰略眼光」，看遠一點。

未料我見到王丹，他說出別一番揣度：香港這次 be water 抗爭，就是以各種極端手段逼北京出手，派兵鎮壓，由此才能扭轉香港「九七回歸」並關進籠子最終「內地化」的宿命，港人思之極恐，百般設想，以為只能誘使中共犯錯，才可引起國際插手，招回中英談判，為香港另謀一個前途，青年們甚至決意為此獻身，已有一批「死士」，而這樣的「戰略圖謀」，最終必會令大部分港人贊同。他分析中共知道出兵後果不會輕易動手，這個界限給出很大空間令港人可玩。這倒是我完全沒有想到的，若此，南端彈丸之島可以玩出驚喜，而遼闊大陸可玩極限，實不可想像也！

「反送中」像一部港片，在網絡上無數次地播放，終於播到片尾，硝煙、催淚彈、頭盔、防塵口罩、倩女靚仔，都漸漸消失，唯有那支〈願榮光歸香港〉的歌聲一響起，我就默默淌淚：

何以 這恐懼 抹不走
何以 為信念 從沒退後
何解 血在流 但邁進聲 響透
建自由 光輝 香港
在晚星 墜落 徬徨午夜
迷霧裡 最遠處吹來 號角聲
捍自由 來齊集這裡 來全力抗對
勇氣 智慧 也永不滅……

淪陷

最早是二〇一九年十一月十二日港警攻進中文大學，我在臉書上貼了「香港淪陷：西方領先逆轉的信號」一則文字：

香港人三十年前以「黃雀行動」救人，他們是我的救命恩人，可是今日我毫無作為，也無能為力。世界大勢如此，個人雖渺小，卻依然想做一隻鸚鵡，「入水濡羽」，飛灑那香港大火。

員警進攻中文大學，難道不是一個香港淪陷的信號嗎？談香港總談經濟、金融，但是四九後大陸淪陷，台灣也在蔣家軍政之下，中國文明不是只剩下香港一個孤島嗎？這個孤島才有牟宗三、徐復觀、錢穆、余英時……今日西方不救香港，其實也是救不了。黎安友教授就說「美國無力無心救香港」。所以香港是孤軍奮戰，香港青年是全世界民主社會的「犧牲」。

香港淪陷的那一刻，我手中的《鬼推磨》正好收筆，此書中我梳理三十年世態跌宕、歷史翻轉，其中奧祕之一便是中共以「韜光養晦」之計，「全球化」之框架，廉價勞力之優勢，利用西方牟利本性榨取它，自己則成功穿越合法性、市場化、互聯網三道關隘，實現了「數位化列寧主義」的崛起，西方大夢如酣；而西方失去「領先」，又在歐洲受福利主義拖累而過早衰落，美國則技術被偷、貿易被騙、領袖被唬，讓中共當小孩一樣耍了好幾任總統，而我終於看到這「西方領先不再」的標誌，恰是此刻他們無力來救香港了！

再到四月二十日，香港警方拘捕壹傳媒集團創辦人黎智英等十四名泛民人士，中國外交部駐港公署發言人稱英方「說三道四」，敦促其「停止干預香港事務」，這用內地的語言形容就很難聽，叫著「蹲在你頭上拉屎拉尿」。我在臉書又發一貼：

香港，是一塊試金石——習近平要歐美承認其「大國崛起」之霸主地位。美國和川普，始終看不懂。這跟三十年前布希家族和柯林頓看不懂鄧小平的「韜光養晦」，如出一轍。更早，在去年底員警攻進香港大學，香港就淪陷了，西方無動於衷。如果西方拒絕習，他就毀掉香港，並將這個曾經的「反共前哨」，一變而為「進攻西方」的前哨。至此，大多數人還認為，「香港國安法」出籠，只是要恐嚇港人。其實香港是習近平的底線。

這次全球瘟疫，正漸漸被澄清是一場「生物戰」——大陸盛傳，第一時間前往武漢處理病毒所事件的孫力軍，將資料透露給西方而被捕，國際社會正在醞釀索賠中國，而習近平已經悄悄地動員中國人準備應付一場「八國聯軍」入侵了。此所以國務院在這個時間點，突然批准將永興島、永暑礁變成一個南海三沙市，南海備戰的意味濃烈。

在這種形勢下，香港的戰略地位太重要了，雖然解放軍也早已進入香港，但是那跟軍事占領還差得很遠，四月十八日大逮捕，就是占領的第一步。中國的軍機和軍艦，不是也頻頻進犯台灣嗎？這是一樣的舉動，只不過中國還不可能在台灣進行大逮捕。

香港將被浸入血泊中，往後我們將看到無數的暴行和流血。從去年夏天的「反送中」

大遊行開始，香港人民已經抗爭了一年。這樣的人民是不屈服於武力的，尤其「勇武派」的那些孩子們。

但是我很擔憂，因為香港人是我的救命恩人，三十年前是香港的「黃雀行動」，將我從中國營救出來的。看到一個坦克碾軋、血光之下的香港，我會很難過。

毛澤東一生沒有「統一」中國，鄧小平也沒有活到「回收香港」，他們更是飲恨台灣。這是中共的一種「領袖情結」，誰都要完成「統一大業」。今天的習近平反而是敗相俱露，已經退無可退，然而這場東西對決，一定要拿香港玉石俱焚嗎？

接下來六月三十日「香港國安法」落閘，我再貼「丟掉香港，全球淪陷」：

中國的「香港國安法」，設計成「全球國安法」，難怪他們人大一百六十二個常委十五分鐘通過，敢情中共要當世界員警，可以全世界隨意捕人了。習近平拿到香港居然可以借它搞「全球國安法」了，這個念頭看上去很stupid，但那確是他腦子裡的東西，世界上多少人知道他有一個「五步支配世界」計畫，或者說還有誰記得習的十九大報告？他三個半小時講了五件事：二〇二五計畫，使中國在二十一世紀裡統治全球的製造業；一帶一路；5G網路；金融技術；人民幣替換美元的儲備貨幣地位。

拿到香港，把它變成「進攻西方」的前哨，它是一個歷史悠久的自由港，進口概不收稅；港口發達，運輸先進，通往各國航線極多，轉運速度快；港商精通轉口業務，與世界各地交往頻繁，通曉各國語言、法律、慣例；香港參加了許多國際條約和協定組織，享受低關稅和配額等等，大陸沒有一座城市具備這樣的轉口功能，那麼當中國向外擴張、輸出產業、技術、貨幣、勞力，不是首先得有一個金融樞紐和自由港，才可能做其他一切嗎？

少年革命家

這次學潮湧現一個十七歲的高中生黃之鋒，上了《時代》週刊亞洲版封面，標題是「抗爭的臉孔」（The Face of Protest），封面上的黃之鋒穿著「學生運動無畏無懼」字樣的上衣。黃之鋒向ＢＢＣ中文網說：「這次學生運動我不是主角，如果上《時代》的封面不應該是我一個人，覺得誇張了一點！」雜誌刊文以「一個世代的呼聲」為題，稱黃之鋒和一批香港學生發起爭取民主的運動，已經在香港帶來震撼。

人稱「少年革命家」的黃之鋒，在一個基督教家庭長大，二〇一一年他只有十四歲，便創辦「學民思潮」，反對當時香港政府正在中小學推行的國民教育政策，組織了約十萬人在香港政府總部外集會，成功迫使政府暫時擱置政策。所以劉曉波肯定「殖民地」是對的，它的教育具有天然的「反洗腦」功能，中共二十五年靠經濟起飛維持專制，卻在香港這個前殖民地催化了反叛的一代。不過，我對香港新一代的「攬炒」行動完全看不懂，王丹為香港學生「不撤退」辯護，反對「見好就收」，而我想黃之鋒他們就是「死磕派」，逼港府出手鎮壓付出代價，當然也會加劇黨內的分歧，甚至影響西方與北京的博弈，此格局已非「六四」天安門當年。

然而中共封殺香港未來，恰是從拒絕整個一代香港青年著手的，這個制度對「殖民地」教育過的年青一代完全沒有信心，二〇一六年大選前一些香港本土派乃至較中間的自決派參選人被取消參選資格，理由是他們的「政見」不符合《基本法》；大選後得到選民授權的一些議員，也被剝奪議席，例如梁頌恆、游蕙禎、羅冠聰等等。二〇一六到二〇一七年北京雷厲風行打擊了一整個世代的政治權利，將他們進入體制改革香港的希望掐碎，就因為他們大多數都只認同自己是香港人，而不是中國人或「中國香港人」，這些身分認同的變化，令中國十分不安，因此不許進入體制。所以中國對香港進行的一次「世代清洗」，塑造了一個「黃之鋒世代」。

六月三十日全國人大常委會表決通過「港版國安法」，黃之鋒隨即在在臉書宣布辭任香港眾志祕書長，同時退出香港眾志，該組織同日下午約三時進一步宣布即日起解散及停止一切會務。黃之鋒在聲明中表示，「個人禍福難料，更要拿起承擔的勇氣」，退出香港眾志後會以個人身分踐行信念。他說港區國安法壓境、解放軍演示狙擊「斬首」，在港從事民主反抗，憂心性命安危已不再是無稽之談，包括以十年起計的政治牢獄、送到白屋嚴刑銬問，乃至直接「送中」，誰也沒有辦法確定明天。但是香港的意志「不會因國安法或任何一條惡法而冰封」，這一年的革命造就無數覺醒的人，相信此刻世界上仍有無數雙眼關切香港、注目在國安法下他個人的情況，「我會繼續堅守我家——香港，直到他們把我從這片地上滅聲、抹殺」。

我想到的是，廣東人的一個近現代特徵：盛產革命家。二百年西風東漸，廣東得風氣之先，民風丕變，晚清造反之太平天國，天王洪秀全廣東人也；戊戌維新領袖，也是廣東人康有為、梁啟超；再起來的辛亥革命，也是廣東人孫中山；國共兩黨裡的廣東人，就數不勝數了。難怪香港會出一個「少年革命家」。今日中國的政治已走進死胡同，「改良與革命」激辯不已，「換人還是換制」掙扎不定，北京迫不及待要滅掉香港，已經徹底失去安全感了。前景無從預測，但是香港不會無聲無息！

六月初，美國國務卿龐培歐在他的辦公室接見「六四」倖存者。我們四人在那裡，其實主要是聽李蘭菊對國務卿講了一個「中國故事」。

她說，六四那晚，她二十六歲，以香港學聯代表身分正身處天安門廣場。一個男孩，初中生，拿著一塊石頭要去拚命，被她竭力勸住，男孩後來跳上救護車消失了，但是三十分鐘後另一輛救護車載回他的屍體。

再來的救護車，便喊著「香港學生上車」，她拒絕離開，這時一個女醫生拉住她說：「妳聽我說，妳要安全離開這裡，回到香港，告訴全世界妳在這裡看到的一切，今晚我們的政府對人民做了什麼。」

李蘭菊活下來，把這個故事講了三十年。

中國如今極其渴望向全世界「講好中國故事」，然而，他們卻一直不敢講這個故事。他們不懂，在沒有講好「六四故事」之前，全世界不會有興趣聽其他任何「中國故事」，不管它是關於金錢的，還是關於富裕，甚至關於崛起的。

五年後的秋天，黃之鋒來華盛頓美國國會作證，二〇一九年九月十七日「紐約香港關注組」創辦人楊錦霞教授讓我們去Union Station，會黃之鋒他們，我和王丹、李恆青趕去，原來香港民主委員會在這裡成立聚會，其執行主任乃是支聯會朱耀明牧師之子Samuel Zhu，即另一個黃之鋒、羅冠聰、周庭，真乃長江後浪推前浪，亦為香港情勢萬分危急，隔壁那個大陸將要噴發……

網紅「袁爸爸」

史丹佛那個「民主理論家」Larry Diamond不看好香港「占中」，稱學生毫無籌碼跟北京要價，只有香港富豪可以，然而後來出了一個抗命富豪黎智英、一個溜號富豪李嘉誠，他們有何籌碼？這是西方學界對中國霧裡看花的又一例。夏天我在華盛頓又遇到另一位富豪袁弓夷，說這次習近平提前撕毀中英「五十年不變」協議，令香港人也獲得一次解除「回歸」

契約的機會，事成後或可返回英國或可獨立，因禍得福，而港人的「袁爸爸」將青史留名。這個玄機，其實已經由末代港督彭定康點明，他對澳洲廣播公司說：香港回歸以後，中國這二十二年來的作為，造就了一代想要獨立的香港人。袁弓夷來華盛頓常駐，到國會推動定性「中共為犯罪集團」法案。

香港實業家袁弓夷一夜走紅，那是五月二十三日，兩天前北京宣布將在香港實施《國安法》，如核彈震駭港人，然而油管（YouTube）上出來一個一小時的視頻，袁弓夷對港人說：「這是中共多年來最積弱的一刻，也是美國和其它國家絕不手軟的最大時刻，香港現在跟美國同盟，對付共產黨！」他說歷史上從來未出現過如此 perfect timing（完美時刻）美國要中共舉手投降，此視頻被瘋狂轉發，從此他被香港人稱為「袁爸爸」，當然也因為他有一個出身香港小姐的女兒袁彌明。

我知道袁弓夷這個名字，是七月初在網上看到他一語道破天機：中共枯竭而欲偷香港四千億儲備，這才是「香港國安法」的底牌，難怪他們人大一百六十二個常委十五分鐘就通過。我去年初寫《鬼推磨》，還在驚歎中南海有錢：

> 中國突然在全世界變得最有錢：
>
> 一百萬億的固定資產，一百萬億的現金儲蓄，中國政府是一個雙百萬億的政府；今年的GDP大概五十萬億多一點，人均四千五百美元不到；

五十萬億中，這年的財政收入，政府拿到超過二十五萬億以上；

這二十五萬億，包括十三萬億的稅收，三萬億企業上繳利潤，共十六萬億；

再有接近三萬億的罰沒收入、三萬億社保基金、二至三萬億的灰色收入、土地出讓金二、三萬億；

它可以拿出七、八千億去維穩，去強制彈壓民間……

還有一個《太子黨綱領》稱：

我們手中的這個政權，是全世界最有錢的政府，控制了巨大的財富，即兩個一百萬億（一百萬億國有資產和一百萬億現金），國家主義主導的「中國模式」已經成功，下一步要開疆拓土、資本輸出、萬方來朝，完成一系列戰略舉措；

——到二〇二一是兩個一百年：建黨一百週年、從毛到習一百年，實現GDP人均從六千美元達到一萬二千美元、經濟總量從五十萬億人民幣翻到七、八十萬億，接近美國，坐穩世界老二的位置，國力軍力超過當年蘇聯，成為東半球老大，並正式開始G2格局下的中美共治，這就是中國夢。

兩千年的第一個十年，中共曾手握「雙百萬億」，是全世界和歷史上最有錢的政權，然而僅僅十年，他們已經枯竭！所以我說，有錢的集權非常可怕；現在又知道，一個集權有多麼昂貴。

人稱袁弓夷臉上總是帶笑，講話不用講稿，但句句講在刀刃上，七月初我已經見到他，聽他講運作美國國會通過定中共為「犯罪集團」法令，他說美國國會眾議院外交委員會七月一日舉行有關「港版國安法」聽證會，香港支聯會主席李卓人、「香港眾志」創辦主席羅冠聰以視訊方式出席會議，他就在華盛頓則列席旁聽，並藉會議之機，接觸包括眾議院議長裴洛西（Nancy Pelosi）、共和黨眾議員史密斯（Chris Smith）在內的五名眾議員，向他們遊說「天滅中共」運動：推動美國立法，定性中共為犯罪集團，進而迫使九千萬黨員退黨，達到滅共目的。五位議員聽他講述計畫後說：你來找我吧、我很有興趣。史密斯議員見他，說紐澤西州死了上萬人，他這個議員必須為選民討公道。袁也向我們說明，他定義中共「犯罪集團」，依據三部現行美國法律，第一「跨國犯罪組織法」；第二部是《共產主義控制法》，第三部最重要，打擊黑社會的《反有組織犯罪及腐化組織法》（Racketeer Influenced and Corrupt Organizations Act），簡稱RICO，當年紐約市長朱利安尼，對付組織性犯罪的黑社會集團，就是靠RICO，七成黑社會被清除，紐約從此安定。

我對袁弓夷感慨系之，說三十年海外民運多少人都未想到你這一招，他們有的已死，有的還在坐牢，他笑笑說你們不懂美國系統，「我在華盛頓做生意都已經多少年，你要跟他們做生意才能懂他們」——其實，我想袁弓夷也是跟中國做生意才懂中共的，據說他是當年最早北上進大陸做生意的港商，得以窺視他們的「雙軌製」、貪腐、官商勾結等，所以他說中共要搶香港財富，並非虛言——我說我們知道這場瘟疫弄死很多美國人，美國政客正咬牙切齒，你送來一招，他們何樂不為，我們也樂觀其成你的「滅共」，王軍濤說案成後要求設「獨立檢察官」（independent prosecutor），他就非幹到底不可了。

幾日後，我們又借自媒體「光傳媒」做了一期視頻談話「國安法對香港的影響及其對策」，我和張衛國與袁弓夷對談。袁弓夷說：

美國制裁香港十一個人，終身制裁，香港要開十萬瓶香檳，所有銀行都要找林鄭，說你的生意我們不敢做了，信用卡把角剪掉，所有信用卡公司都是美國公司，一違反就是第二輪制裁，所有供車供油的卡都要停，這個問題大啦，所有股票也不敢跟你做了，當然自從頒布香港國安法，香港就是一片黑暗，也撕裂了中英聯合聲明，中共也知道，就是硬來了，跟全世界翻臉，我估計它的盤算是，香港是一個美元港元計算的金融中心，中共要把它變成一個人民幣的金融中心，他們現在已經有七十幾個丐幫成員了嘛，這也是跟世界脫鉤的開始，但是美國也是誤判，根本沒有看到習近平的決心，這是不得了的事情，朱鎔基不是說嗎，這三十年跟西方跟美國建立的關係全部犧牲，中共覺得它可以搞一個鐵幕，搞一個自己的世界可以生存，所以香港只有一條路可走，聯美滅共，一天不滅共，香港就沒有活路。如今全世界都接受港人，但是去英國的最多，所以將來反攻的中心應該在英國。

我則談了另一個角度；

香港自「九七」回歸後，就成為中共與西方博弈的前哨，這一點人們遲遲沒有看清，恰恰是殖民地走了以後長大的一代香港青年人最早看清它，不得了呀！而香港這麼好的地方走到今天這麼慘，原因主要不在中共，而在西方的綏靖主義，幾百萬人多少次上街遊行，沒有用啊，因為西方不救香港。今天我們看到了，國安法什麼意思？就是把香港從一個「反共前哨」變成進攻西方的前哨，這才是習近平的目的，可是西方從商界到學界，都還沒有醒過來，都還睡在鄧小平的「話語」中，希望中共「收回」國安法，回到「中英協議」，他們想像不到習近平已經把鄧小平拋棄了。今天西方終於看清了，原因不是別的，而是這場瘟疫，從中國來的病毒，西方死了那麼多人，這病毒也破了西方的生活方式，這是二戰以來、甚至工業革命以來的文明，被共產黨全部破掉，西方至今有沒有還手之力都不知道。他們甚至弄不清楚這病毒是從那裡來的，因為他們沒有證據，西方的先進，制度的先進、科學的先進，哪裡去了？往後誰能贏也不知道。

黃雀行動

八月五日，法廣主持人艾米就中美關係的劇烈轉折對我做了一個採訪，詳細內容我放在

第六章裡，但是訪談中她問起我跟香港的關係，我說了一段刻骨銘心的話：

法廣：您當年六四後被通緝被迫逃到國外時受到香港「黃雀行動」的幫助，而看到香港目前的情況，一定也感觸頗深？

蘇曉康：是的。「占中」一開始我就非常關注，「占中」的一個主要人物朱耀明牧師，就是我的救命恩人，是他把我從國內救了出來，送到了法國。之後很多年，我不能去香港看他，而他去年開始到國外，也到我家來看我。朱牧師和參與「黃雀行動」的人，當時是用香港人募捐的錢來救我們的，因為這個行動中用了很多不同的力量，包括走私和黑社會，那都是要付錢的，我們這些人都是付了很多錢才救出來的。所以，朱牧師他們還要向捐錢的香港老百姓有個交代，要知道這些當年被救的人生活如何、有沒有困難、將來怎麼辦……他就從歐洲到美國把救出來的人看了一遍，他還說：「我們救了你們出來，希望可以送你們回去。雖然現在做不到，但希望發起一個『回家運動』。」……但我告訴他我不願意回去，美國現在就是我的家。在他的要求下，我給他寫了一篇文章，文章的題目就是「無家可歸」……

前段時間，港警要抓朱牧師，他和別人還不一樣，他有這個「黃雀行動」的案子在共產黨手裡，所以我非常擔心他如果進去了會被搞死，因此告訴他不要去坐牢，但他不害怕，現在人還在香港，並不逃跑。

另一個最讓人感動的人就是黎智英，他也不走，等著員警來抓。

這些人就是香港人的骨氣。

香港這個彈丸之地，七百萬人跟這樣一個野蠻強大的政權抗爭，西方卻不支持也不救香港，香港人等於是在孤軍奮戰，最後就是那些孩子們站出來……有多少孩子被打死，西方都不管，這讓我非常憤怒，但我們也沒有辦法，世界現在就成了這樣……

二〇一七年夏，朱耀明牧師率一支攝影隊到我家中採訪，他說當年營救行動的經費，是由香港人自願捐贈的，時間過去三十年了，「黃雀行動」可以告終，然而按照我們香港人做事的原則，支聯會必須將被營救者的境況做最後的紀錄，以存留一份資料向香港人民交代。支聯會祕書馮愛玲二月間便開始聯絡散居歐美的諸人安排這次採訪。

二〇一二年初我曾有台灣行十日，是去觀選，恰逢朱牧師也來了，他約我到紫藤廬見面，乃是我們二十年來第一次再相逢，以至擁抱唏噓。朱牧師是個俊美長身的廣東男子，他第一次宣布他要動手整理「黃雀行動」歷史，原來此前香港記協主席麥燕庭曾在電郵裡透露要在台灣談一事的背景在此。

事後我自然看不到朱牧師的「史作」，而除了朱牧師和營救我的幾位黃雀成員，我對整個行動一派迷濛，也不相信外界的眾多傳說，但是最近讀到一篇報導，感覺文字間有某種我熟悉的味道，況且其中也提到我，即《眾新聞》二〇一九年六月四日發表的〈黃雀行動港英角色曝光，暗助地下通道運作救四百人〉，我不妨採用其中的說法：

黃雀行動，是香港一段很珍貴的本土歷史，體現了危難時人性的光輝和道德勇氣，包括一批無名英雄。當中，港英政府的角色尤為關鍵。有人肯定地說：「如果沒有港英政府，沒可能有地下通道的出現，不可能救約四百人。」

六四屠城後，中共通緝民運人士，學生和民眾要逃亡，身上有的是民運期間搜集得的香港記者、學生、文化界人士卡片，他們決定要走，便打電話給這班香港人救命。一九八九年五月二十七日曾舉辦民主歌聲獻中華、向民運捐款的演藝界人士，在六四後首個星期，開始接到求助。演藝界於是想做點事，將民運人士送到香港中轉站，再將他們轉往西方國家定居，於是集合力量兵分兩路：由江湖人士開通內地赴港的地下通道，由政界及支聯會找港英政府及外國領事。

我的情形特殊，因早有警覺，知道勸不成學生撤離廣場，我們這些被指為「長鬍子」的人會坐牢的，所以在五月間我就離開北京藏匿起來，員警找不到我，而我也是在輾轉逃亡中獲知本人已被列為國家通緝犯，至今還記得躲在一間門窗皆被蒙住的居室中，我看到從到外面遞進來的一張紙條，上書七個人的姓名，我列在第五位，即後來世間所稱「被通緝的七名知識分子」。我怎麼可能「拿著香港人的名片打電話去求助」？

在血腥味濃的政權中救人，可不是話救就救，首先得找在內地有生意、人脈關係和地位的江湖大老搭路，利用走私船隻，如運貨一樣將人運到香港。運人的方法，例如有中間人說，民運人士A在某個省市，江湖大老手下知悉後，會通過中間人叫A去某一處跟某人接洽。某人接了A之後，會把他收在一個安全地方，之後等船期，交船家送來港，通常在屯門、柴灣、西灣河等碼頭上岸，在港的黃雀成員會去碼頭接A。

我的逃亡，沒有計畫、沒有團體、沒有安排，最初我一個人像隻沒頭蒼蠅胡亂躲藏，而公安部在全國撒下大網搜捕我，據說他們追蹤到我人生所有社會關係的終端，包括我從未去過的祖籍成都，我的那些叔叔姑姑們對員警說「連我們都從來沒見過他」，所以可能我的亂逃之法反而「漏網」機率極高。不過，據說出來營救我的人也頗多，但是他們也找不到我，他們去找傅莉，她是一臉無奈。後來我極偶然撞上了營救者中的一位，也許是命中注定，因為他居然跟我同年同月同日生，不過這個人也是一隻沒頭蒼蠅，領我大江南北亂竄，末了把我一個人扔到海南島的海灘上去了。

江湖人士開通地下通道，最初的收費要一百五十萬元一條船，大約運三、四人，屬「勞斯萊斯」級別。學運領袖李祿、吾爾開希，都屬於風頭火勢下首批來港的人，來港後即走。司徒華逝世前，曾談及吾爾開希逃亡的經過。

由於「勞斯萊斯」太昂貴，地下通道後來另有三條線：陳達鉦、鄧光榮、生意人Tiger（和支聯會關係較好）。收費回落至一個人三十萬元，至一九八九年十月，救一個人數萬元便做到。所有營救費用來自民主歌聲獻中華、學聯的中華民主基金，前者約一千五百萬元、後者約三百多萬元。

六四屠城之後，當年二十六歲的樂壇巨星梅豔芳，與鄧光榮等娛樂圈中人策畫「黃雀行動」，透過他們的人脈關係，開展在大陸拯救民運人士離開中國的地下管道。

我們倆最終還是去了廣州，而我聽說香港有個營救計畫也在滿世界找我，最後通過幾道中間環節的輾轉，終於接上了頭，要我去南端的虎門鎮，就是當年林則徐燒鴉片的那個地方。我就是在那裡的一個風高月黑的深夜，上了陳達鉦的快艇。

法國是最先願意接收民運人士的國家，美國在屠城後，最初說只會收出名的人，談不下去，於是黃雀成員便找法國駐港副總領事夢飛龍傾談，開出道路。法國更協助做證件：一張出境用的是假名，港英政府應該知道，容許那人出境；另一張證件用真名，入境法國時用。週日來港被拒入境的封從德，當年他和柴玲隨一位叫阿洪的無名英雄，來到香港之後聯絡支聯會，留了一天之後逃亡到法國。

一九八九年九月十三日下午，我稍事化裝後，被人徑直領上停在香港啟德機場的一架法航波音747，飛往巴黎。就在我去機場的途中，香港各媒體均援引一則美聯社消息「蘇曉康逃離大陸」。那確是自我八月三十一日凌晨抵港後嚴厲禁止同外界聯絡的十三天裡接受的唯一採訪，還是在電話上。湯姆是我在北京就認識的一個美國小夥子，美聯社記者，他同我家人也很熟，因此一聽到他的聲音我就控制不住了。我同他只有幾分鐘的寥寥數語，後來我從許多報紙上都讀到了：

「過去一百天我一直生活在恐懼中。我的許多朋友已遭逮捕。自從大屠殺以來我沒有見到過我的妻子和小兒子。我一直承受很大的壓力。」

援引湯姆的報導還有以下我說的這些話：

「公安人員詢問每一個我認得的人，搜查每一個我到過的住家和工作單位。他們在全大陸追捕我……我得到很多很多人的幫助，他們的情勢都很危急，可以說每天都在驚悸中度過。」

這些話，我都不記得了。但都是事實。

直至一九八九年六月底，法國未能即時接收所有民運人士，出現一些人滯留香港的情況，黃雀成員要負責安頓他們的起居飲食，租屋安排港英完全知情。他們主要居於大埔、西貢的村屋，大埔尾村最先開始，由中大學生讓位騰出地方；後來開赤泥坪也一樣，因來了年輕女士，不想她混在男人堆。後來來港人數越來越多，便開了西貢泥涌、黃麖地。

有些人較敏感的，例如蘇曉康（紀錄片《河殤》總撰稿人），會讓他住進人們家中，他住過西貢匡湖居，不想混進其他逃亡的人的圈子。有三個幫過人的公安，來到後住沙田富豪花園，因大廈有保安員把守，會由黃雀的人先租空置單位。張倫（天安門廣場糾察總長）來時，也住過沙田銀禧花園，在九、十月他便去了巴黎。住大廈的，曾經有人見到保安以為是公安，半夜打電話來求救。

支聯會負責民運人士在港食宿等生活開支。根據支聯會一九八九年六月十五日至一九九〇年六月三十日的首份財務報告，其中援助組的開支達五百二十三萬元，占總支出一千二百零四萬元接近一半。同期總收入為二千四百九十五萬元。

六四後，經香港出去的民運人士，總數大約有四百人。

黃雀成員大約有二十人，回歸前一九九六年，有人問，他們是否也要離開？當時英方也願意給予居英權，至於成員有沒有離開，就是個人選擇。

黃雀行動的背後，如果沒有一班無名英雄，不會成事。行動體會到「幫得就幫」人性最善的一面。當年沒英國政府的話，沒可能有地下通道的出現，不可能救咁多人，這是很重要的關鍵。法國也是，駐港副總領事夢飛龍曾經被問到，收咁多人，有否事先問准上級。他卻妙答：你屎急時，問邊個呀，而家講緊救人命呀。

司徒華曾說，黃雀行動之名來自曹植的詩〈野田黃雀行〉：一隻黃雀，被人捉去，但一個少年救了牠，最後兩句是「拔劍捎羅網，黃雀得飛飛，飛飛摩蒼天，來下謝少年」。

香港：中共和全世界過不去

中共在香港實施國安法已使美國認識到香港的一國兩制是名存實亡了。中共徹底破壞香港的一國兩制也影響了美國對台政策的重新評估，因為虛幻的承諾不再後，對台政策的一塊基石也就不存在。川普政府最大的貢獻是不再將中國當成外交關係的一張牌，而且改變了尼克森政府以來的「求同存異」的政策。

美國國務卿龐培歐的首席中國政策規畫顧問余茂春，十一月十二日在接受自由亞洲電台中文部記者曹郁芬專訪時如此詮釋北京毀滅香港的涵義。由於中共的強烈抨擊使余茂春在對華決策圈的知名度大增。

這次專訪超過三十分鐘，第一次明確將台灣和香港置於「自由世界」體系之中、兩者唇齒相依而加以表述，內容不僅涉及中共在習體制下出現「制度性崩壞」的政治學觀察，也可

視為美方對中美關係崩解的權威性解釋，或可歸納成以下幾個要點：[1]

第一、中共背棄《中英聯合聲明》，是背棄了對全世界的承諾。因為中共把《中英聯合聲明》拿到聯合國去備案，在香港問題上向全世界做了保證，也導致美國在香港有很多重要利益和原則性問題要堅守。香港不單純是美中兩國的角力點，香港問題反應的是中國和整個世界之間的對立；

第二、美中面臨的挑戰，跟冷戰時期美蘇的挑戰不一樣，現在的中國在大力加強攤牌性軍事力量的同時，更主要是在現存國際體制內的框架上進行逐步的滲透，控制經濟和技術層面上的關鍵部門來達到全世界對它的依賴，這是更加有內在實力的，對付起來更困難；

第三、因為人權、資訊控制或大外宣等，都不是在中美兩國根本的政策框架下能順利討論，所以現在我們放棄尼克森以來所謂的「求同存異」，要以普世的自由民主的價值觀和美國內在制度的競爭優勢，來阻止中國的統治模式與主導權；

第四、不管未來美國誰當政，都會以保護台灣的民主為施政重點，因為台灣在世界的地位非常正面，台灣經驗不可小看，把一個威權統治的國家變成一個多元化、非常有忍容力的地方，成為所有華人社區的驕傲，證明在一個擁有悠久文化傳統的華人社區裡，民主和傳統

1 自由亞洲電台〈專訪龐培歐中國政策顧問余茂春：香港問題反映中國與整個世界之間的對立〉：https://www.rfa.org/cantonese/news/us-yu-11132020050522.html

並不是對立的；

第五、川普政府的貢獻是革命性的，如對全球安全議題做了調整和分配，明確中國共產黨對全世界的威脅是頭號的、最主要的，把中國當成美國對外關係的頭等大事，這是川普政府在外交政策上最大的貢獻，即把中共當成頭號戰略競爭者；

第六、中國的對美政策比較僵化，仍然維持冷戰思維，它的基本政策、理念和框架，幾乎全是馬克思和列寧主義的基本想法，充滿「鬥爭」的提法都是列寧主義的說法，在大政方針上，它有一種非常強烈的陰謀感，反映中共領導班子對美國的戰略意圖不了解，或者了解但根本不相信；

第七、界定種族滅絕有一個國際標準，凡是以種族、宗教或不同社會團體而來對整個團體進行鎮壓，都可以列在種族滅絕的範圍之下，因為他採取的政策是一刀切，是全方位的，不論大人小孩或信仰層級差異，都當成鎮壓對象。美國根據這個標準看待中共在新疆的行為和政策。

第六章

故國明月中

當下的恐懼與期待

「風傳媒」二〇二〇年七月八日刊出〈蘇曉康專文：剝蕉見心留一脈火種——讀「陳寅恪晚年詩文釋證」〉，這是直接轉引自七月六日我的臉書，包括我的按語：

> 今天一群員警抓走許章潤，海內外群情激憤。許章潤身處清華園，得王國維陳寅恪之精髓，胸中有浩然之氣，而中國知識分子雖「斯人獨憔悴」，畢竟後浪推前浪；中國文化儘管斷裂，但文人氣脈如縷不絕。神州七十年黯淡，天蠻地荒，識得此境者尚寥寥，但畢竟出了許章潤。我在海外逶迤三十年，才漸漸摸到此門道，是以此文，與國內志士共勉。

我特意點出許章潤的這個源頭，在當下中文語境裡，其實是相當陌生的，其中有一段「別開生面的大文字」，即陳寅恪答覆科學院的一段話，寫於一九五三年十二月，我說它「垂世已六十七年，至今振聾發聵，並令後人汗顏，因為中國已經沒有寫得出這種氣概的文人了」；由此也可見出，許章潤徑直找到這個文化源頭，對此認祖歸宗，是多麼可貴。我自己讀到這段文字，在二十四年前，我在〈忽到龐公棲隱處〉（《印刻文學》雜誌一八二期「余英時專號」），記述了來龍去脈，陳寅恪的這段文字是：

士之讀書治學，蓋將以脫心志於俗諦之桎梏；允許中古史研究所不宗奉馬列主義，並不學習政治；請毛公或劉公給一允許證明書，以作擋箭牌；我就做韓愈，郭沫若就做段文昌，如果有人再作詩，他做李商隱也好。我的碑文已流傳出去，不會湮沒。

這種氣概，余先生稱之為「一九四九年以後中國知識階層史上一篇別開生面的大文字」，但是這文字對於我輩而言，就有石破天驚之效，因為所謂「四九後」的世代，身在大陸卻未覺「天鑾地荒」，也熟睹「衰翁變姹女」，而這段中國文人恥辱史，至今仍是湮沒的，文字中提到的人物、史實細節等，需要一大篇文章，甚至一部著作，才寫得清楚，但是重點意思只有一個，「不奉馬列，不學習政治」——這在中國大陸之外，沒人懂得是什麼意思，而今天在大陸卻是「最高原則」，因為習近平倒退到毛澤東，威逼億萬國民回到「文革」以前，大師陳寅恪六十七年前堅拒的垃圾又回來了。

許章潤的名字，就帶著極大衝擊力而現世。二〇一八年七月，他針對北京市驅趕外來居民，在互聯網上發表〈我們當下的恐懼與期待〉一文，可謂「於無聲處聽驚雷」，系統性地批評習近平導致中國現行政治與社會方向的倒退趨勢，突破了四個底線：即維持基本治安，明確國家願景；有限尊重私有產權，容忍國民財富追求；有限容忍市民生活自由；實行政治任期制：

最為世詬病並令人膽戰心驚的，便是修憲取消政治任期制，等於一筆勾銷了三十多年的改革開放，一巴掌直要把中國打回那個令人恐懼的毛時代，伴隨著甚囂塵上而又可笑之至的領袖個人崇拜，這才引發出下列全面恐慌。

此即許章潤列舉的「八點恐慌」：產權恐慌、政治掛帥、又搞階級鬥爭、再度關門鎖國、對外援助過量，導致國民勒緊褲腰帶、知識分子政策左轉與施行思想改造、陷入重度軍備競賽與爆發戰爭，包括新冷戰、改革開放終止與極權政治全面回歸。文章結尾於「話說完了，生死由命，而興亡在天矣。」

他是法學教授，準確描述中國危機並不稀奇，然而他的氣概和文字，彷彿來自歷史中，猶如古代儒生，背後有強大力量，受命於天，為民請命，胸中有孟子那種「浩然之氣」，對帝王也可以厲言：「望之不似人君！」

抗爭現實惡政的勇氣，可以來自西洋自由主義，也可以引自傳統的士大夫精神，以許章潤的脈絡似乎後者為先，當他還是一個中學生，便在「批林批孔」汙濁中初識《論語》；又因毛澤東批梁漱溟，偏叫他期待拜謁這位「新儒家」；傳統並未將他領回舊學故紙堆，反而使他選擇「坐待明天」要發聲；又由於看到赤裸裸的人性而悸慄，他立志撞破腦袋做一個思想者。大屠殺之後三十年的「人文大殺」，而致社會犬儒化、精神小品化、思想民謠化的沉淪之中，許章潤的先鋒、另類意義就特別耀眼。

他要發聲，才發現「話語權」在四類人手中：具有行政經驗的政府官員、資本市場上的成功人士、通俗的大眾知識分子、娛樂界名人，但是都不具有客觀中立獨立，甚至有民粹主義及語言暴力傾向。所以他認同漢娜·鄂蘭的「思想者以思想來發聲」——這難道不是更接近「五四」精神嗎？「五四」開天闢地，掀起一場新文化運動，繼而衍成一場革命，靠的就是一本《新青年》，和它的撰述群體：陳獨秀、錢玄同、劉半農、李大釗、胡適、魯迅、周作人等等，一個群星燦爛的時代，更是一個眾聲喧譁的時代，喧譁什麼？最強最持久的聲音就是論政議政、批判時政，無論啟蒙、文化、語言，最終都歸結到陳獨秀的一句：「有關國家存亡之大政，安忍默不一言？」

從二〇一三開始，許章潤先後出版散文集兼短論集《坐待天明》等一系列的演講和文章，批判中國當下的政治和社會運行模式，並提出兩項政治訴求：恢復國家主席任期制和平反六四；二〇一八年底他發表紀念一九七八年「改革開放」的〈低頭致意，天地無邊〉等文章，招致被清華大學暫停一切教學職務和學術工作；新冠疫情爆發後，他又發表〈憤怒的人民已不再恐懼〉，揭露中國官場上下一起封口、瞞報、推諉責任又邀功請賞，而導致病毒蔓延，隨即他從老家安徽返京後被警方軟禁。二〇二〇年五月他再發〈世界文明大洋上的中國孤舟〉，呼籲重歸「立憲民主、人民共和」，此後不久即在某日凌晨一點被十多名員警從北京家中帶走。

祕密音訊：五年內必有大亂

據信六月初，有一個演講音頻在油管上熱傳，大約二十分鐘長，未知場合，尖銳地批評中共猶如一具「殭屍」，「捏」出一個黑幫大老，逼迫全黨「吃狗屎一樣地嚥下去」，語言犀利異常，卻是一套生疏的政治學描述，如「政治時過境遷還是可以翻過來倒過去」、「掌握刀把子又捏住體制造成的官員貪腐」等等。

祕密音頻所指黑幫大老，自然是習近平，他上台不久，網路上便驚見公開信促其下台，列數他集權而造成政治經濟思想文化各個領域「前所未有的危機」、樹核心「破壞常委集中領導制」、以黨代政削弱干擾國務院人大等政府職能部門的作業；插手干預經濟工作，導致股市樓市巨幅震盪，哀鴻遍野，百姓淒慘；供給側政策大去產能，國企裁員下崗；「一帶一路」盲目投資失敗國家，回報無望，消耗外匯儲備，人民幣一貶再貶，經濟陷入崩潰，人心思變；思想文化上大搞個人崇拜、「一言堂」、「媒體姓黨」、不准「妄議中央」，令文革回潮，知識分子寒心；港台政策進退失據，一國兩制受阻，導致民進黨上台、港獨勢力抬頭，甚至魯莽去香港抓人；外交上拋棄「韜光養晦」、盲目出手刺激周遭國際環境，縱容北韓核試，導致美國成功重返亞洲，包圍中國，和平建設環境消失，這些描述可用一句文革語言概括，可謂「罄竹難書」……現在，這個音頻給出一個解決之道：

如果常委會最後來一個集體決議，少數服從多數，你幹得不行，不能把一個國家、一個黨，因為個人這麼大的問題，而拖到死胡同裡邊去，讓九千萬黨員和十四億人民給你陪葬，這是不可以的。那麼，如果說我們的中央政治局常委的這些人對黨但凡還有點責任心，對這個國家，對民族還有點責任心，我覺得七個常委應該開會做決議，換人。

其實，只要換了人，外部的環境就開始寬鬆了。因為這就是個標誌，告訴外面我們要轉向了。只要這個人在台上，外部的環境只有越來越緊張，是不可能改變的，不可能緩和的，而你換了人，外部環境就可以緩和。因為你即使不說話，別人都知道你可能轉向。我覺得最好是這些在位的，對黨對人民有責任心的做這個事。但現在這幫人連政客都算不上，我覺得他們完全是一個人手下的奴才。當然，我這麼一說，可能會把什麼汪洋之類人都打到裡邊，包括李克強。其實他們也很不容易，在各自的位置上很努力地在減少損失，努力在做一些工作，緩和危局。我們其實都看到了。

不久七月初便重提「華國鋒認錯」的事件，這是中共的一個典故，涉及「老人干政」歷史，我在第四章分析過，中共出現危機時它就會出現，乃是「『老人勢力』在必要時可以調整第一線當政者之錯誤」之功能，而這個音頻又做了新的詮釋：

我覺得過去的老人也好，現在的老人也好，現在黨的常委也好，能不能再一次為了這個國家，為了人民，奮起做一個少數服從多數的決議，請這個人下去，體面地退居二線去養老，不要再干預，我們黨才有可能調頭。如果說這個人不下去，我們黨沒有機會，這是我想說的一點，就是說換人，外部環境就能寬鬆。

那麼，這個國家還有希望嗎？沒有期望。所以說換了人以後，你接下來就是停止，不再做什麼，而不是我們繼續要往前再做什麼。不是清理，是撥亂反正，就像當初文革結束以後，撥亂反正，重新來整理。而且，這一次的清理必須是根上、理論上剖清什麼新時代、什麼中國特色社會主義理論，那都叫胡扯。這些邏輯混亂、語言不通的東西居然當成宗教一樣，讓全黨去學習。我這說的是很不屑，但是我們不能不看到一個政黨，這麼大一個國家，這麼大一個政黨，拿這麼個東西去欺騙矇騙九千萬人，還要綁架十四億人，讓全世界七十多億人笑話中國人，笑話我們這些個所謂的中國共產黨人。我覺得這是一個政黨已經走到了窮途末路的樣子。所以，我覺得像這些東西都必須要撥亂反正。如果說能做到，其實下來的事情是好辦的。因為我們相信體制裡面絕大多數黨員幹部心裡是明白什麼是對，什麼是不對的。而現在之所以這樣，是因為都被裹挾著往前走，被他裹挾著，你不能不這麼幹，對不對？

我現在老在想，黨的政治殭屍官員，為什麼現在老在講規定動作，自選動作誰敢做？沒人敢做。為什麼？是因為什麼？看齊意識。這種看齊意識要絕對忠誠，讓所有的黨員幹部不敢有自己的根據地方實際情況的任何一點實際的做法。是吧？找個名目就說你不忠誠，找個名目就說你妄議是行動上對抗中央，誰還敢？這就活活的把一個黨、一個國家給弄死掉了。我覺得黨員幹部心裡很明白，一旦說請這個人體面下去，我們撥亂反正，黨內是沒有阻力的。毛那個時候，我們黨內還有好多老同志們要思想拐彎，現在不需要拐彎，大家心裡很明白，關鍵就是我們的高層那些人有沒有這樣為黨、為人民負責的政治勇氣，敢不敢邁這一步？

這個音頻分析「中國社會被打散」、「不能指望底層」是深刻的：

我們說話是因為我們沒有任何力量去改變他，我們只有自己自娛自樂，就是說一點，讓自個心裡也痛快點，也就這樣了。因為社會，你現在也指望不上，他已經把整個中國社會打成原子散沙一盤了，他把所有公民社會的自組織能力全部打散，用員警實施暴力，監控人民。這個社會本身已經不行了，如果照現在這個狀況再上來的人，一定是個混世魔王的梟雄。所以，我覺得還得要講黨內的這些人有沒有能力來自我挽救，自我救贖一把。所謂如果講拋棄體制，中國要所謂用改革這個詞來講往前走的話，那麼仍然希望在於我們體制內的很多中高層的或者講我們黨內的一些人。

因為社會的底層你是不能指望的，這就是我想說的，如果說換了人，我們要幹什麼？就是停止做什麼。實際上中國社會不是沒有活力的，它不是沒有生機的，不是沒有人才的。你現在把摧殘社會，摧殘思想，摧殘整個全黨的這些東西拿掉，威脅就解除了。我相信大家都會起來。我們就像在一九七六年毛去世以後的狀況，以為中國沒路了，最後是不是仍然走過來了，所以要相信這個民族它是有韌性和生機的。但是問題就是這一個人擋住了全國和全黨的大好局面。現在如果不解決這個人，我們就只能看著體制自由落體，等著他自由落體硬著地，社會崩潰，然後從頭開始，我覺得很大的可能性就是這一條。

我個人認為，今年的年底和明年的上半年經濟會崩到底，到那個時候再看，看整個國家是啥樣的。現在要看外部施加壓力，它還能扛一陣子是吧？錢還沒有完全糟蹋光，等到錢都糟蹋光了，然後就扛不住了。當國內的矛盾四起的時候，那時候再看。所以，我覺得我們這一代人大概在我們還活著的時候，五年之內我們還會看到中國將經歷一次大的亂世。亂世最後怎麼收拾？很難講。亂世出梟雄，然後重新再走一輪當初的那段路。中國人不幸，命該如此。

這個音頻提出「換人是當務之急」的說法，在海外便引發了爭論：換人還是換制？七月五日袁弓夷、張偉國和我，在「光傳媒」討論時，袁先生直言「換人」無用，換掉習，這個黨還會出來「李近平」、「蔡近平」，必須換制，也就是「滅共」。這個看似簡單的問題，其實又回到海外多年爭論的「改革」還是「革命」的焦點。

海外如今「換制」聲音也很大，但是李恆青認為：中國如果還是改朝換代，必定走回頭路，走不出死循環。中國需要的是憲政民主，那就不是換人救黨或換人救國所能夠達到的目標了。國內朋友如這個錄音者很勇敢，比很多大陸的知識分子強很多，表明自己不畏強權的決心，以此區別於尸位素餐的同仁，這確實已經很難得，值得敬佩。但我們為之努力的是推動中國走上憲政民主之路，這是一條不歸路，不能再退回「改憲法執政」的邪路。

我則覺得「換人」說也有國內菁英的現實考量，第一，因為今天我們基本上看不到「換制」的路徑在哪裡，「換人」就會排上第一優先，最有吸引力，可以說全黨全國都想「換」習近平，他是近二、三十年未出現的一個暴君，邪惡、愚蠢、霸道，可說到了「天下共討之」的地步；第二，「換人」當然是權宜之計，任何政權走進死胡同，都會不自主地產生最易達至的解道，這在今日中南海裡，就是換掉習，否則懸崖就在前面，這個體制倘若還剩下一點理性，那就是換習；第三，尤其近幾個月來瘟疫禍害全球，全世界側目中國，習近平下台的政治效應，就不僅會讓中國政局有轉機，也令國際社會樂見，意義非同尋常。

第四，讓習繼續作惡下去，把共產黨領到溝裡翻了船最好，這是反對「換人」的一個理由，我也曾贊成此理，然而細想之下，此招未免意氣用事，而國事如天大，沒有兒戲的空間；事實上，換掉習以後，無論誰接替，中國的變化只會更易不會更難，令中共緩解危機而苟活的機率當然存在，但是它一點也不會比習更容易混，出餿招只能死得更快；第五，共產黨翻船也令中國翻船，代價太大，民眾無辜，為天下謀一條少流血的出路，其實是我們僅僅比共產黨更人道一點之處，為何不謀？

不久錄音者露面，是中央黨校退休教授蔡霞，且已移居海外，她曾因力挺任志強而聞名，八月十七日中央黨校將她開除黨籍，並取消退休待遇，而她是最早把「紅二代」反叛的資訊帶上檯面的人，在中國政治史上意義不凡。

蔡霞是搞理論的，她的反叛可能從意識形態破產開始，但是路徑不清晰，反而是政權殘暴對她震撼更明顯，她特別提到「雷洋事件」：

雷洋家鄉的地方政府出面，將雷洋的父母妻兒近乎於「軟禁」，向他們提供了約一百萬美元的巨額賠償，要求他們放棄對真相的追求。當雷的家人拒絕時，賠償增加到了三百萬美元，甚至後來又加進一棟價值三百萬美元的房子。即使如此，雷的妻子仍堅持要還已故丈夫的清白。政府然後向雷的父母施壓，雷的父母在兒媳面前跪下，懇求她放棄此案。是年十二月，檢察官宣布他們不會為雷洋之死而起訴任何人，雷洋家人的律師透露他被迫停止介入。

當我得知這一結果時，我整夜坐在書桌前，充滿悲傷和憤怒。顯而易見，雷之死是員警不法行為所致，上司並沒有懲罰肇事員警，而是用人民辛苦賺來的巨額稅款在庭外尋求和解。官員們不服務於人民，而是沆瀣一氣。我於是問自己：如果中共官員有能力採取這種卑鄙的行動，這個黨你還能信嗎？最重要的是，我還能繼續與這個政權為伍嗎？

紅二代棄守江山

袁世凱稱帝的失敗提醒了毛澤東，他明智地選擇了做沒有皇帝稱號的皇帝。就皇帝而言，他還缺一樣：傳位給兒孫。當然也是因為他沒了兒子。歷史演至今天，當下中國的執政者正幹著保江山的累活，但因為與血統密不可分的皇權制已不存在，故有了為誰保的疑問。對古代中國和今日朝鮮這都不是問題。對本朝卻是實實在在的問題。這問題有兩個層面。其一，為誰；其二，他們認同嗎？

「六四」三十年、崛起二十年來，第一次有人說到「江山」這個層面，並且提出兩點質疑。我驚詫之餘，七月二十五日在臉書以「故國不堪回首明月中」做題，上傳一貼：

鄭也夫好文，最獨家的是這一句：「中國當下的統治集團遇到了一個人類歷史上罕見的問題，就是特權階層中高比例的子孫坐江山的欲望弱化，取而代之是移居海外的願望。」這讓我想起一個古人，南唐李後主，以及他的亡國之音，於是就用他最悱惻的一句做題，梳理一下盛世跌墜的剪影。

作者鄭也夫，一個老牌自由化分子，也是我的舊友，二〇一八年發表公開信，呼籲「中共體面退出歷史舞台」，震動朝野，我想他也是有所根據，才做此建言，據說八〇年代有個故事：鄧小平接見一位海外華裔科學家時言不由衷：「哎呀老先生，我們黨對不起老百姓呀，我們犯了罪啊！」這句感慨的背後，是屍骨萬千和「易子相食」的亡天下之境，不過鄭也夫依然頗文雅地先禮讓一步，給它「體面」，然而中共早已接受「蘇聯教訓」絕不亡黨亡國的，也夫這次便指出他們的一個命門或軟肋：

簡言之，當下中國的保江山是為特權階層。一般而言，現狀中的既得利益者願意維護現狀。特權階層的主要成分是高官、富人及其子女。這麼說應該不費解。但保江山的題內之意從來都是包含代際傳遞的。這正是中國當下保江山中的第二層疑問。它要比第一層疑問混沌、深奥、難解。因為中國當下的統治集團遇到了一個人類歷史上罕見的問題，就是特權階層中高比例的子孫坐江山的欲望弱化，取而代之是移居海外的願望。

他分析「『紅二代』寧作美歐諸國之普通人，不作父母之邦的特權者」，原因有三：

其一，自然與社會環境上中國與西方國家的巨大差異。而中國此情的極度惡化，恰恰是執政者與特權階級在謀取暴利時犧牲自然環境、破壞社會公正造成的。不惜重度汙染自己的家園，匪夷所思，卻是事實。而社會環境的惡化過程更是愚蠢的現世報。他們在破壞曾經初具雛形的法制中致富，旋即就感到失去法律後自身的危機。自毀家園後，特權階級的後代只好出國去尋找清潔與安全。

其二，家族暴富令其後代心態大變，他們中的多數人不想打拚和「上進」，只圖享樂與安逸。其三，父輩或祖父輩保江山的方式，令旁觀的兒孫們望而生畏。維穩成本的天文數字絕對不可持續，而斷了維穩支出就是放棄了江山，這該如何是好。無處不在的民怨更讓他們明白，曾經可以巧取豪奪的故土已成火藥桶。左顧右盼，前思後想，這個班寧可不接，這個江山最好不坐。

第四點其實是以上三點的前提。就是自一九八〇至二〇二〇年這四十年間，中國打開了其關閉已久的國門。不計其數的國人，以公幹、求學、經商、觀光的方式出國。在體驗了中西差異後，相當數量的國人移居國外。因多方面的優勢，特權階級在出國移民中先拔頭籌，比重最高。統治集團子孫輩的大規模出走，是明清兩朝和當下朝鮮統治集團的後代所絕然沒有的。這一出路，加之上述三個因素，讓中國特權階層的子孫們用腳投了票：不愛江山愛美國。

鄭也夫這段「曠世之論」，要放到「六四」以來中共那一套「我們自己子弟」的話語中，才能盡釋其義，所以我頗費力「梳理一下盛世跌墜的剪影」：

壹、兩個婆婆

老佛爺垂簾聽政釀出京師屠城大禍，這廂另一個「婆婆」陳雲，細思恐極，深覺江山有廢傾之虞，定調「還是我們自己的子弟接班比較放心」，開啟太子黨權力來源。

但是這班八旗子弟要接這江山社稷，又談何容易，一上來便生兄弟鬩牆故事，薄熙來不是罵習近平是「漢獻帝」嗎？這個典故他用得太妙了，江澤民恰好是那個董卓，於是徐才厚（李僱）周永康（郭汜）二人也正好配對，一個軍委副主席，一個政法委書記，左右挾持胡錦濤，如此董卓這廝才能從一九八九年一口氣足足幹了二十五年，一句「悶聲發大財」，讓黨和國家皆徹底腐敗、爛掉，這個政權才走出「六四」屠殺合法性危機。

貳、薄二哥

二〇一二年薄熙來沒有「革」成誰的命，他自己反而被「革命」，其政治效應，跟一九七一年的「溫都爾汗」墜機，大有異趣。林彪「叛逃蘇修」，薄不僅「腐敗」還「謀殺洋人」，兩案在民族主義話語中的緊張，皆頗可玩味。鎖國時代「副統帥」投敵，有驚天烈地的宣傳效果，俘虜民心不在話下，卻連同殺傷政權合法性，也賠上了毛澤東神話「天縱英明」；而這次中南海迴避薄自詡毛傳人，置以「殺外國人」的重罪，賠上的恰好是太子黨集團名譽，那是下一撥接班人，其合法性嚴重跌損，民眾視之跟當年的林彪一樣，是「黑心狼」。

參、土的專制

此時，中國基尼係數接近〇．五，人均四千多美元，在國際上意味著一個動盪期的來臨，中國出來兩句話：

全世界已經到了二九和三三

中國已經到了八九

一九二九年美國股市大崩盤，引發世界經濟危機，其後果包括一九三三年希特勒在德國上台——這個歷史，在二〇一二年的中國，意味著什麼？

二〇一二年中國正在崛起，難道是比擬納粹的崛起嗎？

八九則是對中共很不祥的數字，自然直指它的執政危機。

但是有人認為：中國出現的專制，肯定是土的，水準低的，是中國專制主義加一點現代化；

肆、狗崽子

按照前文的梳理，「我們自己的子弟」裡最後輪到習近平，他雖並非薄二哥罵的「漢獻帝」，卻是一個心理上受傷頗重的主兒，落了心病的人當皇帝，實非民族之幸。坊間都知道他的父親，是個蒙冤很重的陝北老漢，習仲勛被打倒十六年，耳朵被打聾，他的兒子習近平，十歲時就成了狗崽子；後來文革爆發時他十三歲，說了幾句牢騷話，就成了現行反革命，被關押，又挨鬥，戴鐵製的高帽子，他媽媽齊心就坐在台下；後來他逃了又被抓進「少管所」

勞動改造，老漢又為此痛哭不止……這都是那個毛澤東作的孽，今天中國人已經忘記他了，可是他們想不到，有一個忘不了毛澤東的人今天來統治他們了，毛澤東住在此人心裡頭，而且他從小受毛的罪卻偏偏也要當毛澤東，這就是他落下的病。

伍、紅二代

二〇一三年國慶日北京太子黨聚會，胡喬木之女胡木英稱她跟習近平有一次肺腑之談，列數江澤民、胡錦濤縱容腐敗，而導致了一批「官二代」，萬民怨恨、亡黨亡國，但是由此也帶出新的問題：

——「紅二代」今天要討伐的「官二代」，即江派「上海幫」，不也是當年陳雲推薦給鄧小平的嗎？

——「紅官」二代的火拚，是因為分贓不均？

——習近平是「紅二代」的共主嗎？他顯然是「官二代」的敵人，那麼他代表誰？他的家族也是巨貪，能代表吃瓜大眾？

陸、中國夢

坊間還流傳另一個版本的《太子黨綱領》：

——「絕不做亡國之君」，必須「重整山河」，整頓官僚隊伍，重新確立黨的優良傳統，恢復馬列毛信仰，挽狂瀾於即倒；

——要記取蘇聯亡黨亡國的歷史教訓，絕不做戈巴契夫，致使在歷史轉折關頭，竟無一人是男兒，無人救黨救國；

——停止繼續批毛，否則會天下大亂；

——堅決反擊普世價值和憲政道路，奪回意識形態陣地的領導權主導權。

柒、思潮亂哄哄

從極左開始，以烏有之鄉為代表，主張回到文革；

標準的左派，主張史達林式社會主義；

中左，主張新民主主義；

中左之二，就是民族主義和國家主義；

一個中間化思潮，提出不冒犯官方的意識形態、政治正確、合法性；

中右兩種，其一以《炎黃春秋》等為代表的黨內民主派；

中右之二，是儒家憲政；

標準的右派，就是主張憲政民主和普世價值，不主張革命；

兩個極右派，第一個主張以革命實現憲政民主；

第二個主張回到民國，一九四七年的憲法。

捌、雙百萬億

中國突然在全世界變得最有錢，是一個更直接的現實：

一百萬億的固定資產，一百萬億的現金儲蓄，中國政府是一個雙百萬億的政府；

全世界第一有錢，它可以拿出七、八千億去維穩，去強制彈壓民間……；

玖、改革

還有改革開放嗎？

二〇一八年歲尾中共煞有介事高調紀念改革開放四十週年，一種「偽改革」還冠冕堂皇地活在主流話語中，企業家、知名社會公共知識分子，仍在談「改革經」，如清華大學教授許章潤，就不斷提出重回「改革開放」年代，他甚至提出要保衛改革開放；

再如中國知名法學教授張千帆，在一篇〈超越改革開放－中國法治四十年進步與局限〉一文，稱「言論自由和信仰自由都有實質性改善，唯獨選舉權四十年原地踏步」；

中國主流公知對於「改革開放」充滿了鄉愿，既跟體制不謀而合，也反映了對八九屠殺和「鄧改革」的失語。

拾、五步控制世界。

鄭也夫發文不久，大概八月底，美國國務卿龐培歐出訪歐洲，網傳他是要揭開瑞士銀行的蓋子，有大消息出來，震驚國內外：

發布名單了？

小學生八千，

萬億？

億。

靠！這畜牲。

王一萬二千，

溫一千，

王比小學生還牛逼呀？

江二千五百，

估計要斷網了，害怕公布於眾。

這些數字，沒有真假，只有多少，對於大變前夜的中國，不是沒有意義的。需要解釋的是，民間對幾個人都有綽號：「小學生」指習近平，源自李銳臨終前感慨「沒想到文化程度這麼低」；江王溫三人指誰，不言而喻。

大炮

那麼去年十二月發生了什麼？為什麼沒有及時公布資訊？為什麼會發生一月一日中央電視台追究八名謠言者的新聞？為什麼會有一月三日的訓誡？為什麼會有一月三日對美

國通報的疫情資訊？為什麼不提一月七日之前已發生的各種危機？為什麼一月七日的批示未向社會公布？至今也未公布！為什麼一月七日之後還會召開了各種聚集性的全國大會？為什麼還出境訪問？為什麼在雲南敲鼓慶春節？……

這十個「為什麼」，直指「皇帝」，還說他「剝光了衣服」，誰這麼大膽？

前文我曾提到，二〇一八年有一舊友來美，問他當下最著名的民間人物是誰，他說是一位房市大亨，也是最牛分析師，因為「如今中國無人不跟房地產無關」，我聽言頗驚詫，覺得中國掉進錢眼兒裡，大家炒股炒房都炒瘋了，誰知這房市股票後面還是政治，因為那位房市大亨，正是最敢說話的主兒——財富跟話語權成正比，或許是「少東家王朝」的一個特色？那位「皇上」的挑戰者，八成只能出自「紅二代」，是符合邏輯的，你瞧，民間稱這主兒是個「四頭鷹」——億萬富豪的地產商、紅二代、某「大內高手」的密友，還是一個公共知識分子，有點像清宮戲裡某個刺兒頭的貝子貝勒。

坊間稱，紅二代三教九流啥人物都有，富豪、窮官僚、知識菁英等等，其中左派奉馬列正統占據制高點，對習政權有益無弊，反而是一幫靠權力尋租成富豪的右派，對習體制的集權有威脅，被稱為「土圍子」，年初習就訓誡三百名金融和經濟界紅二代，啟動剿滅，此間便有一位華遠公司老總，挑頭替大家表達不滿，綽號「大炮」，他叫任志強。

他還是大陸微博的領軍人物，擁有三千七百多萬粉絲。他寫了一本回憶錄《野心優雅》——官與商、紅與黑；起訴政府、狀告銀行；被窮人扔鞋、被國家暗查；幾度沉浮，極富傳奇。在混沌的大時代，紅二代也要奮鬥才出頭，哪怕你去延安插過隊，跟其他階層一樣，自強奮鬥是基本語言。

當習祭出媒體「必須姓黨」的箝制令，任志強便發微博：「人民政府啥時候改黨政府了？花的是黨費嗎？」左派蹦出來罵他是「資本翻天派」。瘟疫驟起習近平召開十七萬官員電視電話會議，任又迎面向他拋去〈人民的生命被病毒和體制的重病共同傷害〉一文，發出上述十個「為什麼」。這回，他捅了一個國際級的大婁子。

九月二十日，我在臉書貼出「任志強才是關鍵『吹哨人』」：

一、劃時代的瘟疫

人類歷史將會分為「二〇二〇年之前」和「二〇二〇年之後」——今年三月間法國學者張倫的預言，還會有誰懷疑嗎？他認為，這次公共衛生危機是「第三次世界大戰」，將終結冷戰結束以來的這一波全球化，國際格局將產生深刻變化。他的再談「疫情將引發世界格局的重大變革」，在中國網路上刷屏，到處轉貼。張倫對這次瘟疫之歷史意義的詮釋，超乎大多學者。

二、習近平欺騙天下，第一個騙的就是川普

九月十五日晚，川普在費城參加美國廣播公司（ABC）舉辦的電視對話會。一名選民問道，川普過去說習近平做得很好，現在卻在責怪他，是否對習近平有過誤判。

川普隨即講述了和習近平交惡的過程，川普說，「（疫情）剛開始時，在沒有人知道這（病毒）是什麼之前，我曾與習近平通話，他說，我們做得很好，我們控制住了疫情。我就放心了。」

他表示，習近平告訴他疫情被控制住了，但是事實上沒有，他對此非常生氣。

三、問責習近平第一人

二月二十三日習近平召開全國上下約十七萬人抗疫恢復經濟的大會，任志強就開始問責：

——去年十二月發生了什麼？

——為什麼沒有及時公布資訊？

——為什麼會發生一月一日中央電視台追究八名謠言者的新聞？

——為什麼會有一月三日的訓誡？

——為什麼會有一月三日對美國通報的疫情資訊？……

任志強一連串追問，都是要害問題；

更要害的是，他是追問一個欺瞞全世界的「黑社會巨梟」；

西方領袖們為什麼完全沒有警覺、質疑？這不是很幼稚嗎？

習至今不但不向武漢人、向中國人、向世界解答，反而千方百計掩蓋疫情在武漢爆發的真相，不提供零號病人數據，阻止國際專家考察武漢P4實驗室。

四、川普天真想幫習近平

剛剛在美國出版的伍德沃德新書《憤怒》，首度披露了今年川普與習近平兩次電話交談的細節。

二月六日他們的三十分鐘電話，川普提出了對中國疫情進行幫助的建議，但被習近平拒絕。習近平說：「我請美國和貴國官員不要採取過度行動，以免造成進一步的恐慌。」通話後的幾週裡，北京和華盛頓繼續就病毒進行交鋒。最惹怒川普的是中國外交部發言人趙立堅公開甩鍋，稱「病毒是由美國軍方帶到中國的」。

三月二十七日第二次最高通話，川普直斥趙的言論荒謬，而習近平則回擊：美國官員應避免借用川普種族主義反華言論。此後，兩人再沒有熱線交談。

至此，以國務卿龐培歐為首的「新鷹派」，推出一系列外交措施，圍堵中國，實質上要結束這個政權。

五、「大國崛起」終結

此脈絡是：

——六四屠殺後陳雲開啟「太子黨」權力來源，江澤民「悶聲發大財」三十年，以貪腐走出「執政合法性」危機，也令此黨再陷另一危機；

——習近平取代薄熙來組建「紅二代王朝」，有兩個「百萬億」，所以「大國崛起」、

「從毛到習」一百年大慶、五步控制世界，野心勃勃；

——二〇二〇年五月白宮發表《美國對華戰略方針》；

——此前兩個月，一隻黑天鵝降落：「武漢肺炎」，西方一派茫然……

然而，中共體制內出現一個聲音：任志強！

任志強「失蹤」一個多月後，才由中共北京市紀律檢查委員會出面，低調發公告，宣布任志強正接受西城區調查。

此時，蔡霞的祕密音頻出現在網絡上：「五年內必有大亂。」

中國的危機都在一個人身上

最近中美關係進入白熱化的狀態，美國針對中國的方案一個個陸續推出，經濟、外交、軍事等領域都出現了建交四十年來從未有過的緊張局面，美國國務卿龐培歐更呼籲「自由世界對抗中共新暴政」，區別「中國」和「中共」。美國共和民主兩大黨派唯一的共識就是對中國的強硬態度，在智慧財產權、新疆維吾爾人權和香港自由民主問題上罕見很快就達成共識，通過了多個令北京異常憤怒的法案，最新民調顯示美國人對中國反感度不斷上升；二〇二〇年恰逢大選之年，中國是兩位主要候選人爭取選民的必打王牌，就這些問題，八月五日法國國際廣播電台華語節目，對我做了一個採訪，標題是「美國終於明白被中共騙了幾十年今後還有更多招數逐步放出」[1]。這個訪談的內容很多，大致可以分為以下幾點：

——美國對中國的態度越來越強硬，並非必然，也非新冠疫情導致，而是有一個覺醒過程，他們被中共騙了三十年。今年四、五月份發表一份國防安全報告中，指出中國才是美國的頭號敵人，美國的競爭對手不再是蘇聯；接著從副總統彭斯講話，ＦＢＩ局長講話，最後到國務卿龐培歐講話，就是一個「冷戰」宣言，龐培歐特別選擇到尼克森圖書館發表講話，因為尼克森是當年締造跟中國友好關係第一人，他到那裡去發表講話的意思就是：我要結束這種關係，美國要和中國開戰了！

——新「冷戰」怎麼打？首先美中利益已經在切割中，川普跟中國告別，開始將生產線撤離中國。龐培歐要求美國人要認識到這個嚴重性，要認識到跟中國「告別」的後果，實際上，龐培歐和川普完全不是一個看法，川普直到現在還在斤斤計較經濟上的利益，還在和中國打貿易戰，但龐培歐所代表的鷹派看到的是更大更嚴重的問題，而且他們要結束中共，這一點我們在美國看得非常清楚，比如今年六四前「六四倖存者」與龐培歐見面，這是美國國務卿三十一年來首次會見六四倖存者和代表人物；更早的彭斯講話，說美國曾經對中國這麼

1 法國國際廣播電台〈蘇曉康：美國終於明白被中共騙了幾十年 今後還有更多招數逐步放出〉：https://www.rfi.fr/cn/%E6%94%BF%E6%B2%BB/20200805-

好，完全沒想到半個多世紀卻養大了一個敵人，他的講話非常憤怒，有一種受騙感覺。美國人覺得被騙在歷史上只有一次，那就是珍珠港事件。

——對此中國最高層幾乎沒有任何聲音，因為習近平把所有人的嘴都封住了，只有他一個人可以說話，我們稱他為「加速師」，他上台的時候中國情況非常好，有兩百萬億的資金，中國經濟發展也非常好，老百姓雖然對他的心態比較複雜，一方面對他打擊知識分子，高社會控制，收緊社會的寬鬆度不滿意，但還是支持他反貪的。現在大家都看清楚了，中國有錢和沒錢的人都恨他，包括他周圍的那些政治局成員在內，對他的態度可以用四個字來形容，就是：咬牙切齒。只有他垮掉了，中國才會出來不一樣的東西。

——美國和台灣建交的的可能性呢？美國人解釋說，與台灣建交這件事在美國自己的政策上都有很多障礙，因為美國是法制國家，他們需要將過去簽署的種種關係法一個個解除，需要在國會討論和投票，這個過程就會非常漫長。因此，他們也並不認為這是一個很好的方式，但是實際上美國正在武裝台灣，也有大量軍人進去，今後如果真的發生戰爭的話，台灣就是他們的基地……

九月二日，農曆七月十五，中國俗稱「鬼節」，微信上流傳一些視頻，稱武漢街頭是「大墳場」，從傍晚到深夜，隨處可見燒紙錢的人，武漢網民說，長這麼大從未見過這麼多人燒紙……

武漢到底死了多少人？

全國到底死了多少人？

這些數字，大概要到習政權之後，才會出現，

然而，全世界的確診和死亡數字在天天增長。

習近平以慶功會向全世界甩鍋，在鍾南山等人獲得國家勳章之後，上百萬人在李文亮醫生的微博下留言以示抗議，呼籲銘記任志強、許章潤的討習檄文。

九月十四日，美國駐華大使布蘭斯塔德不辭而別；

同一天，從香港逃亡到美國的病毒學家閆麗夢博士，正式公布了她和她的團隊關於病毒來源的第一份研究報告，指控武漢病毒具有實驗室改造的特徵；

世界將近一百四十個國家向中國追責，要求賠償，並要求獨立追查病毒來源。

一個失敗大國有救嗎？

五月中旬，許章潤再發檄文〈世界文明大洋上的中國孤舟——全球體系背景下新冠疫情的政治觀與文明論〉，對瘟疫中的崛起大國，有「猙獰國家」、「文明小國」、「苦難政治」等精到之論，然後結尾於《楚辭》般的憤懣：

夠了，這發霉的造神運動、淺薄的領袖崇拜；夠了，這無恥的歌舞昇平、骯髒的鮮廉寡恥；夠了，這驕驕漫天謊言、無邊無盡的苦難；夠了，這嗜血的紅朝政治、貪得無厭的黨國體制；夠了，這七年來的荒唐錯亂、一步步的倒行逆施；夠了，這七十年的屍山血海、亙古罕見的紅色暴政……

恰在此時，有一本剖析國家或浴火重生，或一跌到底的著作問世，以芬蘭、日本、智利、印尼、德國、澳洲和美國七個國家為範本，解析它們遭遇內憂、外患、漸進型隱憂三大類型危機之際，所採取的應對策略及其後果，尋找一國成敗之應對通例，然而它真的存在嗎？《動盪：國家如何化解危局、成功轉型？》（*Upheaval: Turning Points of Nations in Crisis*），這本「政治學」著作，竟出自聞名於世的生物演化大師賈德·戴蒙，我在反覆詰問「東亞桑梓要步馬雅文明崩潰之後塵」之際，也一再提到中國將他的警告置於腦後，他在《崩潰》（台灣譯為《大崩壞》）一書中批判中國百分之十的年增長率：

> 各種環境問題皆導致巨大的經濟代價、社會衝突和健康問題，其中某一個單項都足以引起中國人的嚴重關切。但是以中國巨大的人口、經濟和區域，其環境問題勢必不止是個國內事務，而將泛溢到世界其他地方，凡是與中國分享一個星球、一個海洋、一個大氣

層的皆將漸次受到影響，亦即中國的環境問題也將全球化。

《紐約雜誌》旗下的Intelligencer去年五月刊登記者大衛．華萊士．威爾斯跟戴蒙的一篇訪談，標題嚇人，「戴蒙說二〇五〇年世界終結的機率四十九％」，他們還是從《崩潰》談起，威爾斯問他的想法是否跟十五年前一樣，戴蒙說：

是。我的觀點依舊，因為我在二〇〇五年看到的故事至今仍然如此，仍然有許多社區因環境破壞而自我毀滅。自從我寫那本書以來，出現了更多案件。已有關於聖路易斯郊外卡霍基亞（Cahokia）環境崩潰的研究，那是北美人口最多的美洲印第安人社會。我寫《崩潰》一書時還不知道為什麼卡霍基亞崩潰了，但後來我們得知，密西西比河上的氣候變化和洪水在破壞卡霍基亞方面的作用得到了很好的研究。所以那本書所言就是這裡發生的事情，今天一切都沒有改變，以往的社會毀滅了自己。過去十四年並未糾正社會毀滅自己。

今天，我們面臨的危機，不是人類社群一個接一個地崩潰，而是由於全球化帶來的危機，我們面臨整個世界的崩潰。

問：您認為有多大機率？整個文明網路會崩潰嗎？

答：我估計，到二〇五〇年左右，世界將崩潰的可能性約為四十九％。到那時我會死了，但我的孩子會怎樣？到二〇五〇年，他六十三歲，所以這是我非常感興趣的話題。按照目前的速度，複雜社會對資源的管理是不可持續的，世界各地的漁業，大多數漁業的管理方式都是不可持續的，而且越來越枯竭。在世界各地的農場中，大多數農場的管理方式都不可持續。世界各地的土壤、表土，世界各地的淡水管理不可持續。根據這些情形，按照我們現在的速度，我們可以將目前不可持續的資源繼續使用幾十年，到二〇五〇年左右，我們將無法再繼續使用它。這意味著到二〇五〇年，我們要麼已經找到了可持續發展的資源，要麼為時已晚。

這方面，無疑中國資源耗竭型的發展模式驚為奇觀，又提供了「典範」，未知戴蒙不在這本新書裡將其列為第八個國家模板？中國三十年起飛，造成兩個系統的毀損：生態和價值，《鬼推磨》也專闢一節〈山河賠進去了〉說它與制度的關係，老百姓吸著毒氣才發現已經束手無策，他們失去任何有效手段，去改變哪怕一絲一毫的國家政策。[2]

中國在「經濟奇蹟」的同時淪為「失敗國家」，又是史無前例的，我羅列了一些歎為觀止的數據：

早在一九九九年，全國人大環境與資源保護委員會主任委員曲格平，就有驚人之語：中國最適合的人口數量為七億左右，最大（極限）人口量為十六億左右，超過這個數量，就會發生全面崩潰。

路透社說，中國三十九個主要北方城市的空氣品質遠遠超過政府制定的標準；美國麻省理工學院預測，如果碳排放不減，包括北京在內的華北平原，將成為死亡區域，最遲二〇七〇年前不宜人類居住。燃燒含有放射性元素的煤，灰塵帶電，五十萬年不會落地。

中國的大河總長約五萬公里，根據聯合國糧農組織報告，其中百分之八十已不適合魚類生存。長江生態系統已經崩潰，原有一百七十五種特有物種，一半以上找不到了。黄河的許多河段等於是死河，裡頭滿是鉻、鎘以及其他來自煉油廠、造紙廠和化工廠的毒物，不僅不適合人類使用，甚至也不適合灌溉。

二〇〇〇年中國第五次人口普查顯示，中國總和生育率僅為一・二二；二〇一〇年第六次人口普查顯示，中國總和生育率下降至一・一八。這是雙重的「超低生育率」和「少子化」危機。未來中國人口每過一代（約三十年）減少百分之四十五，三代（約九十年）減少百分之八十三，五代（約一百五十年）減少百分之九十五，十代（約三百年）減少百分之九十九點七五，也就是說，一兩百年內，中國新生兒數量退回到五千年的水準；三百年後中國剩下不到四百萬人。中華民族衰退為一個又老又小的瀕危弱小民族。

據說，中國可能起碼有辦法養活自己到二十一世紀中葉，但是根據中國自己的資料顯

2 蘇曉康《鬼推磨》第三章，頁一五八。

示，即便加速轉向工業化以及大型水利工程建築，中國也只能很驚險地與災難擦身而過。這種極端的困境，使得中國格外脆弱。一場大洪水或大乾旱，或作物病蟲害，都可能讓中國的經濟體系崩潰，而中國的龐大人口，亦令國際社會或其他國家無力援救……

第七章

「清場」美國

東亞桑梓與生存空間

「全球化」這個時髦概念，既不是純經濟學的，也無文明內涵，有點半生不熟，讀了種種說法，還是五里霧中，後來乾脆拆解得簡單一點來看，才恍然大悟，原來在歐美發達國家（G8）之外，再加上一個中國，一個印度，便是「全球化」了，跟這個星球的其餘地方不搭界。後加入的兩國，偏又跟幾件東西密不可分：高人口密度，廉價勞力，還有一個喜馬拉雅山。

《國家地理》雜誌（*National Geographic*）說，在地球轉型的地理紀錄上，中國是衝撞最劇烈的地帶。三千五百萬年前啟動的印度板塊構造性撞擊（tectonic crash）歐亞板塊，隆起了喜瑪拉雅山，中尼邊界的世界第一高峰珠穆朗瑪，和世界屋脊西藏高原。這個新的海拔高度，轉換了氣候型態，在北部形成沙漠，卻以印度洋之雨季浸淫其南部；從高原冰河流出來的中國生命線長江黃河，徜徉東去，雖漸次低落，卻依舊跌宕，江河流域孕育的沃壤，風調雨順滋育的大地，使中國文明出現於西元前六千五百年之際，世界上第一個種植穀物、馴養家禽的地方，其供養的人口終於成為世界之最。

二〇〇八年五月十二日發生四川汶川大地震，八級，地震界的解釋是來自印度板塊的撞擊，千萬年尚未底定的一個地質運動。這個撞擊在四川盆地的東緣龍門山斷層，撕開了口子，而那裡正是世界上人口密度最高的地區，深山密林的綿陽安縣，就有五十萬人，因而殺傷之慘重，乃是無從避免的。從宏觀框架來看，大自然的恩賜實在是塞翁失馬。地質運動間隙中的人類文明，該有怎樣的「環境意識」呢？

另外一個未解之謎，卻在地球的另一端。以氣候溫良、豐饒膏腴絕不遜於這東亞桑梓的美洲大陸，甚至未能發育出完整的穀物種植型的農業文明，就由於對資源的掠奪型開發而突然神祕地發生了文明崩潰。地理生物學家賈德·戴蒙按照他首創的崩潰「五點框架論」（a five-point framework），解釋馬雅文明的消失，符合其中四點，即：一是森林砍伐和土地侵蝕，二是反覆的乾旱，三是戰亂，四是靡費的政治性競爭，如建造紀念碑；第五種因素「貿易和貿易轉讓」，因該大陸的與世隔絕而不明顯。

《國家地理》雜誌提供了一個範例。拉丁美洲土著（indigenous）在北部墨西哥沙漠地區，是無定居（漂流）方式，利於狩獵和採集，小族群並且社會結構簡單。叢林居住的土著以狩獵為主，但茂盛的雨林環境也可發展農業，使其處於半定居狀態。熱帶土壤稀薄，茂密的植被給人錯覺，似乎肥力無限，事實上熱帶雨林驚人的生命力只存在於昆蟲、林木，以及沒有根莖在土壤裡的樹林寄生菌類。尤其是在亞馬遜流域熱帶雨林中，土壤微乎其微，農業收成令人絕望，且僅能維持數年，所以叢林土著實行「移動耕種」，也叫「刀耕火種」。半定居土著建村落，但遷移頻繁，以休耕輪種，巴西歷史上著名的土著社會「Tupi」，就以宗族和耕種作業分類組成社會，而不是以階級，他們也沒有帝國。

那麼，在四千年的中國文明史裡，無論「崩潰五點框架論」套不套得上，這個最長壽的農業文明卻至今沒有崩潰，要麼就是它對環境、自然的破壞掠奪並不劇烈，要麼就是這套模式只是從美洲文明中設計出來的，擺到東亞就失靈了。也許，東亞比南美延長了一千年的文明壽數，在漫長的地質年代或環境年代裡，原是微不足道的，自然環境的報復才剛剛開始，唯其是災難的初始，又充滿了神祕的感應。

這麼一塊膏腴之地，其幾千年的經濟開發模式，近來有人反省，稱為「吃祖宗飯，奪子孫路」的方式。最著名的例子，自然是黃土高原，在《禹貢》土壤分類的等級中被載為「上上一等」，曾經是森林茂密，草原肥美，經過上千年掠奪式的開發，成為一片荒山禿嶺，水土流失嚴重，大量泥沙被沖進黃河，形成了世界罕見的「懸河」。雲貴高原是另一個例子，古代被視為「瘟疫之鄉」，反而逃過了過度開放，成為中國唯一倖存的熱帶雨林，物種驚人得豐富，但是明清之際，大量人口遷入，開山墾荒，亂砍濫伐，把原始森林毀為農田，森林覆蓋率下降三十四%，許多地方都成了童山禿嶺。

華夏文明由黃河、長江孕育，是所謂「河流文明」，她卻從二十世紀末，開始發生嚴重的「水危機」。中國人均淡水資源僅為世界人均量的四分之一，居世界第一百零九位，是一個貧水大國。有人算過一筆帳：黃河、淮河和海河三個流域的土地面積占全國的十五%，耕地、人口和GDP分別占全國的三分之一，水資源總量僅占全國的七%；北方河流都出現斷流，一九九七年黃河幹流斷流二百二十六天，整個河口斷流里程接近八百公里；長江十年之內將變成「第二條黃河」；此外，中國六百個城市中有四百個缺水，一百一十個嚴重缺水。

首都北京的水資源緊缺程度已經超乎想像，目前主要靠過度開採地下水勉強維持，迫切地等待南水北調二〇一四年中線通水到北京。

全國七大水系皆汙染嚴重；五大湖湖容劇減，水質汙染；近海赤潮頻發，渤海魚資源告罄，已是「空海」。太湖流域、海河流域，是兩個汙染最嚴重的流域。在珠三角、長三角，一百公里的河道上，工廠密集，多到上千家，而中國竟然只採用歐美國家極輕微的「汙染排放標準」，而且企業不必花錢治理汙染，只需交納輕微罰單。河流不堪重負。

此即中國人為其「經濟起飛」所付出的代價，一千三百年的鄱陽湖提供了證據。黃肖路說，一九七〇年她隨父親黃萬里下放鄱陽湖畔的幹校，一日傍晚父女倆大堤散步，感嘆眼前鄱陽湖的景色，黃萬里隨口吟誦「落霞與孤鶩齊飛，秋水共長天一色」——王勃〈滕王閣序〉裡的名句，此序寫於公元六七五年，離一九七〇年是一千三百年之遙，卻景色相去不遠。但是僅僅四十年後，今天鄱陽湖幾乎乾枯了。這個細節，彰顯了「經濟奇蹟」的破壞力有多大。中國線民說：「地球上最後一滴水是人類的眼淚。」

然而中國哪裡僅僅是水汙染？土地、空氣都汙染了，是整體、徹底的汙染。農藥、化肥、垃圾汙染水體和農作物，食品安全超越治安，成為一個最廣泛的社會恐慌。至於空氣汙染，近年來在華北和北京頻繁出現的霧霾災難，已是舉世皆知。戴蒙還提到「沙塵暴」，說中國北方從西元三百年到一九五〇年間，平均每三十一年遭受一次「沙塵暴」；從一九五〇年到一九九〇年，每二十個月出現一次；一九九〇年以後就幾乎年年發生。老百姓深惡痛絕地稱之為「北方的狼」，它每次光臨，大面積颳走農田肥土，颳死種子和幼苗，打落瓜果，填埋農田、牧場、水渠、坎兒井。

戴蒙的兩本環保巨著《槍炮、病菌與鋼鐵》和《崩潰》，都譯成中文在中國出版了，但是無人理睬他的崩潰「五點框架論」，而對中國來說，馬雅文明崩潰的前車之鑒，仍然是遙不可及的、彷彿另一個星球的故事。

鄱陽湖萎縮，根本原因是湖北承擔了中國兩個最大的工程——三峽和南水北調，兩個工程是姐妹工程。南水北調一條引水幹渠要打破七百多條自然河流的流水，把中原大地所有的水流都給切壞了。這個工程就是江澤民要辦「〇八奧運」，向北京供水十億立方水，匆忙批准上馬。

湖北這個例子，可稱為一個「聚叢」（cluster）。第一，它是華夏江河湖海全面告急的一個縮影；第二，它又是「超級工程」（megaprojects）的另一個縮影。大陸「凱迪網」出現過一個「中國超級工程一覽目錄」的帖子，題目很張狂，叫做「讓老外看得目瞪口呆」，一共一百零六項，其中幾項巨型的包括：

南水北調工程——世界最大水利工程（五千億元）

西電東送工程——世界最大電力專案（五千二百六十五億以上）

「五縱七橫」國道骨幹——世界最大規模高速公路項目（九千億元）

中長期鐵路網規畫（兩萬億元）

農村「村村通」工程（一萬億元以上）

這個單子，反映了今天中國那種肆無忌憚折騰大自然的靡費無度，玩大自然就像小孩玩積木、在海灘堆沙，可說是西方十八世紀工業革命之後未曾有過的好大喜功，一種現代型的狂熱和盲目。戴蒙在他的《崩潰》中，特闢第十二章〈中國：搖擺不定的巨人〉，描述中國的環境危機，其中也提到它的超級工程，如三峽大壩的「環境成本」，則是水土保持和生態穩定壓力增加。至於南水北調工程，其代價更為昂貴……可能造成汙染擴散以及水資源失衡等問題。」

二〇〇六年三峽大壩竣工，緊接著當年四川盆地乾旱酷熱，夏天重慶忽然出現歷史上罕見的、連續九十多天的大旱災，最高溫達四十四．五℃；二〇〇七年長江斷流，川江水位創一九八二年有水位紀錄以來的最低點，下游的洞庭湖開始乾涸；二〇一一年上半年南方又出現嚴重乾旱。有研究認為，三峽大壩帶來了「風阻效應」，使整個四川盆地風調雨順的雨水被大壩給生生截斷，正所謂「截斷巫山雲雨」（毛澤東語）。也就是說，在三峽下游與上游之間，驀然豎起一道密不透風的擋風牆，即高聳的大壩，它無端封住了以往由長江順流而上的豐沛水氣，導致了四川盆地當年的降雨急劇稀少。甚至有人也論證，三峽大壩誘發了二〇〇八年的四川汶川大地震，因為那裡是地震活動帶，不宜興建大水庫。

今天中國人對於生態危機，已然無奈，他們看不到解決這種危機的政治途徑。民間只流傳著一個故事：前毛澤東祕書李銳，二〇〇四年給胡錦濤溫家寶寫信談「三峽」禍事，告訴他們，黃萬里生前留下一句話：將來三峽出事，要在白帝城頭修廟，並用鑄鐵立三人跪像——推動興建此壩的三個罪人，中間一女，兩邊各一男，即錢正英、張光斗、李鵬 。這是模仿杭州西湖岳墳裡的秦儈等四人鐵鑄跪像，懲罰歷史罪人的一種中國傳統。

「超級工程」單子裡，還有一項「西部大開發」，投資八千五百億元以上。在「西部大開發」的浪潮下，西藏的生態開始面臨劫難。

西藏是「地球第三極」，是北半球氣候「調節區」和「啟動器」，也是「江河源」和「生態源」。青藏高原上的冰川，是許多河湖水源的補給來源，東流有長江、黃河，西流有印度河，南流有瀾滄江、怒江、雅魯藏布江等。長江發源的冰川叫姜古迪如冰川，「綠色家園」召集人汪永晨說她一九九八年去過一次，那裡還是「高原草甸，滾滾江水」，有七百多條冰川；十一年後再去，冰川已經全部消失，「很多長江源的支流已經完全乾涸了，一點水都沒有。」另據報導，黃河源區，青海瑪多「三江源區」的四千多個湖泊，九十%以上已經乾涸。

雅魯藏布江，據說是地球上最富含水力發電潛能的兩條河流之一，據稱中國正計畫在她那個著名的「大拐彎」處，興建三十八億瓦特的水電站。攔截此江，便如同摧毀西藏高原極脆弱的生態系統。中國會歇手嗎？未來二十年中國能源需求面臨巨大缺口，要增加二十六座兗州煤礦、六個大慶油田、八個天然氣西氣東輸工程、四個三峽水電站的裝機容量、二十個大亞灣核電站和四百個大型火電站。

戴蒙的崩潰「五點框架論」，包括生態破壞、氣候變遷、強鄰在側、好的交易夥伴、文化價值觀上如何應對生態——前兩點和第五點，是對任何文明都適用的；有趣的是，第三點「強鄰在側」和第四點「好的交易夥伴」，恰是一對悖論的因素，套在中藏關係上再合適不過，因為敬畏大自然的西藏文明擁有最先進的生態倫理，她卻不能守護她的「天上人間」完好如初，就是因為她不幸與華夏毗鄰，這個強鄰的虎視眈眈，正是要毀滅藏傳佛教，才能最終占有西藏的自然資源。

十四世達賴喇嘛從佛教講環保，頗智慧。一方面他說，環保跟宗教、倫理或道德無關，那些都是奢侈品，而環保則是生存底線，因為跟大自然為敵，人類無以生存；另一方面，他又強調環保需要倫理和信仰，因為人類的貪婪，即佛教所稱的「三毒」貪嗔癡，才是大自然的災難根源。

然而今天在中國發生的，卻是一個執政集團的「貪嗔癡」，其片面追求GDP已直接危及民生，引起社會普遍的恐懼，於是環保又超出倫理範疇，變成一個嚴峻的政治問題。中國所為者，含有兩個層次的破壞：在生態的涵義上，破壞西藏的生態，意味著摧毀東亞桑梓的生態源頭；在精神的涵義上，藏傳佛教蘊含的巨大資源，尤其是達賴喇嘛從中提升出來的普世價值，可以接濟我們的文明缺失，我們卻正在下手把它滅絕。這也正好應了《孟子》裡的一句話：天作孽，猶可違；自作孽，不可活！

喜馬拉雅是「生態源」，兩側各有一個最古老的大河文明，華夏和印度，兩邊都應當拜西藏雪山為「養育父母」，中國倫理講究「滴水之恩，湧泉以報」，可是我們今天做的恰好相反。喜馬拉雅也是一個「價值源」，尤其南麓的恆河流域，乃是人類的價值發源地之一，孕育釋迦牟尼的佛教在先，又孕育聖雄甘地的「非暴力主義」於後，為人類貢獻了一種現代普世價值。這個價值源頭，猶如雪山化泉灌河，又在西藏和華夏分別養育出她的傳人。

現代社會侵入世界屋脊，幾將藏民族逼成「滅絕文明」，然而命運卻給了他們一個前所未有的達賴喇嘛，率領藏民族走出高原隔絕，將藏傳佛教散布世界，普濟全球，他也從一個「手持白蓮的觀音」，變成世界精神領袖；而漢人劉曉波只是一個勢單力薄的異見知識分子，卻在華夏社會被一場大屠殺浸淫於暴戾之氣幾十年中，依然有勇氣承接甘地的「非暴力主義」。他們兩人作為「諾貝爾和平桂冠者」，都對糾正現代社會的偏失，建下垂世之功。

「現代化」理論以成敗論定文明，乃是達爾文「優勝劣敗」在人文上的邏輯延伸。基本上，地理生物學家賈德．戴蒙也不過是把物種演化的思路，在氣候、地理的「先天環境」預設下，把農業文明的「優勝劣敗」再演繹一遍。所以，設若「現代化」的宿命乃是不可抗拒的，那麼印第安人的滅絕根本是一個無解的命題。那麼中國呢？為追趕「現代化」而把自己優渥的東亞桑梓淬礪成「世界工廠」，以消耗有限資源、毀滅生態去供養「全球化」，用來換取一個短促王朝的苟活。這是在人類文明經過工業化洗禮而悟出「環境意識」之後，讓中國宿命地去步馬雅文明的後塵。那麼發達的西方呢？這個維度，也折射出西方後現代「環境意識」的曖昧性，那是「以鄰為壑」。至此「全球化」的實質才顯露，原來G8是消費市場，中國和印度是世界工廠。喜馬拉雅兩側雪水滋養的膏腴之地，不出幾十年就汙穢不堪——轉嫁環保代價給廉價勞力國度，取消了環保意識的先鋒性和有效性：沒有全球範圍的環保，就不可能有任何一國的環保。

雖然東亞比南美延長了一千年，難道最終華夏文明還要步馬雅崩潰的後塵嗎？

中國人「走出去」，是黃禍嗎？

二〇一七年那個憂鬱的晚春，我記憶猶新，手頭正在寫的《鬼推磨》，已經快寫到結尾，卻在暮春綿雨之際，見到自北京來的大陸名嘴周孝正，他也是知名度最高的一位社會學家，對我痛說「兩霾夾攻，留在中國形同等死」——一霾自是霧霾，卻另有「政治霾」，於是一幫退休老學人，決意變賣一切，出國覓一淨地「抱團養老」，然後說：

你知道嗎，如今中國人裡，擁有年收入十萬至百萬者，近乎一億；收入上萬者，約三億。這四億人，有能力離開中國另討活路，剩下的十億人，哪兒都去不了。

這讓我想起了王力雄的政治寓言小說《黃禍》，其中有黃河潰決、中國解體的情節，他給中國人安排了三條逃亡路線：第一條，北方接壤的西伯利亞，比整個中國還要大三分之一，可以吸收三、四億人，且可步行達至，是最主要的遷居地；第二條，沿絲綢之路，經西亞、中東進入歐洲，可養活兩億人；第三條，必須跨越太平洋，渡向北美、澳洲的，是最後的三億人。

中國的人心，就這樣被政治擊潰了、渙散了。然而，「京津滬大城市，可謂烈火烹油之勢，錦繡繁華之鄉」，這寥寥幾句，出自資中筠與友人書，觸目驚心，道出她的絕望。

這段文字，把中國人「走出去」，跟「黃禍」掛上鉤了，可能很得罪人，不過我是借了王力雄《黃禍》的意向，不是我的原創。這本寫於三十年前的小說，手稿最初送到我手上，邀我寫序，我定義它是一本「政治寓言」小說，據說很得作者認同——寓言就不是預言，後來在中國發生的種種，不必跟小說情節徹底吻合。然而，上引周孝正所言，卻是王力雄在三十年前就預言到了的，絕對是超常的預知能力，《黃禍》這本小說的歷史定位，再也抹煞不了；但是更驚人的是，國內菁英對「生存空間」競爭，已產生早期恐懼，他們是這個民族最敏感的一批人，無論在知識或資訊上，都是「春江水暖鴨先知」。

前文寫到，三年後的二〇二〇年夏季，鄭也夫又報告了新一波出走：「特權階層中高比例的子孫坐江山的欲望弱化，取而代之是移居海外的願望。」他的分析，側重「人心離散」一端，原因有三，一叫「自毀家園」，執政者與特權階級在謀取暴利時犧牲了自然環境和社會公正，其後果也是兩條：喪失環境清潔和法制安全；二是，家族暴富令其後代心態大變，他們中的多數人不想打拚和「上進」，只圖享樂與安逸。其三，「父輩或祖父輩保江山的方式，令旁觀的兒孫們望而生畏。維穩成本的天文數字絕對不可持續，無處不在的民怨更讓他們明白，曾經可以巧取豪奪的故土已成火藥桶。左顧右盼，前思後想，這個班寧可不接，這個江山最好不坐。」

「紅二代」出走，兩大驅力是生態崩潰和「合法性」缺失，跟上面「老學人」的出走，大致相似，也是人心的破碎。不過，「紅二代」步上「黃禍路」，卻不在王力雄的想像力之內，也沒有前例，你聽說過蘇聯「紅二代」流亡西方嗎？至今在西方流亡的仍然是白俄；鄭也夫也說，「統治集團子孫輩的大規模出走，是明清兩朝和當下朝鮮統治集團的後代所絕然沒有的。」

當時國內正急劇惡化，習近平推出三項惡政：大城市「淨化」行動、北京一天之內趕走二百三十萬外地民工，拆除高樓牌照，禁止近郊河北方圓幾百里內冬季燒煤……後來我陸續從別的管道聽到，中國民間正悄悄籌畫一個龐大計畫、一個宏偉設想，建立「中美國」，移民四億中國人來美國，從上海挖掘高速列車隧道，穿越太平洋海底岩層，四小時達西雅圖；也有人要拍攝電視片，講中美兩國的歷史友誼和合併前景。甚至有一個說法：「第二次諾曼地登陸」，中華民族沒救，唯有動員美國滅共，計畫是移民幾億人過來，形成「中美聯盟」，再跨洋征服大陸——評估這套設計，說「坐而論道」還算好聽的，根本是幻想。

移民到西方的人，要重新紮根、再造家園；

跟無力出走，留在中國的人，孰者幸運？

中國人已經失去家園。

二〇二〇年初春，一隻黑天鵝降臨，「武漢肺炎」突襲美國。二月十五日我在臉書稱：當下全世界都希望中國「鎖國」，因為瘟疫，這不是第一次；三十年前「六四」屠殺後，怕中共垮了人口漫溢出來，稱為「黃禍」，當時鄧小平就威脅說，中國會有上億人流亡出來。無意間發現一篇舊文，竟是一九九一年寫的，題目叫〈關於大陸的崩潰〉，就談這個話題。從屠殺，到盛世，再到瘟疫，莫名其妙，關於中國，是沒有邏輯的。

最近與朋友們在一起議論華人在這個世界上的出路，常常感到大陸是一個令人黯然的未知數。無論預言家還是星相師都很少再對它作樂觀的預測。那種封閉性的龐大，古老式的倒錯，真叫你有一種無力感。每每談起未來的變局，又都總有「呼喇喇如大廈將傾」的擔憂。海外流亡者和北京的當政者，彷彿有同一種恐懼，恰如《紐約時報》駐北京記者紀思道所說的，唯有一個看法是強硬的中共領導人和持不同政見者都能同意的，即老人死後中國將會出現動亂。這種看法可能白宮也深以為然。於是布希總統很有些惹不起鄧小平的味道，對方勵之和柴玲便總是躲躲閃閃的。他好像很為老朋友身後的中國考慮。一個動亂的中國對誰都不利——這就成為這個世界寧願維持北京當局的一個最說得過去的理由。

鄧小平不大會像伊斯蘭的那些強人那樣窮兵黷武地向西方叫陣。但他不緊不慢卻擲地有聲地撂出一句話就叫西方和環太平洋地區膽寒：如果中國共產黨失去對中國的控制，將會有一億以上中國人流亡到印尼，一千萬到泰國，五十萬到香港。這是香港《文匯報》援引的鄧的原話。不知道為什麼偏要給印尼分配一個億，而對香港似乎很留情，但五十萬已經足夠讓這彈丸之地從天堂跌進地獄了。老鄧又彷彿對台灣未置一詞。四周都是溫柔富貴鄉，那個聚集著貧困和破壞力的大陸稍一噴湧，便會使整個東亞和東南亞靡爛。有過「六四」那一幕，誰也不會懷疑這一點了。所以，事情竟變成如此荒誕：北京的鎮壓者們責無旁貸地成為遠東局勢安定的捍衛者。華盛頓、東京、台北都鬆了一口氣。

越南船民之災和大陸客對香港台灣的困擾，已經使那裡的人們有了某種黃種人對「黃禍」的恐懼。今天的台灣政府和港英政府，也要趕緊用立法來排拒大陸客，頗有些像一八七六年美國加利福尼亞的「高加索人種」對「蒙古人種」的厭惡。近來美國也不斷查獲運送中國偷渡者的所謂人蛇集團。這些都會使人相信，沒有比讓北京來制止中國人口外溢更可行的辦法了。不指望它還能指望誰？誰也無法解決中國的人口問題，這好像是一個絕食學生在廣場上對胡啟立講過的一句話，令人印象深刻。如今我們才醒過夢來，原來我們搞民主先得把這十幾億人口安排停當，否則搞炸了鍋，攪得四鄰不安，外面的人會覺得還不如讓中國待在專制裡省點事。

怕中國亂了營不好收拾的情形，本世紀初就出現過。當時八國聯軍借「拳亂」攻進北京，西太后逃到西安。列強們對中國的處置有三種方案的爭論：瓜分、改朝換代、維持滿清。當時擔任中國海關總稅務司的英國人赫德，在《雙周評論》上發表兩篇文章，語出驚人。他說，瓜分會召致中國人的強烈反抗，那樣一來，騷動和不穩定就會貫穿世世代代，這樣做划得來嗎？至於建立一個新王朝——卻沒有一個可以被全中國接受的有名望的人，這也將把中國推入多年的無政府狀態。赫德寫道：「剩下來的就是第三種辦法——把現存的王朝作為一個正在活動著的東西而接受下來，並且，一句話，竭力利用它。當前這個王朝還遠未衰老，它的命令通行於全中國，對它加以承認將會是所有國家都同意的最容易的解決辦法，而給它以支持將比任何其他行動都更迅速，更有效的恢復普遍的安寧。」赫德不愧是中國通。我們發現，到了本世紀末，季辛吉和尼克森也確乎得了他的真傳。當然，赫德那時的西方人，還根本不認為中國人有能力建立民主制度。上面提到的一八七六年在加利福尼亞的排華風潮中，一個叫德梅隆的律師向美國國會調查組作證時說，人種學家如諾特、格利登和莫頓博士都已指出：任何種族，如果他們的平均腦容量不超過八十五立方英寸，就沒有能力建立自由政體。這位美國律師把中國人的標準腦容量定為八十二立方英寸，自然是屬於不可能搞民主的劣等民族。英裔美國人的腦容量最高，為九十二立方英寸。有趣的是，那時美國人拒絕中國人移民的理由之一，正和今天中共不准大學生搞民主的理由如出一轍：中國人沒有搞民主的能力。所以，不僅西方壓根沒料到這場八九民運，而且它既然能被鄧小平鎮壓下去，便說明中國人還是沒本事沒福氣享受民主。

大夥兒都怕鄧小平。甚至大夥兒都盼他活得長點兒。沒了他，這十二億中國人誰來照料呀？誰管得起十二億張嘴呀？美國人不忍心拿最惠國待遇去難為鄧大人，也是為了這十二億張嘴呀！鄧小平如果不肯養活他們，就得全世界來養活，赫德爵士不是早說了嘛：這划得來嗎？

一個世紀快過完了，那八十二立方英寸的腦容量在共產主義底下自然不會增大，倒是人口繁殖得比誰都快。這對專制主義倒是一筆不可多得的財富。它不像阿拉伯的石油，誰都眼饞，要來跟你爭，會打世界大戰。你擁有的東西誰都怕沾，誰都會讓著你，求你別把它潑出來。上帝保佑你！

可是，鄧小平死了怎麼辦，就像西太后也會死的一樣。這一點赫德爵士沒有想到。

把美洲讓給中國人

一個曾經是西方人的恐懼，如今卻變成我們自己的恐懼。今天你在香港、台灣這些中國人的社會裡，已經可以隱隱約約感到一個龐大的威脅正在逼近，甚至能夠聽到那沉重腳步聲了。這很像文雅的北京人已經聽到了來自蒙古高原的馬蹄聲。

六四屠殺後，還是我在大陸逃亡的時候，從邊陲某城的小書店裡買了一本諾斯特拉達姆士的《大預言》。薄薄的一冊，禁不住我半天功夫的飢渴吞嚥。以後帶在身邊隨時讀。「六四」

血光之災剛一發生，我便被某種強烈的崩潰感攫住了……也因此，當我最初讀到《黃禍》書稿時，便知道那不相識的作者（王力雄匿名很長時間）和我心心相印，終於讀到全書結尾，中華民族那結局之慘烈，幾度令我掩卷，直讀得一身冷汗。我猜這書作者大概在「六四」前就動筆了，並且作了長時間的醞釀，有一種強烈的崩潰感一直在內心衝擊他，「六四」對他來說不過是一個現實的驗證罷了。後來我有幸為《黃禍》作序，有機會寫出那「崩潰感」其實也埋藏在億萬人的心底，自然也在港台出現了中國人自己的「黃禍」。

「黃禍」概念的緣起，我給王力雄作序中詮釋，其發端者是德皇威廉二世：

威廉二世最擔心的是，「二千萬至三千萬受過訓練的中國人，由六個日本師團加以協助，由優秀、勇敢而仇恨基督教的日本軍官指揮——這就是我在九年前所描繪的那個黃禍正在成為現實。」威廉二世在這裡指的是一幅畫。列夫．托爾斯泰曾嘲笑這幅畫說：「威廉皇帝近來畫了一幅畫，描繪出所有的歐洲國家持劍站在海岸上，按照天使長米迦勒的指示，注視著高坐在遠處的佛像。」這幅畫由威廉二世親自用鉛筆畫出草圖，並由一個叫克納科弗斯的畫家完成，然後做為禮物送給沙皇，一時轟動歐洲。

威廉二世一類的黃禍論者，不過是一些信奉種族生存空間理論的封建霸主。舊普魯士的現代化水準，當時不比日本高多少。倒是早已進入工業化的英國人看得更深遠。有一位名叫戴奧西的英國地理學家，也在嘲笑威廉二世的「黃禍圖」時，舉出了他讓一個日本畫家畫的一幅「真正的黃禍圖」：畫面是一個繁忙的工廠，大群拖著辮子的中國人正在西方人的指導下熟練地生產。戴奧西解釋這幅畫說：「我們就應該熱烈地祈求，讓天朝永遠繼續保持昏睡狀態——西方工人每天力爭少勞多得，他們有什麼把握來和千百萬樸素、馴良、驚人地節儉、聰明、熟練的中國工人相競爭呢？」戴奧西這類黃禍論者，在本世紀初所擔心的，正是今日崛起的「工業東亞」。

然而，我萬萬沒有想到，「生存空間」這個詞，在兩千年後竟從中國國防部長的嘴裡冒出來——他居然代替了「日本軍官」，儘管他率領的絕對不會是「辮子兵」。網傳二十年前遲浩田有個講話，系統地論述「爭奪生存空間」、共產黨領導中國人「走出去」、用生化武器「清場」美國，等等，當年聽上去是比納粹希特勒還要瘋狂的囈語，而今難道被「武漢病毒」蔓延世界證實了嗎？

這個講話，也毫不諱言，甚至豔羨納粹德國成就、走「德國道路」：

大家知道，希特勒德國也是非常重視對人民特別是年輕一代的教育，納粹黨和政府專門組建了「全國宣傳指導處」、「國民教育與宣傳部」、「世界觀學習與教育監察處」、「新聞辦公室」等多個宣傳教育機構，從小學到大學，向全國人民灌輸說，日爾曼人是最優秀民族，他們要讓人民相信，他們雅利安人的歷史使命是要成為「主宰世界」的「地球之王」。德國當時萬眾一心的凝聚力比我們現在強烈多了。

但是最後德國慘敗了，與它一起的日本也慘敗了。是什麼原因呢？我們在探求大國興衰定律的政治局學習會上，在總結德國日本快速發家致富的經驗時，也進行過總結。我們在確定走德國道路復興中華的同時，絕不能重犯他們犯過的錯誤。

遲浩田為希特勒總結教訓：

第一，他們一下子樹敵太多，沒有抓住各個擊破的原則；

第二，他們急於求成；

第三，該狠狠出手時他們不狠，以致留下後患。

遲浩田赤裸裸地詮釋「生存空間」：

首先是著眼於生存空間問題，這是我們民族復興的最大著眼點。上次講話我提到，爭奪基礎性生存資源（包括土地、海洋）是歷史上絕大多數戰爭的根源，在這個資訊化時代會有變化，但不會有本質的變化。我們本來的人均資源就比當年的德國少很多，再加上這二十幾年發展經濟的惡化作用和氣候的急速惡化，我們資源嚴重耗竭，環境嚴重惡化，尤其是土地、水源和空氣問題，格外嚴重。我們的可持續發展，甚至是民族的生存，都面臨著嚴重的威脅，嚴重性遠遠超過當年的德國。

看來「黃禍」對一個中共軍頭的震撼極大：

凡到過西方國家的人都能感受到人家的生存空間遠遠超過我們。他們高速公路旁是大片森林，我們公路旁難得見到幾棵樹；他們的天空常常是藍天白雲，我們的天空罩著一個黑鍋蓋；他們的自來水管扭開就能喝，我們連地下水都汙染得不過濾就不能喝；他們的大街上沒有幾個人，他們兩三個人就住一棟小樓，我們滿街人擠人，幾個人擠一間房。多年前有人寫過一本書，題目叫《黃禍》，說我國到了人口十三億的時候，由於我們人人瞄準了美國式生活方式高消耗，有限國土資源承載不了，而導致社會大崩潰。現在我們的人口已經超過這一極限，靠著進口資源來維持。這個問題我們不是不重視，我們有個國土資源部，每天都在專注這個問題不放。

但由於「生存空間」一詞與納粹德國有太多聯繫，我們所以不便公開多講，以避免西方想起納粹德國而助長「中國威脅論」。所以我們在按照何新理論強調「人權就是生存權」時，有意只講「生存」而不提「空間」，避免使用「生存空間」這個詞。從歷史來講，中國所以面臨生存空間問題，是由於西方國家搶在東方國家前面發展，所以得以在全世界殖民，從而在生存空間問題上占據了有利地位。

這套觀念，我給它起個名字：「共版黃禍」，以區別「德版黃禍」。這套「共版黃禍」的核心，是「清場美國」——你還別說，德皇威廉二世頗有預見能力，只不過他當年預見的「仇恨基督教的日本軍官」，如今竟是「中共軍頭」，而他擔心的歐洲，換成了北美。

遲浩田不在乎「德皇威廉二世」說了什麼，可他被另一個德國人馬克思洗了腦之後，竟異常狡黠：

用非常手段把美國「清場」，才能把中國人民帶領過去。這是唯一的一條道路，而不是我們願意不願意的問題。用什麼非常手段才能把美國「清場」呢？飛機大炮導彈軍艦之類的常規武器不行，核武器之類的高破壞性武器也不行，我們不會傻得真要用核武器與美國同歸於盡，雖然我們高喊為了台灣問題不惜一切代價。只有非破壞性的大規模殺人武器才能把美國完好地保留下來。現代生物科技發展突飛猛進，新的生化武器層出不窮。當然我們也沒有閒著，這些年來我們搶時間掌握了這類殺手鐧，我們已經有能力達到突然把美國「清場」的目的。小平同志還健在時，中央就高瞻遠矚地做出了正確決策：不發展航母戰鬥群，而集中力量搞滅絕敵人人口的殺手鐧。

原來「生物戰」的源頭在這裡，中共的一切都溯源到鄧小平：

從人道主義考慮，我們應該先向美國人民發出警告，勸他們離開美洲而把他們現在生活的土地讓給中國人民，或者至少把半個美國讓給中國殖民，因為美洲最早是中國人發現的麼。但這行得通嗎？如果這行不通，那就只有一條路可走：用果斷手段在美國「清場」，以迅雷不及掩耳之勢把美國這塊土地騰出來！我們的歷史經驗證明，只要我們造成了既成事實，世界上誰都不能把我們怎麼樣，何況美國這個為首的敵人被消滅了，其他敵人只好向我們低頭。

生化武器是無比殘酷的。但是不死美國人就死中國人，如果中國人民被困死在這現有國土上發生社會大崩潰，根據《黃禍》作者的計算，中國人要死掉一大半，八億多人口！我們這片黃土地在解放初時承載了近五億人口，現在的公開人口就超過十三億，這片黃土地的承載能力已經達到極限，說不定到哪一天，說崩潰就崩潰，人口死掉一大半。

我們要有兩手準備。如果生化武器偷襲成功，中國人民將在對美鬥爭中付出最小犧牲代價。但是如果不成功或引發美國的核報復，中國恐怕就要遭受損失過半人口的災難，所以我們要做好大中城市的空防準備。但不管怎樣，為了黨和國家及民族的前途，我們只能大膽往前走！不管有多少艱難險阻，不管要作出多大犧牲！人口即使死了過半，還能再生出來，而共產黨一旦垮台，就一切都完了！永遠完了！

今天中國有兩種「黃禍」。

從「二十一世紀是中國世紀」到擁有兩個百萬億，再到「大國崛起」，走到今天才用了幾年？

據說，遲浩田是習近平的「教父」。

軍隊國家化

中國時興一個新詞「亮劍」，借自一部電視劇，原不過是「民族主義」鼓譟而已，漸次在大國崛起的背景下，上升為恐嚇東亞周邊的「戰狼」外交語言，似乎中國有「軍國主義」或「納粹化」傾向，其實諳熟中共「黨指揮槍」體制的人都知道，那是一種黨軍重疊結構，因為但凡中南海易主，繼任者必須第一步搞定軍權，大封一通將軍，才算坐穩交椅，後六四的幾屆「核心」皆如此，所以上述遲浩田的「清場美國」，不過是奉政治局指示做一次「亮劍」而已。

然而「六四」屠殺前夕，中國曾出現過一次解構這種黨軍體制的機緣，卻稍縱即逝。二〇一九年六月三日《紐約時報》發表了一個重頭報導：「前軍官談『六四』：派軍隊清場，就不好再出牌了」，說「前解放軍報記者江林首次打破沉默」。[1]

江林作為《解放軍報》記者，一九八三年三月飛往拉薩，剛剛採訪了那裡的「戒嚴」，回到北京不久，就碰上「六四」鎮壓，她跟《紐約時報》講的是「七上將連署反對戒嚴信」的細節，今天來看，這近乎一次「流產的兵諫」。

雖然在三十年前，這就是一個人盡皆知的事實，然而將其置於今日「軍隊國家化」題目之下，其中可以詮釋的涵義就太多了。江林的陳述中有以下要點：

一、張愛萍說，在七個上將之前他單獨給中央軍委寫過一個報告，那時候還沒有戒嚴，他讓這些領導去跟廣場的學生對話，不要跟學生那麼對立，說我們年輕的時候也是搞學生運動的，為什麼現在就不能跟他們對話呢，要把他們當敵人呢，看著這麼多孩子在廣場絕食、生病，對他們的訴求置之不理呢？

二、報告送給中央軍委主席鄧小平；

三、「六四」第二天，六月五號，葉飛上將讓他的兒子開車一起到張愛萍家，一進門就哭，說愛萍啊，我們的軍隊完了，向老百姓開槍了；

四、《紐約時報》問：這些將軍的第一任務是保護共產黨、保護共產黨的領導人，是嗎？

1 紐約時報中文網〈永誌不忘：六四30年，前軍官回憶天安門屠殺〉：https://cn.nytimes.com/china/20190529/china-tiananmen-square-massacre/zh-hant/

江林回答：我覺得沒有。如果有的話，應該去糾正他們走錯的路，不要往這條路上走，你們往這條路上走，就是違背了初心，就是一種背叛。從我記錄的那些人，同情我的那些人，都是軍隊高級幹部，他們也是不同意的；

五、軍隊高級幹部裡面，抵抗的情緒很普遍。江林舉例，將近一年的時間，北京三總部軍隊機關的幹部都不敢穿軍裝出來，甚至他們在軍隊的辦公樓裡都穿便衣。你只要穿軍裝出來就會被老百姓打啊、罵啊。

關於「七上將連署反對戒嚴信」，吳仁華所著《八九天安門事件逐日大事記》記載如下：

> 葉飛、張愛萍、蕭克、楊得志、陳再道、李聚奎、宋時輪七位上將公開致信戒嚴部隊指揮部和中央軍委，呼籲軍隊不能鎮壓民眾。全文是：
>
> 首都戒嚴部隊指揮部並轉中央軍委：鑒於當前事態極其嚴重，我們以老軍人的名義，向你們提出如下要求：人民軍隊是屬於人民的軍隊，不能同人民對立，更不能殺死人民，絕對不能向人民開槍，絕對不能製造流血事件。為了避免事態進一步發展，軍隊不要進城。（簽名）一九八九年五月二十一日。

更重要的，是鄧小平如何化解這次「兵諫」？吳仁華記錄：

〈七上將上書〉被印成傳單廣泛散發，造成很大影響。就在他們發出聯名信的第二天，中共喉舌《人民日報》刊登聶榮臻、徐向前兩位老帥答覆中國科技大學部分學生的講話稱：「戒嚴部隊絕不是針對學生來的，希望同學們不要聽信謠言儘快返校復課。」以元帥壓上將，消除七上將上書事件影響的用意，顯露無遺。

在反對戒嚴七上將中，張愛萍、蕭克、楊得志、宋時輪四人是中顧委常委。五月二十六日，中顧委主任陳雲主持召開中顧委常委會，號召老同志支持戒嚴。二十七位常委中，張愛萍、李一氓、李德生、黃華、程子華等五人「因病因事」請假。《八九天安門事件逐日大事記》稱，他們因對戒嚴和處置趙紫陽的做法有意見而請假。這句敘述有誤，程子華不反對戒嚴。《人民日報》當時報導這個會議時特別提到，請假的程子華「給會議打來電話，表示堅決擁護黨中央、國務院關於制止動亂的正確決策和採取的一系列措施」。

梳理一下「七上將」事件的涵義：

一、解放軍鎮壓老百姓，天理難容，這個「天理」普遍存在於解放軍高級將領的心中，如果中共再一次「動刀子」，將遇到這個巨大障礙；

二、軍隊也曾「抗命」，如三十八軍，但是「黨指揮槍」的結構，令解放軍最終背上「屠殺」罪名，解道唯有「軍隊國家化」一途，即軍隊不為任何一個黨派所指揮；

三、以元帥壓上將，實際上是借元帥之口行騙：「戒嚴部隊絕不是針對學生」，說明在

「黨指揮槍」的結構下，兩個元帥僅是木偶而已；

四、將軍們明顯地都不敢跟中央「對著幹」；

五、軍隊國家化，不能指望高級將領的良知，而必須走憲政的道路，寫進憲法裡才有保證。

關於今天的困境。我採訪了流亡出來的前海軍中校姚誠，他說：

一、習近平上台後對軍隊的體制編制進行的重大調整，實際上也暴露出一些深層次的問題。從體制編制的調整上來看，七大軍區變成了五大戰區，戰區應該是處於戰爭狀態下的稱謂；

二、既然是戰區，就應該有參戰的主體雙方，軍隊是這個主體的一方，那另一方是誰？應該說中國大陸目前是處於和平時期，那只能理解為手無寸鐵的百姓是解放軍的作戰目標？

三、如果說這是一個笑話他就是一個笑話，但仔細分析起來還是真的是這麼回事，從維穩費超過軍費這個現象也能看的出來，中共對鎮壓國內反對派的重視程度也超過了國防的程度；

四、實際上戰區只是軍委的一個前線指揮所，除了作戰指揮權外，一切權力盡失，這才是習撤銷軍區，成立戰區的真正目的。

姚誠的意思是不是，習近平通過「軍區改戰區」，而「杯酒釋兵權」，解構了解放軍的舊結構，從而消除了對他的威脅？但是他達到了控制軍隊的目的嗎？大變來臨，這支軍隊聽他的指揮嗎？

美國鬧文革

一個黑人的死亡，成為「美國歷史的拐點」（拜登語），顯示美國的歷史泥沼包括種族歧視，隨時可以因應時機現身，干預這個後現代強國，因為「現代化」早已被左翼楔入「民粹」革命癌細胞，導致簡單的憲政體制左支右絀。

喬治・佛洛德，出身於休士頓貧民窟的暴力原生環境，身高一米九且有躋身NBA的潛力，也是個業餘嘻哈歌手，還讀書讀到佛羅里達大學，卻未能擺脫其前輩一個接一個在槍殺、毒品濫用、車禍、疾病中暴斃的命運，因盜竊、販毒、私闖民宅等罪名多次進出監獄，終於在二〇二〇年五月二十五日，又因使用假鈔被一名白人員警跪壓其脖頸八分鐘，窒息而死。旋即華盛頓、紐約、芝加哥、洛杉磯、舊金山等主要城市爆發大型示威，數百萬人走上街頭，反對種族主義執法，並且由此產生一句口號「黑命貴」。

在美國的騷亂中，伴隨著大城市的砸店燒車，還出現一股推像砸像風潮，令中文語境和互聯網上，「文化大革命」字眼高頻率跳躍。顯然，僅僅由於「打砸搶」，而將二〇二〇年美國的「黑命貴」騷亂，與一九六六年中國文革相提並論，乃是一種典型的「錯置具體感謬誤」（fallacy of misplaced concreteness），持此論者有多少是經歷過文革的？我知道林培瑞教授，至少他一九七三年就去中國了，那時文革還沒結束，他是親身經歷過的一個洋人。將「文革」簡單化，正是中共封殺「文革」的成功之處，而中國如今並無「打砸搶」，卻正在復辟文革，這不是更清晰的一個悖論嗎？不過，換一個角度，比如置於「民粹運動」的視角下，來比較「黑命貴」與文革，你會發現其中有不少要素很相似；而且現實政經可以提供回眸文革的契機，實在少之又少了，恰好二〇一六年夏天，在洛杉磯開過一個文革討論會，我提交的發言稿題為「可操控的民粹運動」，正是分析這些要素的。

文革死了多少人，官方不做統計，只有一個數字是葉劍英在文革後透露的：非正常死亡兩千兩百萬人、上億人挨整；

北師大紅衛兵頭頭譚厚蘭砸「孔家店」，在曲阜二十九天，燒毀古書二千七百餘冊，各種字畫九百多軸，砸毀包括孔子墓碑在內的歷代石碑一千餘座，搗毀孔廟，破壞孔府孔林，刨平孔墳；

湖南道縣慘案六十六天屠殺九千零九十三人，百餘個家庭遭滅門；

在北京「紅八月」裡，從一九六六年八月下旬到九月上旬，紅衛兵打死了一千七百七十二人。王友琴做了調查，這些人不是用槍或者刀一瞬間打死的，而是用拳頭、木棍、銅頭皮帶等折磨致死，折磨的過程往往長達數小時；

我舉這些例子，自然是要說明文革是一場「暴民運動」，但這不是主要目的。我們也必須看到，這麼暴烈的、橫行了十年的一場全民狂熱，從劉少奇、鄧小平的角度去看，是一個大災難；但是從毛澤東的角度看，發了瘋的億萬民眾，居然是非常聽話的，運動收放自如，從「天下大亂」輕易就達到「天下大治」。這才是我想說的重點。

暴民政治的最大典範，是法國大革命，所謂「雅各賓黨人」、羅伯斯比，再加上「斷頭台」，血跡斑斑，世界震驚。法國大革命弄到大家輪流上「斷頭台」的地步，革命者們身不由己，徹底失控，最後只得由拿破崙出來收拾殘局，復辟皇權。所以法國大革命砍皇帝的頭，備受爭議，這都是大家熟知的歷史常識。更重要的是，由於法國先賢們的努力，比如雨果的傳世之作《九三年》等，使法國大革命成為「普世記憶」，又驚醒歷史。然而，從一七九三年到一九六六年，一百七十年後在中國發生了一場殘暴得多的「革命」，卻是由一個東方的「皇帝」親自運籌帷幄的，這大概會讓路易十六死不瞑目。所以醉心「群眾革命」的西方新左派崇拜毛澤東，不是沒有道理的。

民粹主義是暴民政治的溫床，它的完成式是最終釀成「現代極權」，即列寧式政黨對普羅大眾的全能式統治——大眾從反抗主體最後淪為奴隸。舊俄知識分子正是從法國雅各賓黨人那裡接受了民粹主義思潮，主張只要目的崇高，可以不擇手段；主張以暴力奪取政權，而列寧則將民粹主義者個人式恐怖活動，改造為馬克思主義政黨組織化集體化的恐怖活動。

法國大革命使得「暴民政治」成為可能的研究對象，系統研究成果也出自一個法國人，即大家都熟知的古斯塔夫．勒龐的（Gustave Le Bon）《烏合之眾：大眾心理研究》，這本書可謂「民粹運動」的經典之作，只要人類墜入「大規模群眾運動」的可能性還存在，這本書的價值就存在。他列舉的要素：

一、群體

勒龐認為，人們為偶然事件或一個目標而聚集在一起，自覺的個性就會消失，成千上萬孤立的個人也就獲得了一種心理群體的特徵，受著無意識因素的支配、大腦活動消失、智力下降、感情徹底變化。他具體歸納了五點：

（1）衝動、易變和急躁。所有刺激因素都對群體有支配作用，群體不會深思熟慮。

（2）群體易受暗示和輕信，把頭腦中產生的幻覺當做現實，其中有教養的人和無知的人沒有區別。

（3）群體情緒的誇張與單純。群體不允許懷疑和不確定，總是走極端。

（4）群體的偏執、專橫和保守。

（5）群體的道德，有一種淨化的傾向，很少被利益的考慮所左右。

把以上五點再濃縮一下，其實群體只有兩個特點：低智商和受操控。

根據上面這些分析，我認為對文革中的群眾行為做過高的評估和讚揚，很難不是偏頗的。我們中國人，特別是經歷過文革的一代人，對文革的記憶、研究等，都顯示出一種所謂「燈下黑」的局限，或者還有某種身陷其中、不容易撤離出來作工具分析的特徵；我們很容易批判「毛澤東的文革」，卻無力解構「群眾的文革」。其實，我們把「群體心理」這個課題放到中國的具體歷史情境中來，亦即一九六〇年代的政治社會思想狀況下，不難找到大量的、非常生動的具體事例，去佐證勒龐從法國大革命中歸納出來的那些特徵；或者說，文革結束四十年了，中國還沒有出現一個自己的勒龐醫生。

二、馴化

假如勒龐有幸遭遇文革，我猜他高度興趣者，會是「文革群體」特徵的成因，這也是我們研究文革時還必須添加的一個因素：前文革的馴化，對於文革群體的基本素質，具有決定性的影響。或者說，也正是因為毛澤東已經花了十七年時間來操控、玩弄、虐待中國群眾，他才有那麼大的自信，敢於發動幾億暴民去摧毀他親手締造的這個黨和國家機器。

前文革馴化，是個大題目，這裡僅列其要點：

——鎮壓與屠殺，造成恐怖氛圍，嚇阻一切反抗於萌芽狀態

五〇年代的一系列肅殺行為，如土改、三反五反、按指標殺人、前政權基層骨幹一律

「殺關管」等，一舉震懾民間，從此鴉雀無聲，所以才有鄧小平「六四」鎮壓前所謂「殺二十萬、穩定二十年」的經驗之談，中共將此再施用一次，果然鋪墊了二十年經濟起飛和權貴階級的鑄成。在這個概念上，中國人基本上已經是一個嚇破了膽的「群體」，這一點對於「文革群體」和後來的「八九群體」的性格特徵，都很重要，恐懼永遠伴隨著中國的抗命運動，使之易於激進、失控。

——用階級劃分，製造大眾對「一小撮」的隔離

毛澤東是一個搞「多數人暴政」的大師，這套技術他是從江西蘇區清「AB團」、延安整風反王明就千錘百煉出來的，「文革」給他在八億人的更大範圍中又試了一次；階級劃分的作用，在於從社會中隔離出一個「少數」的另類來，作為整肅和折磨的對象，從而又示範給那個施暴的「大多數」，令施暴他人以釋放自身恐懼成為家常便飯，也是文革的一種常態。

——反覆搞運動，依次在不同階層之間互換「加害者」與「受害者」

人人成為一個無所顧忌的施暴者，在任何一個尚有起碼常識和秩序的社會都是做不到

的，毛能做到的訣竅，其實很簡單：他是在不同時間裡，給不同的「多數」以施暴的理由和目標，「文革」中入獄近十年的作家張郎郎對此歸納了一個絕妙的觀念：「安全暴力」，指施暴者獲得某種心理安全。

——洗腦，即用意識形態不斷以「集體」、「國家」代換「個人」，不止閹割靈魂，連話語也在潛意識中被改造——叫你只能說讓你說的話。

……

所以「文革群體」是在這樣的政治前提、思想素質、精神思維語言狀態下，走進文革的暴風驟雨中。勒龐用的「烏合之眾」一詞，帶有強烈的心理學意味，用這個詞來描述文革中的大眾，我不知道合不合適。但是六十年代的中國社會，在傳統意義上已不復存在，因為上層儒家官僚機構、中層鄉紳自治、下層宗法家族組織全部瓦解了，而取代它們的中共各級黨委、各級政府也全部被摧毀了，這種狀況下的民眾，跟傳統社會瓦解之後的流民、嘯聚山林的造反好漢有多大區別呢？如果再加上前面所分析的「馴化」，這樣的大眾與一七九三年的法國大眾，也即勒龐這本書裡歸納的那些特徵，又如何對比？也許將來會有人來做這件事。

三、梟雄

群體問題，實際上包含了「大眾」和「領袖」兩個問題，而在中國的現代史上，「領袖」的涵義是「群眾運動大師」。勒龐這本書裡，關於「領袖」這部分的議論分析並不精采，只是講了一些常識，比如他說：

只有最極端的人，才能成為領袖。在那些神經有毛病的、好興奮的、半癲狂的即處在瘋子邊緣的人中間，尤其容易產生這種人物……任何理性思維對他們都不起作用。他們對別人的輕藐和保留態度無動於衷，或者這只會讓他們更加興奮。他們犧牲自己的利益和家庭，犧牲自己的一切。

勒龐這個分析，倒是很符合毛澤東，瘋癲、無情。

他大致上講了一個規律，領袖分兩類：一類是勇猛、實幹，另一類是意志力更持久，也更為罕見。

我們都熟知韋伯對政治領袖的一個著名分析，即所謂「克里斯瑪型」領袖，也叫魅力型寡頭——他從社會學角度做的這個解剖，確實比勒龐從心理學角度的分析，來得深刻。勒龐也講群體的幻覺和煽動家對群眾的麻醉，但他只講到領袖人物的所謂「名望」的魔力，就比韋伯的「魅力」低了一個層次。韋伯最精采的地方，是說魅力乃轉瞬即逝，不能反覆使用；而且大眾有一種對魅力的渴望和上癮，這恰是領袖的致命之處——他最終會為了維持魅力而毀掉自己。這個論述具有極大的普適性，幾乎可以從中西方古代的那些「英雄豪傑」，一直涵蓋到近現代的梟雄，如拿破崙、希特勒、史達林等，當然毛澤東也逃不過這個罩門。

四、流變

共產黨這個東西，要在理論上弄清楚它沒有多少辦法——為了公平、理想而濫施殘暴、反人道，很難說得通。民粹主義衍生成「不擇手段」，被解釋為蘇聯專制的根源，我第一次看到這樣的說法，來自《史達林秘聞》一書。

此書作者愛德華．拉津斯基是史學家，也是劇作家，曾花二十五年創作《末代沙皇》，暢銷世界。《秘聞》認為前蘇聯的悲劇並不能簡單歸之於史達林的暴君和獨裁者性格，與其說是史達林締造了蘇聯歷史，還不如說是蘇共在十月革命前夕爭奪、鞏固政權中需要這樣一位殘暴的領袖。他詮釋：

> 俄國知識分子和青年貴族，受法國大革命雅各賓主義的影響，接受民粹主義思潮，成為「十月革命」和列寧式政黨的思想來源。民粹主義有三個要點：一是主張只要目的崇高，可以不擇手段；二是主張以暴力奪取政權；三是主張利用農奴服從成性的弱點，強迫他們走進新社會，甚至主張徹底消滅這個階層。
>
> 列寧式政黨將這三點完全繼承下來。尤其，列寧將民粹主義者個人式恐怖活動，改造為馬克思主義政黨組織化集體化的恐怖活動；史達林做為他的接班人，對「不擇手段」尤其心領神會，無所不用其極，不僅用於對付沙皇政府，也用在對付黨內同志，發生包括「大清洗」和「古拉格集中營」在內的七十年罕見暴政，有研究發現，其慘烈後果包

括導致俄羅斯民族的人口出生率長期低下。

無疑，「民粹主義」三要點也是被中共完全繼承下來的，但毛澤東放膽玩弄「大規模群眾運動」如文革這類把戲，則是蘇共不敢望其項背者。「多數」能夠為廣泛的過激行為提供「理由」，就是民粹主義，但破壞達到一定程度，社會就會以更大的權威來恢復秩序，這是法國大革命催生出拿破崙專制的道理。中國這場「多數人的暴政」的情形很特別，最高權威毛澤東不僅是暴政的根源，而且他的權威始終沒有被懷疑過，以至社會的法紀和道德一直走到全面淪喪的境地。

「黑命貴」運動，不久就跟二〇二〇年美國大選接榫，並發生了大規模選舉舞弊，由一個政黨統領、全國範圍的基層都使用造假計票軟體、所有大媒體倒向一邊封殺另一邊的新型「群眾運動」，將徹底葬送一七八七年以來美國的憲政成果，也是一次左翼思潮的大氾濫。這是一場現在進行式事件，恐在大選落幕後才有結局。

川普成了小白鼠

三月中「武漢肺炎」擴散至全球，義大利成人間地獄，美國亦全境淪陷，紐約幾近封城，股市大跌，經濟停擺，中國瞞報貽誤防控？華人怎成禍水？中南海與白宮竟同時遭致「執政危機」，川習皆有「連任」急難，這是什麼世道？瘟疫之下，「現代化」好似灰燼，原來人類還很原始；國內情形晦暗，風雨飄搖，武漢比人間地獄更甚，焚屍真相慘到什麼程度？老百姓已是累丸之危、砧上肉糜，對暴政束手無措，高層政治依舊迷離，中國還有比今日更黑暗的嗎？

第二章我寫〈美國破口〉一節提到。三月底一個下午我和太太的手機同時一聲怪叫，來了州長的「禁足令」，馬里蘭「封州」了。今春以來，全世界都在比拚「封鎖」速度，川普和美國輸得一塌糊塗，英歐亦然，專制中國自然大勝。坐擁優勢三百年的西方，何曾想過多練練「鎖國」的能耐？

當時亦從臉書上見台北的陳芳明教授寫「武漢肺炎的隱喻」

> 蘇珊．桑塔格的《疾病的隱喻》，曾經是我在政大開授「文學批評」的必讀書。如今武漢肺炎襲來時，這個疾病的文化意義與政治意義，似乎帶來更為豐富的隱喻。因為武漢肺炎的肆虐，從中國到東亞，從東方到西方，從北半球到南半球，幾乎沒有一個國家倖免。
>
> 武漢肺炎挾帶而來的政治隱喻，自然而然就無可避免。它變成全球資本主義化的象徵，也是從前yellow peril（黃禍）的再次復燃。它會造成怎樣的擴大解釋，現在還未能確定。從前人類曾經對肺病、梅毒有難堪的想像，現在對武漢肺炎的隱喻，又更加膨脹了。

這次瘟疫，西方從領袖到大眾，皆因輕忽於初始，而損失慘重，多位領袖、明星中招，大都市一一封城，生活方式急劇被顛覆，形同遭遇戰爭，以致比爾．蓋茲嘆為一次「偉大的糾錯」。這個文明就是從大災大難中存活下來的，也不信「人間天堂」，他們的偉大心靈，「一個嚴肅的生命」，蔑視公共見解，永遠以「整體性智性」，思考不測的未來。

坐擁至少二百年科學先進的西方，這次被打得暈頭轉向，竟致遲遲不能解答懸世之謎：病毒源頭何在？然而，民間憑常識，也知道兩個向度：自然毒或者人造毒。

第三章我談「講衛生」時，已提到香港兩位教授談「野味市場」。新冠病毒來源地掀起中美口水戰之際，香港大學微生物學系講座教授袁國勇三月十七日在《明報》撰文指，流行病學研究顯示華南海鮮批發市場為初期擴散點，「病毒源於美國」之說毫無實證，直斥中國人陋習劣根才是病毒之源，若不面對真相、諉過於人，十多年後將出現「沙士（SARS）3.0」。

此疫由病毒所致，因其形如冠，故名曰冠狀病毒。世衛由二〇一五年開始避免用人名、地名、動物、食物、文化、職業等為疾病命名。故是次以「年分」為此病冠名以資識別，稱此病為冠狀病毒感染-19（COVID-19）。國際病毒分類委員會（International Commitee on Taxonomy of Viruses, ICTV）以病毒基因排序為命名標準，每段基因逐一細心分析，其他因素不作考慮。蓋因此冠狀病毒基因排序「未夠新」，屬沙士冠狀病毒的姐妹，故稱之為沙士冠狀病毒2.0（SARS-CoV-2）。民間及國際媒體則稱之為武漢冠狀病毒或武漢肺炎，直接簡單，亦無不可。

社會上就此疫之命名爭議甚多，事實上疾病之名由世衛起，病毒之名由ICTV起，而俗名則是約定俗成，清楚明白便可。科學研討或學術交流，必須用官方名字COVID-19稱此病或SARS-CoV-2稱呼病毒。市民日常溝通及媒體用語，則可以武漢冠狀病毒或武漢肺炎稱之，通俗易明，方便溝通。

文章作者龍振邦是香港大學李嘉誠醫學院微生物學系名譽助理教授，袁國勇是香港大學李嘉誠醫學院霍英東基金教授（傳染病學），他們解釋冠狀病毒來自大自然，也許是「自然毒」的最早詮釋人。關於「源頭」，他們明確地指出「武漢」和「野味市場」兩端：

約七十五％之新發傳染病源於野生動物，而數隻能感染哺乳類動物的冠狀病毒，其元祖病毒（ancestral virus）則源於蝙蝠或雀鳥。兩者皆能從數千公里外飛抵發現病毒之處，故病毒之命名系統亦會以發現處名之記之。欲查病毒之源，準確客觀之法乃從動物宿主身上分離出病毒。可惜華南海鮮批發市場早被清場，研究人員抵達蒐證取樣之時，場內活野味早已不知所終，病毒之天然宿主（natural host）及中間宿主（intermediate host）

身分成疑。據當地人員陳述，華南海鮮批發市場內之野生動物從中國各地、東南亞各國及非洲（走私出口）運抵此處集散，武漢冠狀病毒之元祖病毒源於何地則無從稽考。

以基因排序之法尋源，查得一隻蝙蝠冠狀病毒株（RaTG13）與武漢冠狀病毒極為相近，其排序高達九十六％近似，故相信此病毒株為武漢冠狀病毒之始祖。此病毒株於雲南的中華菊頭蝠（Rhinolophus sinicus）身上分離得之，故相信蝙蝠乃武漢冠狀病毒之天然宿主。流行病學研究明確顯示華南海鮮批發市場為初期擴散點（amplification epicenter），病毒很大機會在場內由天然宿主交叉感染中間宿主，再於中間宿主體內出現適應人體之突變，繼而出現人傳人之感染。

中間宿主身分未明，但基因排序顯示武漢冠狀病毒S蛋白受體（Spike Receptor-binding domain）與穿山甲冠狀病毒株近似度高達九十％。雖然未能確定穿山甲為中間宿主，但此穿山甲冠狀病毒株極可能捐出S蛋白受體基因（甚至全段S蛋白基因）給蝙蝠冠狀病毒株，透過基因洗牌重組成為新的冠狀病毒。

野味市場，萬毒之源：

〇三沙士，疫發河源，廣東大疫，傳香港。沙士冠狀病毒於果子狸身上尋得，其後中國明確禁絕野生動物交易。十七年矣，惟野味市場禁而不絕，而且愈趨猖狂。中國人完全忘記沙士教訓，讓活野味市場立足於先進城市之中心，明目張膽售之烹之吃之，令人側目。活野味市場內動物排泄物多含大量細菌病毒，環境擠迫、衛生惡劣、野生動物物種交雜，病毒易出現洗牌及基因突變，故須禁之。

改革街市為防疫重點，中國政府及港府必須迅速改善環境、加強通風、滅蟲滅鼠。在完全淘汰活禽市場前，必須妥善處理禽畜糞便，減少病毒洗牌機會。

網傳病毒源自美國之說，毫無實證，自欺欺人，勿再亂傳，以免貽笑大方。臨大疫而不亂，首重資訊透明，冷靜理性分析，勿人云亦云，以訛傳訛。沙士後沒有雷厲風行關閉所有野味市場乃大錯，欲戰勝疫症，必須面對真相，勿再一錯再錯，諉過於人。武漢新冠狀病毒乃中國人劣質文化之產物，濫捕濫食野生動物、不人道對待動物、不尊重生命，為滿足各種欲望而繼續食野味，中國人陋習劣根才是病毒之源。如此態度，十多年後，沙士3.0定必出現。

但不久，袁國勇稱「無意捲入政治」，宣布撤回在《明報》刊登的文章。另一個向度「人造毒」，指冠狀病毒乃製作於實驗室。第三章有〈蝙蝠女〉一節，即武漢病毒研究所P4實驗室副主任石正麗，她所研究的正是龍振邦袁國勇所稱「元祖病毒（ancestral virus）則源於蝙蝠或雀鳥」，於是冠狀病毒源於武漢，在「華南海鮮市場」之外，又添了一個「P4實驗室」，但是在中國對疫情、病毒來源相關資訊的不透明，助燃各種「陰謀論」和國際社會不斷質疑中國的情勢下，後者成為一個焦點，「實驗室洩漏說」一度風靡；奇怪又在於西方科學界普遍懷疑「病毒源於實驗室」的說法，令處於風暴中心的石正麗「鬆了一口氣」。

七月中旬，前白宮首席戰略家史蒂夫·班農（Steve Bannon）接受《星期日郵報》專訪時表示，從武漢病毒研究所和其他研究機構逃亡的一些中國專家，已來到西方，正在與西方情報部門合作，準備對中共提起「預謀殺人」的訴訟。他說：

我們之所以知道這一點，是因為台灣在十二月三十一日已正式通知世衛組織（WHO），湖北省（武漢市）出現了某種流行病。北京疾病防控中心於一月二日或三日收到通知，他們卻決定不公開該資訊，然後於一月十五日與美國簽署了第一階段貿易協定。

如果他們在十二月的最後一周直截了當地說實話，九十五％的生命損失和經濟大屠殺就會得到控制。他們（中共）利用這段時間搶了世界上所有的個人防護設備（PPE）。這是一種具有謀殺性質的專制政權。現在是時候開始大聲疾呼了，以免導致西方的毀滅。

班農在指出武漢病毒研究所「運行非常糟糕，並存在嚴重的管理不善」之後，又說這些出逃的中國科學家「他們尚未與媒體見面，但是武漢實驗室和其他實驗室的人已經來到西方社會，並正在移交中共的犯罪證據」。

自二月中旬以來，跟實驗室有關的人們開始離開中國大陸和香港。（美國情報機構）正在與英國的軍情五處（MI5）、軍情六處（MI6）一起準備非常有力的法律訴訟，這可能需要一段時間，不像〇〇七（那麼快）。

「我認為他們有令人信服的證據，人們（在看到證據後）會感到震驚。」班農重申，「不管（武漢病毒）是從市場上還是武漢實驗室洩漏出來的，中共的後續行動（即掩蓋疫情）都將構成謀殺罪。」

班農還把武漢實驗室比做「車諾比的生物基地」，而中共對於疫情的隱瞞也如同前蘇聯一般。他暗示，當年協助建立武漢實驗室的法國政府，在實驗室留下了監控系統，「這個實驗室是在法國的幫助下建造的，所以不要以為裡面沒有監控設備。我想你會發現，這些人（指中國科學家）正在做的實驗，並未得到完全授權，或者他們並不知道自己在做什麼。」

九月份，一名香港大學病毒學實驗室的助理研究員閆麗夢，上福斯新聞頻道宣布：新冠病毒是中國製造的生化武器。然而，這個爆炸性新聞，同樣遭到西方科學界的批駁。不久閆麗夢發表的一篇二十六頁的研究論文在網路上流傳，病毒學家立即駁斥這篇論文是「偽科學」

和「基於猜測」，專家指出，這篇論文滿是圖表，充滿了「獨特的弗林蛋白酶切位點」和「RBM-hACE2 結合」等科學術語，以便給她的主張披上一層可信的外衣，「它充滿了各種科學式的術語，亂七八糟地混在一起，看上去讓人印象深刻，但不能證實她的觀點。」

美國左翼媒體毫不掩飾地稱閆麗夢受到「右翼」鼓勵：

> 閆麗夢獲得了她迄今最大的舞台：與塔克·卡爾森一起在福斯新聞上亮相。
>
> 卡爾森這檔熱門節目經常成為頗有影響力的右翼傳聲筒。
>
> 卡爾森問閆麗夢認為中國官員是有意釋放病毒還是在無意中釋放了病毒。閆麗夢毫不猶豫地做出回答。
>
> 「當然是有意的。」她說。
>
> 這段視頻在網上瘋傳。
>
> 儘管臉書和 Instagram 認為這是虛假資訊，但這段採訪視頻在網上的瀏覽量至少達到了八百八十萬。田納西州參議員瑪莎·布萊克本（Marsha Blackburn）等著名保守派人士在 Twitter 上分享了它。川普的福音派支持者富蘭克林·葛拉漢牧師（Rev. Franklin Graham）在 Facebook 上發布有關閆麗夢的帖子，成了當天美國 Facebook 帳戶發布的分享次數最多的連結。
>
> 福斯的另一位主持人多布斯在 Twitter 上發布了一段他和一位嘉賓討論閆麗夢「重大案

例」的視頻。川普轉發了這條推文。

受眾已經準備好了傾聽她的觀點，他們歡迎閆麗夢。三月的一項民意調查發現，近三十%的美國人認為這種病毒很可能是在實驗室製造的。

「一旦被塔克・卡爾森報導，它就不再是邊緣觀點了，」紐約州立大學水牛城分校（University at Buffalo）研究虛假資訊的尤塔姆・奧菲爾（Yotam Ophir）教授說，「它現在成了主流。」

福斯新聞拒絕置評。

十一月二十日《紐約時報》中文網發文，披露閆麗夢神祕逃亡的幕後主事，就是那個被川普趕出白宮的班農，進一步減損了閆爆料的價值。

一個神祕的病毒，莫名其妙從東方颳到西方之際，怪異地跟名字都帶「麗」字的兩個女人有關，而她們的背景都神祕模糊……

美國《華盛頓郵報》四月十四日稱，美國政府內部傳閱一份美國駐華大使館有關武漢實驗室的外交電報，內容提到美國使領館職員及醫療相關專家曾多次到訪武漢的研究所，他們向美國政府提出警告，稱實驗室安全度不足，欠缺經訓練的操作員和調查員去確保實驗室安全運作。

對華強硬的美國國務卿龐培歐接受福斯新聞訪問時說，「我們知道病毒源自中國武漢，我們亦知道武漢病毒研究所只是距離那個市場幾里遠（編按：實際距離不到三十公里），仍然有好多事情有待發掘，美國政府會努力找出答案。」

美國參謀長聯席會議主席、陸軍上將馬克・麥利（Mark Milley）表示，目前美國的情報似乎顯示，新冠病毒很可能是自然，而非在實驗室製造，但他們沒法完全肯定。

更晚至來年伊始，元月間美國《紐約時報》、英國《每日郵報》皆報導，美國副國安顧問博明與英國國會議員展開視訊會議時表示，「越來越多的證據表明，實驗室可能是最可能的病毒來源。」最新情報表明，新冠肺炎病毒應該就是來自距離武漢市場十一英里的「絕密武漢病毒研究所」。

博明說，這種病毒可能是因「洩漏或事故」從實驗室逃脫，「即使是北京的企業界人士也公開否認了（病毒來自）濕貨市場（指最早傳出疫情的武漢華南海鮮市場）的故事。」博明早在二〇二〇年一月就示警新冠肺炎病毒的起源，自疫情爆發以來，他強烈懷疑病毒源於中國實驗室，二〇二〇年四月還命令美國情報機構找尋證據。

是不是中國封鎖冠狀病毒的資訊，而令西方科學界在「武漢病毒」面前怯懦，從一開始就混亂、疑神疑鬼、無能為力？早在這個春天《紐約時報》便批評「美國封關太晚，成效有限，無助防堵疫情傳入」，而白宮去年十二月底已知悉武漢疫情，川普三月二日還在推特說：「我比大家建議的時間，提前許多週對中國封關，因此受到民主黨人批評。但這救了很多人的命。」終於，十月二日深夜川普發推：

今晚，第一夫人和我檢測出冠狀病毒，我們立刻開始隔離和治療進程。我們將共度難關。

我在臉書上說，「武漢肺炎」令西方輸掉第一局，今晨獲知川普中招，他染疾若失去下屆總統，則再輸一局；而民主黨上台，正中北京下懷，世局將整體翻轉，美國大概難以翻身了。這是一個「蝴蝶效應」，源頭在北京，而第一個挑戰者是大炮任志強，我在第六章談〈任志強才是關鍵「吹哨人」〉，梳理其間脈絡，亦顯示川普第一時間如何輕忽瘟疫，吃虧在後面。

十月二日川普露面，僅僅一天而已。無疑總統的治療方案是最高機密，無論多少頂級專家參與會診，川普和第一家庭，終未逃脫被那所海軍醫院當做「試驗品」（小白鼠）。他的染病，無疑又跟激烈的大選分不開，在美國被病毒重度汙染之下，據說他開了一百場以上的造勢大會，也不肯戴口罩。政客也跟科學家一樣，在「東方毒物」面前，顯示了一種「西方式的落後」。我又在臉書發帖：

這兩天成千上百的美國人，為他們的總統祈禱，美國在一夜之間，露出基督教國家的原貌，一種靜穆的震撼，讓我非常感動。另一方面，我也看到絕望中的國家和人民，默默地把自己交給上帝。今天川普露面，我寧願相信是上帝醫治了他。這種「屬靈」片刻，並不多見……

外力干預

波蘭憲政實踐卻被扼殺在搖籃裡，問題出在外力干預。部分波蘭貴族害怕新憲導致他們特權的喪失，於是求助俄國，復辟舊制。俄國女皇 Catherine the Great 藉機入侵，奪取了波蘭東部，普魯士占領了波蘭西部。俄國在平定了曾經是美國革命英雄的波蘭軍官 Kosciuszko 的起義後，一七九五年，與普魯士和奧地利聯手完成了對波蘭和立陶宛的最後瓜分。年幼的波蘭聯邦從此在地圖上消失。

十月二十三日美國副國家安全顧問博明，第二次以中文演講，第一次他講五四，後面會談到，這次他從資訊戰角度強調美國和西方面臨中共的「入侵」，他稱之為「外力干預」，而且是以波蘭為例說起。他幽默稱自己是一個「說中國話的洋鬼子」，賣關子地說「可能比洋鬼子說的任何話，都會更賣座」。

然而在資訊網路時代，專制政權可以將虛假資訊灌輸到他國的公共輿論當中，並通過自我更新的運算程式去廣為傳播。如今重洋海峽的天然阻隔能夠抵禦這樣的干擾嗎？如果自由的主權國家放任自流的話，當然不能。許多國家，包括民主國家在內，正在經歷實實在在的考驗。考驗的是我們自身抵禦高科技專制政權隱蔽的強力腐蝕的能力。聽起來很奇怪，因為專制政權只占少數。但是，他們具有支配本國全部資源的能力；他們相互借鑑；甚至經常相互協調。國家經濟實力並非贏得虛擬網路戰的前提條件。我們看到莫斯科和德黑蘭指使的駭客們，正在千方百計地削弱人們對正在進行的美國大選的信任。在此，沒有任何政權比中國共產黨更有能力去影響他國的政策，以及國外民眾的認知和選擇。

他在這裡明確指出俄國和伊朗通過網絡駭客散布假消息，干擾這次美國大選，而遲至年底，選舉投票出現大烏龍，美國民眾分裂成極端對立的兩派，世上罕見，是否正好是包括中共在內的「外力干預」所致，我的書寫到此時，還未見選舉任何一方出示明確證據，而連處於仲裁位置的美國司法系統，也給人以失去公正的印象。

博明分析這麼劇烈的干擾，來自兩件利器的結合：中共的「大數據」和統戰——後者被博明內行地指出乃是其「法寶」，這個說法來自毛澤東，是我這個年紀的大陸人都知道的。這兩件利器的聯合運用，博明做了一番精采的描述：

中共取得內戰的勝利，並非完全得力於軍事戰鬥力，而是借助其在思想意識以及實際行動上對敵人的滲透和操弄。這就是為什麼當下中共的領導人狠抓統戰工作的原因。統戰工作的主要特徵是不透明。顧名思義，奧祕就在名字裡。統一戰線是一個在開放社會找不到同類的概念。中共領導人把它稱為「法寶」，只要統戰需要，九千萬黨員都必須支持。中共統戰部門幹部的數量是美國國務院外交人員的四倍。中國外交部負責與各國政府進行外事活動，統戰部則在搜集他國情報，對海外居民施加影響。他們專門關注外國的菁英階層和機構。實際上，統戰人員是集情報、宣傳和心理誘導於一身的通才。聽上去很像在講笑話。不過中共統一戰線可絕不是開玩笑，因為它直接影響到你和我。原來心理誘導的原始資料就是大數據。這就是為什麼中共給世界各地數以百萬計的外國公民建立了數位檔案。根據上個月披露的資料，一個中國資料庫中包含了超過兩百四十萬個外國公民資料，包括許多今天線上的各位聽眾，這說明中共將傳統的列寧主義與強大的數字監控新工具相結合的宏大部署。對我們公開和私下的資料進行收割建檔的企業是深圳振華數據訊息公司。據說公司的首席執行官稱之為「攻心戰」。根據公司網站披露，其產品的買家是中共國安系統。振華彙編的人事檔案幾乎囊括了地球上每個國家。王室、議會、法官、文職人員、科技專家、新興企業家，海軍上將、軍艦水手、教授、智囊團成員、中央和地方官員，不一而足。甚至兒童也不放過。這符合北京無孔不入的政治鬥爭習慣。振華在統一戰線裡並不是什麼拔尖的角色。甚至可能只是商業投機，認定中共會來買單。實際上，實力更加雄厚的中國科技公司，包括一些著名應用程式開發商，能量要大得多。建立檔案的嗜好是列寧主義政權的特徵。資料的使用一如既往，用於施壓、勒索、獎懲、威脅、恐嚇、奉承、汙衊、分化和征服。與以往不同的是我們自己創造了條件，使獨裁者能夠輕鬆地搜羅到如此大量的私人資料，甚至包括那些從未涉足過中國的人。我們將智慧財產權、政府文件和私人生活任意公開，像本攤開的書。我們用智慧手機聊天、搜索資訊、購物、瀏覽、從事網上金融、導航、社交、宗教信仰到相互傾訴，這些資訊的散布一如倫敦雙層巴士排放的尾氣，使得利用網路對我們思想和行為的監控易如反掌。中國共產黨已經重新安排了舉國部署，用來有效利用數位手段擴大黨的力量和影響。

博明使用的「數位化列寧主義」這個概念，我在《鬼推磨》中已經使用了，它還有一個更形象的叫法：「雲極權」，乾脆是我的一個章節的小標題。中共從二〇〇〇年就開始建構「天網工程」，即統一社會信用代碼整合所有個人資訊，在此基礎上，又啟動「雪亮工程」，在二〇一二年的中共十八大報告中稱為「完善立體化社會治安防控體系」，提出「到二〇二〇年，基本實現『全域覆蓋、全網共用、全時可用、全程可控』的公共安全視頻監控建設聯網應用」：

二〇一六年中國共裝有一．七六億個監控攝像頭（其中由公安系統掌握的有兩千萬個），而到二〇二〇年將達到六．二六億個。中國生產、銷售視頻監控設備最有名的兩家公司是杭州海康威視和浙江大華科技，根據年報，海康威視二〇一七、二〇一八年銷售視頻產品及視頻服務的數量分別為九千八百多萬、一・二六多億台／件，大華科技的相關資料則是四千四百多萬、五千四百多萬台／套。這兩家公司的主要客戶都在中國，可見近兩年中國視頻監控設備的安裝數量之龐大。

這裡的幾個要素是：視頻監控、聯網、資源分享；效果是「事前預警」、「快速反應」；目的是「防範」、「免疫」。這很典型地反映了「現代國家」以影像的採集和歸檔等技術手段，對民眾和社會實施監控。數位影像技術和網路等「資訊社會新技術」的突破，並非只普及「民主」、「人權」，也使國家機器提升了監控的強度、效率和範圍。所以中國「群體事件」從一九九三年的八千七百起，飆升到二〇〇五年八萬七千起，十三年增加十倍，平均每六分鐘發生一起，呈現爆炸性成長——公安部二〇〇五年此後不再公布資料，清華大學孫立平發布二〇一〇年的數據是約二十八萬起，即後來五年是三倍的暴漲——但這個政權依然得以「維穩」，無疑直接受益於「監控技術」。「揭竿而起」、「天下大亂」等前現代式的觀感和期待，已經預言、描述不了「監控社會」。

實際上，中共計畫二〇二〇年監控整個中國的戰略部署，已經不動聲色地擴展為監控整個西方和地球，這正是博明挑破的要害，也即本書試圖詮釋的未知領域「瘟禍」，博明指出：收集和利用大數據的最終目的是什麼？北京在試圖影響我們什麼？簡而言之，中共的目標是通過軟硬兼施，使得個人選擇甚至國家政策陷入某種有利於北京為所欲為的心態。這是一種認知上的背離，既軟弱又恐懼，得意自滿而又無能為力；彷彿今天說：「認為中共構成威脅還為時過早，」可明天又說：「中共確實是威脅！但是大勢已去，為時已晚。」陷入這種特定心態，就像是吞了《駭客帝國》中的「藍色藥丸」一樣被幻象所征服。中共是如何做到的呢？這就是統一戰線的宣傳戰和攻心戰的厲害之處。中共的海外宣傳有兩個一以貫之的主題：「未來屬於我們，你越早配合越好。」同時：「我們跟你們沒什麼不同，別擔心。」這兩句騙辭在歷史上共同構成了所有列寧主義運動宣傳的核心。紐西蘭學者布雷迪（Anne-Marie Brady）是揭露統戰伎倆的先驅，她指出中共的「一帶一路」和「人類命運共同體」是這類運動的經典樣本。她稱統戰是「一種工具，專事腐蝕和侵蝕我們的政治制度，削弱我們的力量，製造我們的分裂，窒息我們媒體的批評聲音，並且用鈔票堵住我們菁英的嘴巴，使他們成為中共的維護者。」

第八章

屠龍派

大清醒

美國國務卿龐培歐六日二日會見六四參與者王丹、蘇曉康、李恆青和李蘭菊等人，美國國務院於三日中午十二時許公布會面消息，並發布正式新聞稿〈美國國務院六四事件三十一週年聲明〉：

今天我們榮耀勇敢的中國人民，他們要求民主、人權以及沒有腐敗的社會，卻於一九八九年六月四日在天安門廣場面對中國共產黨派出以坦克和槍枝武裝的人民解放軍。天安門抗議活動鼓舞了前蘇聯以及東歐受到打壓的民眾，要求並且達成民主改變。中國共產黨政府卻因管制資訊和暴力鎮壓，得以倖存。三十一年之後，死亡或者失蹤的天安門抗議者數目仍然未知。美國持續讚賞他們的願景，美國人民與仍在哀悼死去家屬的中國家庭，包括勇敢的天安門母親，即使面對巨大的個人困難與風險，她們從未停止為孩子們的死亡尋找正義。我們重申並呼籲：

針對死亡或失蹤者，進行完整並公開的計算。我們哀悼一九八九年六月四日的受難者，我們也與嚮往保障人權、基本自由以及基本人性尊嚴政府的中國人民站在一起。

六月二日進國務院見龐培歐，是余茂春安排的。三十年前他還在柏克萊師從漢學家魏斐德（Frederic Wakeman）讀博士，就打電話給我說魏教授也樂意帶我，我卻被車禍絆住了，沒去成。後來他在安納波利斯海軍學院教書，我們就常常可以在派對上碰到了。那天見國務卿大概四十分鐘，龐培歐只簡單地說了一句：我們怎麼幫助中國人民走向民主，希望聽聽你們的意見。李蘭菊向國務卿講她三十年前在天安門廣場的故事，講得很細，龐培歐就靜靜地聽她說。我則通過余茂春翻譯對國務卿說，美國調整中美關係、從只對當局到轉向民間，實在是一個大清醒，而喚醒中國老百姓，首先要喚醒中國知識分子（讀書人），這是中國的一個傳統（可能不太好），但捨此無它。怎麼做？需要好好規畫。然而，其實我心裡知道（沒敢說出口），當下中國知識分子其實還沒醒來，國內一則閉塞，二則前現代，讀書人觀念陳舊落後，跟不上趟兒，膽兒最大的，也還在那兒呼喚「改革」，而「改革」早就死了，或成了中南海忽悠內外的臭裹腳布，至於今天怎麼先去「啟蒙」讀書人，沒人知道，因為五四那時候只有「啟蒙百姓」這檔子事兒，誰啟蒙了陳獨秀、胡適，我還真不知道呢。

那幾天正逢「六四」三十一週年，想想我已經流亡了三十一年，真是不可思議。台北中央社記者張淑伶來採訪我，我年年說「六四」，這次揀了一個新話題：西方不懂「韜光養晦」[1]：

1 中央社〈蘇曉康：六四後果全球承受　西方應深刻認識〉：http://www.cna.com.tw/news/arn/202006040042.aspx

他說，西方政治人物和評論家不容易明白，中共政權因一九八九年的六四屠殺而有了嚴重的「亡黨亡國、丟掉天下」的焦慮，而這是六四和當今中國政治最重要的關係。六四鎮壓後，中共領導人鄧小平提出「韜光養晦」之說，加上一九七〇年代末以來的「改革開放」，三十年下來，中國的經濟起飛，透過全球化也俘虜了西方文明。蘇曉康在去年底出版的《鬼推磨：中國魔幻三十年》一書中，梳理了大屠殺後中國社會的種種變化以及西方綏靖主義的後果。

他說，六四危機令中共「生死存亡」，卻「死而後生」，也塑造了一個新的集權形態，令西方至今束手無策，人類不知道明天在哪裡。

我也強調兩點：

第一、開槍殺人這一步走出去後，就沒有回頭路了。中共必須為殺人不斷付出代價；就因為怕丟失政權，必須自外於國際規則和普世價值，搞自己的一套。

第二、所謂韜光養晦，就是「我臥薪嘗膽，等我起來就要滅你」，這是「中國式的陰謀」。鄧小平之後，江澤民時代仍低調主張「悶聲發大財」；胡錦濤時期儘管開始壓制民間社會的異見，但也沒有要和西方抗衡的意思；到了習近平主政的時代，則是野心外顯，大力宣傳「一帶一路」等政策。

如果西方國家能體認到六四與當今世界局勢的關係、瞭解中共究竟是怎樣的政權，「我認為他們會從很多方面瓦解這個政權」，就像一九五〇年代美國杜魯門主義的反共戰略一樣，對中共圍堵。

然而，和當年的「老大哥」蘇聯不同的是，經過三十年的發展，中國經濟體量成為全球第二，除了富豪外，絕大多數的教授、作家、演員以及城市工人等階層都分享了政權給予的利益，而年輕學生族群則是被官方宣揚的民族主義成功洗腦。

經濟上，西方國家難以拒絕和中國做生意；政治上，也很難看到歐美國家想要影響中國。

「六四」：第十五個「人類」瞬間

茨威格認為，一個閃耀時刻出現以前，乃是平庸流逝的漫長歲月，而具有世界歷史意義的時刻，會決定幾十年甚至上百年的歷史進程。他歸納了決定人類進程的十四個瞬間，如拜占庭的陷落、滑鐵盧的一分鐘、杜斯妥也夫斯基死刑前獲釋等等，歷史中性，善惡兼顧，統稱「人類群星閃耀時」，他只強調，這些瞬間一閃之後，世界再也不一樣了。今天我為茨威格的「十四個瞬間」，再添一例：北京「六四屠殺」。它有五層涵義：

第一、「六四」屠殺改變了人類歷史，這是一個總的歷史視角，在這個視角下，瘟疫和香港危機，只是短暫歷史，當然被籠罩在這個大趨勢之下，中美關係亦作如是觀。這個改變，有兩個涵義：一是「六四」危機令中共「生死存亡」，卻「死而後生」，也塑造了一個新的集權形態，令西方至今束手無策，人類不知道明天在哪裡。

再則，三十年經濟起飛的破壞性，於今昭然若揭，它摧毀了中國，在價值和生態兩個層面，使「中華民族到了最危險的時候」，環境代價今天已成不爭事實，大半個中國沉淪於重度霧霾，中共為挽救他們的江山，不惜毀掉中華民族的江山，土地、空氣、江河統統汙染了，國人的癌症發病率急劇上升，民間哀慟「國在山河破」；而且以中國巨大的人口、經濟和區域，其環境問題勢必將泛溢到世界各地，凡是與中國分享一個星球、一個海洋、一個大氣層的皆將漸次受到影響，亦即中國的環境問題也將全球化。

第二、茨威格曾將列寧一九一七年四月從瑞士出發回到彼得堡，稱為決定人類進程的「十四個瞬間」之一，因為十月革命摧毀了一個帝國、一個世界。我認為，鄧小平決策六四「屠殺」，具有相同的改變人類歷史進程的意義，因為鄧小平「屠殺」後的「韜光養晦」、「改革開放」兩策，經三十年大獲全勝，不僅中國經濟起飛，毀掉了中國的生態，三十年的「全球化」也俘虜、斬獲西方文明，後果極其嚴重。就全球而言，中共控制的中國，成為一個禍害，威脅人類，比之一次大戰後的列寧政權，和二次大戰後的史達林政權，有過之而無不及。

鄧小平在一九八九年，跟七十二年前的列寧一樣，成為一個惡魔，兩者的區別，是列寧去發動了一場士兵和工人的武裝暴動，而鄧小平則是指揮士兵鎮壓了人民的一場和平請願。

還有一點區別，即列寧神話，要到蘇聯帝國解體之後才破滅，歷時近百年；而「六四」屠殺後，中國因經濟起飛，而令專制更穩固，已歷時三十年，「鄧神話」至今沒有破滅。

第三、從歷史角度看香港，當初英國歸還她給中共，就是對鄧小平「改革開放」的一種誤判所致，習近平背信棄義鄧的五十年承諾，西方束手無措，也是那一次誤判的邏輯後果，試想當年劉曉波驚天之言「香港殖民地三百年」，是何等的先見之明。今日香港人，尤其是「勇武派」以攬炒對抗中共，備受批評，然而這也是英國放棄他們的後果，能怪他們嗎？香港不過是西方綏靖主義在二戰之後又一次大復發的受害者，將香港這樣的金融重地、繁華之邦擲於血火之中而不顧，實在是大英帝國的「婦人之仁」，不敵黃土高原征服者的野蠻。

第四、瘟疫至今不知道源頭在哪裡，難道不是西方科學領先的一個笑話嗎？三十年被中共盜竊、仿製、山寨而不覺察，如今被「放毒」，而西方開放生活被顛覆，也是這三十年綏靖主義的報應，西方領先地位已經不再，這個危機的涵義，遠遠超出經濟政治範圍，乃是十八世紀工業革命以來之數百年未有的大變局，無人可知災難伊於胡底。

第五、黎智英的意義。香港抗議六四屠殺的象徵符號曾是華叔，三十年後集權制度終於淪陷香港，民間「攬炒」抗議很悲壯，但是香港是一個金融中心，商賈階層一直游離於抗議，史丹佛教授 Larry Diamond 評論香港「占中」，譏為無實力令北京懼怕，而惟有商賈階層才影響北京決策。今天黎智英誓言「犧牲」絕不撤離，他是一個新型香港富豪，因為他就是從大陸來香港，靠市場規則發財，並且很多年私下救助海外流亡者，香港危機意味著他這一代商賈階層的終結，他不會像李嘉誠那樣選擇逃離，而是與香港共存亡，這將重塑香港抗議領袖的新一代符號，令城邦抗爭更接近全民意義，或許可以創造奇蹟，引領整個西方文明反敗為勝，終止「六四」屠殺的惡歷史，人類進程獲得新的起步。

「新冷戰宣言」

不久余茂春問我願不願走一趟加州？我說疫情洶湧，我這老頭子哪敢乘飛機？後來他叫了王丹和魏京生去，原來是到尼克森圖書館，七月二十三日龐培歐在那裡講話，彬彬有禮地批評了尼克森的錯估中共，然後他話頭一轉：

我今天的講話是一系列有關中國的演說的第四部分，歐布萊恩大使講到了意識形態，聯調局局長雷談到了間諜問題，司法部長巴爾講到了經濟。我今天的目標是為美國人民把這些彙總在一起，詳細闡述中國的威脅對我們的經濟、我們的自由乃至世界各地自由民主的未來意味著什麼。如果我們希望有一個自由的二十一世紀，而不是習近平所夢想的中國世紀，我們必須承認一個無情的事實並應以此作為我們未來幾年和幾十年的指導：與中國盲目接觸的舊模式根本做不成事。我們絕不能延續這個模式。我們絕不能重回這個模式。川普總統非常明確地表示，我們需要一個戰略，保護美國經濟，還有我們的生活方式。自由世界必須戰勝這個新暴政。

我沒去加州，卻在家裡好好回顧了一番，以尼克森為首的「熊貓派」，是如何步入中共布下的迷陣。在我的檔案裡躺著一文〈中共對美外交的步步為營〉，寫於一九九八年，那時我還在普林斯頓大學做訪問學者，沒有人相信我們說什麼，在周圍人眼裡，我們都是怪物。文章起筆於「收買季辛吉」：

中共憑藉操縱外商進入中國市場的許可，來影響美國的對華政策，頗為收效。其中最典型的，就是利用那些最可能從美國遷就中共的政策裡大撈好處的人，在美國政府和公眾當中不遺餘力地推動對中共的遷就政策，而其中最惹人注目的就是前國務卿季辛吉（Herry Kissinger）和海格（Alexander M. Haig Jr.），還有前副國務卿伊格爾伯格（Laurence Eagleburger）和前國家安全事務顧問斯考克羅夫特（Scowcroft）等。

如果這些人想為他的主顧（某家美國大公司的董事長）在中國市場上的競爭中贏得一項合同，那麼根據中方的要求，這場交易的條件是，這個公司要在美國為中國的利益公開辯護，或者安排美國的國會議員或記者團訪華；美國公司主管也可以通過這位「顧問」認識中共的高級官員，美國公司為此付錢給這位「顧問」，而這個顧問為了鞏固他與中共官方的私交，則要在美國公開支持取悅北京當局的政策建議。這種安排從來不會明顯地寫在商業合約裡，但人人都懂得這種交易。

季辛吉為中共一九八九年的天安門屠殺辯護是很著名的。就在屠殺的第二天，他同時在多家報紙上發表專欄文章，稱鄧小平為「中國歷史上偉大的改革家之一」，說鄧為中國「選擇了一個更為仁慈而較少混亂的過程」。美國國會呼籲制裁行動，布希當局正準備在一定範圍內採取相應措施，季辛吉卻在接受美國廣播公司（ABC）著名晚間新聞主播彼得・詹寧斯（Peter Jennings）的採訪時說，「我不會主張任何制裁」，「世界上沒有一個政府會容忍示威者占領首都的主要廣場達八週之久，」這種占領導致了失序和混亂，因此實行鎮壓是「不可避免的」。八九年十一月，他陪伴一個商務代表團到中國，見到了鄧小平和中國外長錢其琛，錢對他大為誇獎，回美後他在白宮又報告了與中共高層領導人的談話。季辛吉一年中會數度訪問中國，而中國的大門對他則永遠是開放的。

季辛吉總是迴避一個問題，即他能從他鼓吹的對華政策中圖到多少利潤。季辛吉的公司，Kissinger Associates，代表許多想在中國尋求商機的公司，而這些公司付給季辛吉大筆的錢。一九八九年他發表那些為中共辯護的言論時，他組建了一個名為 China Ventures 的股份有限公司，與他的老熟人榮毅仁負責的「中國國際信託投資公司」合資在中國投資。美國全國民主政策委員會（National Democratic Policy Committee）的 Scott. Thompson 在參議院外交關係委員會的發言中指出，季辛吉確實從那些在中國有投資的公司那裡拿到大量酬勞。

顯然，由於季辛吉這樣的美國前高級官員又從中幫忙，使美國產生了一個新的強大的中國遊說集團，這個集團不願意批評北京當局的人權紀錄，反對與中國「對抗」或制裁中國，並藉此撈到了可觀的利潤。此中要害是季辛吉、海格所扮演的雙重角色，他們利用自己的名望和影響力公開地或私下地推動美國的政策，然後個人也從中國漁利，這個樣式，其實就是後來在中國氾濫成災的腐敗模式。

那時候，中共成功打破西方對華制裁，乃是頗有研究價值的一段中國外交史，足可列為美國對中國政治研究的一個課題，即「分化西方」，至今如此：

「六四」後中共的對美外交，從一開始就不純然是被動式的「韜光養晦」，而是力圖影響美國的公眾輿論和政府決策；不僅僅是無孔不入的活動，包括私下遊說的宣傳、威脅和恐嚇，還包括購買或盜竊技術。美國政府和公眾對中國問題的種種爭論，已經被一個極具影響力的由原美國高級官員組成的集團所支配，而這個集團的人則通過推銷他們所主張的對華政策獲取暴利，中共慣於以發動經濟戰相威脅，企圖這樣來改變美國的國家政策，這種做法在美國對外關係史上是罕見的。

中共當年「懲罰波音公司」的深遠意義。總理李鵬一九九六年取消了購買波音飛機的承諾，改從歐洲的空中巴士公司購買了價值十五億美元的飛機。他極為露骨地說明了採取這個做法的原因，因為歐洲領導人在「對華合作時不附加政治條件，而美國人卻任意地威脅要制裁我們。」可是具有諷刺意味的是，中國的對美政策之所以能明顯地收效，恰恰就是因為中國政府把經濟和政治拴在一起，用經濟上的利誘和懲罰來向美國索取政治讓步。

卸任的美國國務院東亞事務助理國務卿溫斯頓·羅德十分灰心喪氣地說：「我們在中國問題上最大的一個難題就是，當我們對付中共時，我們在歐洲和日本的盟友們卻拖我們的後腿，把合同搶走。」今天，這種策略已經進一步挑唆法國的反美情緒，最近法國總統席哈克北京之行，不僅簽了十二億合約，還同中共一道譴責「美國霸權」。

中法的這種「合作」，無非是冷戰時代戴高樂與毛澤東合作的翻版，但值得思考的是，錢其琛在一九九〇年就提出「分化瓦解」、「充分利用西方各國之間的矛盾和美國統治集體內部的矛盾」的策略，七年後開始「見成效」。

通過西方左傾知識分子影響西方輿論，是中共對西方分化的另一個層面，也是中共國際統戰的老把式。五十和六十年代，中國只准許很少的外國記者和作家進入中國，這些人被中國稱為「中國的朋友」；其中著名的，一個是瑞士作家韓素音，另一例子是美國記者愛德加·史諾，在只有極少數美國人能去中國的「文革」年代，他居然能去中南海，進入毛澤東會見外國貴賓的客廳與毛長談。還有一些外國人如美國記者安娜·路易絲·斯特朗，紐西蘭作家路易·艾黎等，澳洲共產黨員 Wilfred Burchett 等，也屬此類。

自「蘇東波」以來，西方左傾思潮一蹶不振，中共控制西方輿論需另求其道，開始運用各種手腕、造就出一小群新的「中國的朋友」，辦法是去中國的簽證、到各地旅遊的許可，以及進入中南海會見領導人的特權等。

但是由於效果不彰，西方輿論對中共的基本調子仍是負面居多，因此中共開始採取一套新的做法，被稱為「殺雞儆猴」。最先遭此「待遇」的，是哥倫比亞大學教授黎安友（Andrew Nathan），只因他為毛澤東的私人醫生李志綏寫的回憶錄作了序，從此中共不准他再進入中國大陸，這對於一個以中國政治為主要研究對象的學者來說，自然是一個損失。

接下來，曾經公開批評中共違反人權的美國學者和作家，或者在申請訪華簽證時被拒簽，或者是被要求參與一場尋求著名美國人支持中共政策的活動、以此換取訪華簽證。以中國大陸為主要報導對象的著名自由撰稿人夏偉（Orville Schell），曾出版過幾本關於中國的書，自從九十年代初以來就再也拿不到簽證，原因是他參與了「人權觀察」的活動。

普林斯頓大學東亞系教授林培瑞（Perry Link），「六四」以後幾乎年年可以得到有效簽證進入中國，但一九九六年八月卻在北京首都機場海關被拒絕入境，還把他在旅館裡扣留了整整一夜，於次日晨將他送回香港。林培瑞事後說，當他被扣押在旅館裡時，有四個公安局官員在房間裡通宵值班看守他，他們把房間裡的電話也切斷。

夏偉分析，從總體上來看，中共在試圖控制外國的中國觀察家這一點上是相當成功的。中方製造的恐嚇確實使許多外國學者和記者講話時小心翼翼，他們害怕成為中共的「不受歡迎的人」。他說，其實西方的中國問題專家完全知道，這本來就是中共對付它自己的知識分子的手法，這種政治上排斥異己的威脅手段不僅在中國國內十分有效，而且對外國記者和學者也產生強烈效果，因為這些人為了保住目前與中國相關的職業，需要去中國，所以對中共有所依賴。

美國有一小群中國問題專家避開「冒犯」中共，依然可以獲得與中共高層官員接觸的機會，所以反而與當年的韓素音、史諾一樣「走紅」，為白宮非正式地提供諮詢，為美國大公司或政治名人的中國之行「護航」，也發表關於中國政治的學術分析，在政治上充當中共的辯護士。可是，這些美國的中國問題學術菁英所面對的，是一個不僅排斥本國異己、也排斥外國批評者的中國政府，只要這些美國學者在某些問題上冒犯了中國政府，他們去中國作調查研究的路就被堵死了，他們的學術生涯就會因此終結。那些保持與中共官方良好的接觸管道的美國政治學者們，通過這些接觸還能瞭解中共領導人是如何想問題的，這些知識確實頗為實用；他們發表的關於中國政治的文章就有參考價值。但在一些問題上，比如毛澤東的聲譽、人權、中共對台灣的軍事恐嚇、中國對西藏的控制，北京當局緊緊地盯著，這些學者就只好要麼是說些奉承之詞，要麼乾脆緘口不言。

以致今天，美司法部長巴爾呼籲矽谷和好萊塢停止向北京磕頭，近乎悲憤說：

中國共產黨思考的是幾十年和幾百年，而我們傾向於聚焦下一季的盈利報告。

耗費三十年看懂這一點，很不錯了。時至今日，德國人還是三十年前美國人的認知水準。從二〇一六年起，中國已取代美國，成為德國最大的貿易夥伴。德國經濟部長阿特麥爾在接受美媒採訪時表示，考慮到可能的經濟後果，德國拒絕對中國實施「更嚴厲的措施」。有意角逐下屆基民盟（CDU）主席的德國聯邦議會外事委員會主席羅特根認為，「中國太大、經濟太強、科技太先進，制裁沒用」。

文明文化差異，是一個障礙。美國剛剛醒來，德國還沒醒。

邊緣人集團

美國學術界的中國政治分析，一向以結構功能主義、官僚菁英政治和利益團體等分析模式，預測中國高層政治事務和變數，作為白宮對華政策的參考。這種微觀取向二十多年來處於主流地位，較著名的如前麻省理工學院的白魯恂（Lucian Pye）結合延安作風、列寧主義、毛澤東模式和世代派系來分析預測中共的所謂「克里姆林宮學」，以及奧森伯格（卡特時期白宮中國問題顧問）以短期預測中共領導人言行的官僚政治分析模式。但它因未能預測天安門事件和「六四」屠殺這些巨大變動而倍受質疑，漸次衰微。從最近六年的情形來看，似也未見哪位策士提醒白宮注意鄧小平的「韜光養晦」之計，而這是最典型不過的「以言行作短期預測」。

一種宏觀取向在一九九一年春的亞洲學會第四十二屆年會上出現，主張跳出官僚政治模式的窠臼，擺脫以「國家」為唯一分析單元的偏見，多作非國家因素（地方、社會、民意、文化）研究和比較（與東歐和前蘇聯）研究。可是，我們依然未能見到對中國政經形勢的準確把握。

比如，中共在後冷戰時代的重大戰略變更，並未引起西方的注意。基本上，中共把社會主義與資本主義的較量，從冷戰形態轉換成另一種經濟競爭的形態，嘗試極權制度以市場經濟改革而存活下去的途徑。他們卻正是通過西方的經濟學觀點，看到了相當大的可能性：經濟生活的國際化、區域集團化（西歐、北美、東亞三個「經濟圈」的出現）使美國主導的「世界新秩序」矛盾叢生；跨國公司和跨國銀行對世界經濟和貿易的控制，是超制度超國界的，其利潤第一的本質決定了中國巨大市場在國際事務中的舉足輕重；全世界居民不分國籍都更喜歡舶來品，使勞動力低廉的中國對西方具有長期的競爭優勢。因此，他們認為：

——世界經濟處於低潮，發達國家在衰退和滑坡，「我們所處的東亞地區，又經濟最活躍，發展最快」，「我們可以利用矛盾，趨利避害」，「儘快調整產業和產品結構，提高國際競爭能力」；

——「國際上資金短缺將會長期存在，但我們周邊的日本和四小龍卻有剩餘資金提供」，「我們有天時、地利、人和之便。只要不斷大力改善投資環境，特別是加快體制改革，我們在引進外資上仍有較大活動餘地」；

——世界軍備競賽下降，各國都在調整戰略，九〇年代是發達國家和新興工業國經濟轉型時期，「這對我們也是一個重要機會」，「可利用他們轉型的時機，引進設備，填補空缺」……

總之，一九九二年以前中國充分認識到經濟發展的外部環境的有利性，並且強調「危機感和緊迫感，絕不再喪失這次有利時機了。」鄧小平的基本思路，是在國際間絕不取代前蘇聯挑頭與美國抗衡，而是偃旗息鼓，開放市場，養精蓄銳（增強綜合國力），待以時日。不錯，中共的確是在「走進」國際市場和「大家庭」，可它不是來當「乖孩子」的，不信你等著瞧。

對一個傳統破碎無以維繫民間社會和價值體系的東方大國，只作政治和經濟的研究，終究是浮面性的。尼克森那種以為「接觸」就能誘導中共同他一道玩西方「遊戲規則」的幻想，反映了他在文化層面上根本不懂中共這個特殊的政治集團。

亞洲學會第四十二屆年會上出現的比較研究，一般都傾向於同蘇俄和東歐的比較，如拿鄧小平與戈巴契夫比，以致在華盛頓的政治圈子裡，至今弄不清江澤民和喬石誰更「戈巴契夫」一點。威斯康辛大學的政治學教授傅禮門（E Friedman）提出一種「後現代封建專制體制」來命名列寧主義國家，也是拿二百年前西歐封建制崩解後英、法、德三國的不同道路，來比附中共政權系統性危機。這種研究自然是新的分析模式，但仍嫌離中國太遠。為什麼不能從中國自身歷史的演變中來分析中共呢？取這種研究角度的學者，我只見到一位：普林斯頓大學歷史教授余英時。

余英時始終只從中國傳統興衰的內在邏輯去分析中共和它的領導人，特別是毛澤東，逐漸形成一套迥異於美國「中國通」的思考模式。這從他對中國研究泰斗費正清的評價中，可以看到一些脈絡：

——費正清和他同時代的「中國通」都有一個致命傷：認為中國歷史上的王朝體系、儒家正統，是與當代出現的一黨專政、馬列主義一脈相承的，無視了中國傳統與中共最本質的區別：後者摧毀了整個民間社會，獨占全部社會和生活的資源，卻不代表任何階層人民的利益；

——費正清所瞭解的帝制中國，只有士農工商，而不包括「邊緣人」這一範疇，以及另一種中國傳統：社會邊緣人的造反傳統，其最大特色之一就是鄙視社會上共同遵守的一切規範和價值，行事肆無忌憚，奪權和保權都不擇手段；二十世紀出現的「邊緣人集團」更形複雜，其拒絕常規化、迷戀權詐、好鬥否定性格均登峰造極，令中外帝王梟雄望塵莫及（對毛澤東的分析尤為具體）；

——徹底的現實主義，即美國利益第一，是費正清討論美國對華政策的最高原則，由此衍生雙重標準，認為民主並不適合中國，「在中國維持有效的統治」才符合美國利益因而也符合中國利益。

沒有比這更一針見血的描述了。至今美國的中國研究走出費正清多遠，也還難說。不過，我最感興趣的，不是美國學者如何，而是余英時提出的這種「邊緣人性格」，一語道出鄧小平「韜光養晦」的本質，也揭示了自尼克森以來同中共打交道的一個誤區：向一個鄙視一切規範和價值的對手，你能教給它什麼遊戲規則？這六年來究竟美國改變中國什麼？一個「最惠國待遇」，變成了美國總統派去的各種助理國務卿們，手把手地教會了他們「玩弄」美國制度的訣竅。

對中國，從文化上會比從其它角度看得更透澈。余英時從中國文化的視角，進一步分析中共統治對中國人精神資源摧毀的嚴重後果，借顧炎武評曹操「毀方敗常」之語移用毛澤東，更點出了當代中國超政治超經濟的深刻危機。研究中國如忽略這個層面，則永遠是霧裡看花。比如無規則無誠信，絕非幾個中共領袖的人格問題，而已蔓延成普遍的社會性格，這樣的社會，治亂興衰都不會在西方哪個學派的分析模式之內，始終是不可預測的一個異數。於是，我們又只好回到費正清的現實主義：在中國維持有效的統治，便對大家都好——這是不從中國歷史自身的內在邏輯去研究中國所能得出的唯一輕鬆的結論。

印太聯盟

全球疫情之下，今春以來美中已然對峙，西方大聲索賠，中國則民族主義嚎叫，但是刀兵相見，卻在西太平洋，尤其是狹窄的台灣海峽。由於疫情對美國海軍全球部署能力造成沉重打擊，十一艘海軍現役航空母艦，就有四艘染上新冠病毒，且全都是部署在印太地區的戰艦，分別是羅斯福號、雷根號、卡爾文森號和尼米茲號，都暫停軍事移動，由此而使得中共的遼寧號航空母艦，得以穿越宮古海峽並繞行台灣東部，突破第一島鏈。

習近平「大國崛起」，「走向大洋練兵」，在南海吹沙造地，並對台灣進行海空環島巡航，並稱未來將以飛彈攻擊台灣的機場、雷達、通聯樞紐，然後大規模兩棲登陸，武力統一台灣。

台海未來難免一戰？中國有能力攻占台灣？

台海一旦開戰，美國會不會協防台灣？

美中對抗將會走到哪一步？雙方的優勢和劣勢在哪裡？

波托馬克文化沙龍，去年二月間，曾邀請華盛頓智庫軍事專家瑞克・費舍爾（Rick Fisher）分析、預測台海戰爭的前景和結局，並延伸到美中兩國的軍事戰略、科技與裝備及其軍事實踐，包括美中在南中國海以及整個亞太地區的較量，他給的題目好嚇人：A China-Taiwan War: Beginning or Ending of the China Century，一場台海戰爭或可結束「中國世紀」？我聽下來，Fisher 的預測，基本上是阻嚇中共不敢開戰的戰略，即人們常說的「不對稱戰力」，美國要讓中國知道，你打台灣就是要對美國乃至全世界開戰，令其估算開打自己便不能存活而不敢輕舉妄動。但是，他其實並沒有講美國將如何贏得這場戰爭。我提問「美軍不登陸中國就能戰勝它嗎？」他回答：在我們登陸之前它就垮掉了。

台灣對中共的防禦抵抗戰略，就是「不對稱戰力」，指台灣擁有一系列當共軍侵犯台灣時最不願意看到，也最難預期的戰力，它需要達到三種效果：戰略上，打消共軍的犯台念頭；戰役上，使戰火燒到中國內地而得不償失；戰術上，使共軍聯合戰力難以施展而陷入癱瘓。七月十五日台灣漢光三十六號演習正執行「濱海決勝」階段，自由亞洲電台的「軍事無禁區」節目主持人亓樂義，乘勢解釋這種戰略，煞有味道：

> 如何能使中共打消犯台念頭？首先是「美國因素」。中共越是抨擊美台關係升溫，就越是害怕美國介入台海衝突所帶來的衝擊。美軍一旦介入，即便是間接方式或在戰區周

邊，都將使共軍攻台方案的難度係數大增，作戰方向更難掌握，甚至可能遭到美國盟邦的聯手抵制，而陷入外交被動。因此，蔡英文政府極盡可能，在地緣戰略上與美國取得一致性。這種戰略利益的交會，不僅帶來軍事效益，還會使中共面對外交孤立和經濟制裁，使其難以承擔動武的後果。

而中共的對台攻略，早就啟用「不對稱作戰」，運用輿論戰、心理戰與法律戰（又稱「三戰」），以及發動資訊戰和網路戰，散布假新聞，動搖台灣的民心士氣；還以經濟脅迫，逐步侵蝕台灣的經濟；同時支持代理人，深化對台灣各階層的統戰；並且以機艦擾台等準軍事行動，偵測並壓縮台灣的防禦能力及縱深。種種作為，遊走於「灰色地帶」，以「切香腸」方式，逐步鬆懈並瓦解台灣的防衛能力。

他在報導中提及一件有趣舊事：毛澤東當年曾說，奪取台灣主要靠「內應」和空軍，二者有一，即可成功；二者俱全，則把握更大。空軍和制空權有關，至今仍具現實意義；「內應」就是代理人或同路人，或在廣義上包含所有可以達到瓦解台灣民心士氣的島上資源，而廣義上的「內應」，達到一定強度時，往往能夠以非武力方式解決台灣問題。相較於動武，毛澤東更看重內應——什麼是「內應」，如今大家都看得很清楚。

七月國務卿龐培歐首次訪問東亞，美日印澳四國外長在東京舉行「四方會談」，要維護「自由開放的印度太平洋」，實質乃是組建一個「亞洲小北約」，以對付咄咄逼人的中國，先有此四大國結盟，便可在未來延攬諸如越南、泰國、台灣、馬來西亞、菲律賓、印尼等亞太小國加入，組成一個「印太多邊框架」，仍要在「第一島鏈」封住中國，這個框架中，台灣舉足輕重，是顯見的。

東亞早在三十年前就應有這個架構，遲至今日才來建構，就是美國與國際社會被北京「韜光養晦」懵了三十年。三十年前我就從東亞來到北美，最初主辦的《民主中國》雜誌上，發表過一文〈工業東亞的重組與前瞻〉，談的就是這個架構，文章一上來先談東亞缺乏區域性架構：

> 自五十年代初朝鮮戰爭以來，東亞的區域政治，基本上只是美蘇戰略對抗的一個次要的投射點。朝鮮半島的三十八度線、中南半島的北緯十七度線加上台灣海峽，既成為美蘇之間的一條冷戰疆界，也構成了東亞的一道屏障。東亞地區便在這個結構下持續了四十年的相對穩定。日本的「經濟奇蹟」和亞洲四小龍的經濟起飛，都是在這個架構和這段穩定期內實現的。
>
> 構成這種區域戰略穩定的因素主要有三個：一是軍事咄咄逼人的蘇聯；二是與之相抗衡的美日安保條約以及加盟於此的台灣、韓國；三是經濟、軍事實力落後、但奉行獨立的外交政策（與蘇聯分庭抗禮）的共產黨中國。這種結構保持了東亞區域的戰略均勢和穩定，為經濟發展提供了現實架構上的保證。工業東亞正好是美蘇冷戰的產物。如果沒

有朝鮮戰爭、越戰，沒有毛澤東與蔣介石在台灣海峽的對峙，就不會有工業東亞。

然而冷戰的結束，使得這種區域性架構崩解。首先，蘇聯帝國的解體使得俄國在這個地區的實力絕對下降。短期內，俄國將會被國內經濟、民族問題所纏擾，無力東顧。對東亞來說，至少本世紀內不會有來自俄國的軍事威脅。其次，失去了蘇聯這個對手，加上國內經濟的衰退，美國在東亞的影響也相對減低，而作為超級經濟強國的日本在這個地區的作用相對上升。再次，經濟高速發展的亞洲四小龍等新興工業國在區域政治中的作用也將大大增加。最後，改革的中國對這個區域的影響無疑會增加，但這種影響具有極大的非確定性，從根本上來說它取決於中國國內政治的變化。

文章分析了東亞四股勢力之間錯綜複雜的縱橫捭闔：

美國——大買主、中間人與緩和者，由於遠在新大陸，同東亞沒有領土糾紛，再加上歷史上美國在亞洲的參與，使得它大概是亞洲各國唯一均可接受的所謂「善意的超級大國」（Benevolent Superpower），然而：

亞洲的國家主義、民族主義上升。去年，菲律賓宣布停止租用美軍基地。一九八九年，石原慎太郎和索尼公司總裁合著的《日本能說不》在日本暢銷是又一個信號。日美經濟摩擦和美國人敵視日本的情緒，都在刺激日本的國家主義。相比之下，更大的制約則來自美國國內，這就是美國人越來越強烈的「國內事務取向」（Inward Looking）——美國經濟的滯脹、高達四千億的財政赤字、國會對白宮的限制，都使得美國對亞洲已力不從心，從冷戰期的亞洲局勢主導者漸漸降為區域性的平衡因素（Balancing Force）。這一點，在台灣問題上尤其明顯。去年底正值台灣島內獨立浪潮高漲時，筆者曾與主持制定美國冷戰後戰略政策草案的國防部第一副部長保羅．伍佛維茲有過一次談話，我談到台灣有些主張獨立的人士認為如大陸對台用兵，美國會直接干預，保羅說，美國唯一能做的事，只能是在中國動武之前警告台灣當局不要去做蠢事。

日本——盟主地位受到挑戰，尤其二次大戰留下來的創傷，使日本在亞洲的政治形象同它的經濟地位極不相稱，但是最要害的是日中關係：

歷史上日本是中國的最大挑戰者，而未來中國則是日本的最大挑戰者。日本對華政策之兩難，一如北京對東京的態度。一方面，日本不願失去中國這個巨大的市場；另一方面，對中國的經濟和軍事實力的增長又感到擔憂。然而，當日美關係和中美關係都趨於緊張的情況下，日中關係卻明顯地接近了。這種微妙的情形，在「六四」以後更加表面化了。日本不願加入西方對華經濟制裁，日資趁機進入華、港，從一九八九年十二月開始，日本成為香港最大的外來投資者，日資占香港銀行存款總額的百分之五十六。日本為自己的做法向美國辯解說，中國之於日本，並非如美國那樣只是一戰略籌碼，可重可輕；中國是日本的近鄰，戰略利益息息相關，日本不能輕易得罪中國。

朝鮮半島——冷戰後七種新的局部戰爭爆發點之一，全世界都高度關注北韓的核武器問題，而這又同南北韓的統一問題聯繫在一起：

南北韓統一的進展比人們預期的要快。但何時能最終完成，誰也不知道。能夠預見到的大概有三點：第一，蘇聯解體後，北韓已成孤勢，去年經濟增長是負數，軍費開支高達GNP的百分之十到十二，而韓國的GNP大約是北韓的十倍，所以，統一的條件將更多地由南方決定；第二，最終解決還要取決於美、中、俄、日四個大國的態度，即所謂「兩小加四大」的模式；第三，德國統一的模式大約不會在朝鮮半島出現，韓國目前採取的態度是漸進模式。

與朝鮮半島問題相聯繫的所謂「東北亞經濟區」，對東亞的發展意義頗大。去年底，在庫頁島召開的，由日本宣導，日、俄、中、韓諸國學者參加的關於東北亞經濟發展會議上，日本學者提出包括日本、韓國、俄國的遠東尤其是庫頁島一線、以及中國東北、山東在內的所謂「日本海經濟圈」的設想，其意圖很明顯：庫頁島的豐厚石油和天然氣資源以及中、俄兩國的廉價勞動力，對日本極有吸引力。

中國——大中華經濟圈：

在南中國海域，也有一個經濟圈在醞釀，這就是「大中華經濟圈」。筆者曾力圖對此作一界定，按我的理解，「大中華經濟圈」應包括大陸、香港、台灣、新加坡以及海外華人的某種程度的經濟整合。這些區域間的經濟確有很大的互補性，且有共同的文化傳統作基礎。不過，在我看來，「大中華經濟圈」宣導者的一個未言明的目標，同東北亞經濟協會宣導者一樣，是針對工業東亞大中華經濟圈的盟主日本而提出的。這深刻地反映了工業東亞在冷戰後重組的新趨勢。

目前，大陸東南沿海諸省與香港、台灣及海外的經濟已呈極高的一體性。香港是大陸最大的外來投資者，它有百分之七十五以上（約七百萬）的勞工雇在廣東；台灣去年與大陸的轉口貿易超過五十八億美元，直接投資額達十億美元。哈佛大學著名東亞學者傅高義教授，已把廣東與香港加在一起，稱為東亞的第五條小龍。應該說，中國南部、香港、台灣這一地區，中國東三省、山東、朝鮮半島和俄國的遠東地區，在本世紀末和下個世紀初，將是再創經濟奇蹟的地方。尤其是所謂「大香港地區」，很可能成為本世紀全世界經濟增長最快的區域。

三十年後我們發現：
一、「工業東亞」煙消雲散；
二、「大中華經濟圈」被中國崛起取代；
三、「東北亞經濟圈」始終沒有出現，朝鮮依然是一個「核爆點」；
四、日本一直在美中之間掙扎、投機；
五、中國「民族主義」勃興成為集權的幫凶；
六、中國經濟起飛、制度倒退；
七、美國過早撤離亞太，乃是這一切的主因。此文的預測一條都沒實現。

博明談五四

二〇二〇年「五四」，博明以流利普通話談中國的「五四」。一百零一年後竟然是一個美國人，以「曬中文」的方式談「五四精神」，他還是白宮副國家安全顧問，「五四」精神在中國本土的衰落，於此可見一斑。

博明四日參加了維吉尼亞大學米勒中心有關美中關係的線上研討會，並發表主旨演講。他問道，「五四」的最終遺產將是什麼。「這個問題，只有中國人民才能回答啊。五四運動屬於他們。『五四』的民主願望還會等到下一世紀嗎？『五四』的核心思想會不會每次都被官方的審查而抹掉？今天仍然堅信這一主張的人會被稱為『不愛國』、『親美』、有『顛覆性』嗎？我們知道共產黨會盡量這樣做的。」

他說，像李文亮醫生這樣的具有公民意識的中國人才是「五四」精神的繼承人，呼籲「少一些民族主義，多一些平民主義」。他稱，推動英國脫歐、川普勝選背後的核心力量，和五四運動的如出一轍，即是平民主義（populism），他將populism翻譯為平民主義，不譯為「民粹主義」，是要強調這股力量推動以民為重的政府。他還說，追求民主來自中國傳統思想，而台灣就是華人社會民主實踐的活生生證據。

現年四十六歲的博明，是一個傳奇人物。他在麻薩諸塞州立大學學習中文和中國研究，一九九八年至二〇〇五年擔任路透社與《華爾街日報》駐華記者，屢屢遭到騷擾，包括採訪消息來源時被政府情報人員錄影、被員警追趕時被迫把採訪筆記丟到馬桶裡、在北京的一家星巴克咖啡店被「政府打手」毆打。

然後他回美國參軍，成為美國海軍陸戰隊的情報人員，這時他已年齡偏高、體重超重。他是偶然看到一名美國公民被伊拉克恐怖分子斬首的視頻後，下決心參軍的。他說：「我們經常談論我們的政策怎麼讓中東的年輕人極端化，變成我們的敵人，卻鮮少談論他們的作為如何使我們極端化。」博明二〇〇五年寫下的這段話，恰可用來形容今天華盛頓鷹派人物對中國的看法，美國對華政策轉為強硬，是中國近年來加強威權主義統治的結果，而非美國主動挑釁。

博明在軍旅中結識了許多鷹派軍人，進一步塑造了他對國際局勢的認知。作為海軍陸戰隊的情報人員，博明派駐過日本沖繩、阿富汗和伊拉克，結識後來擔任川普首席國家安全顧問的佛林（Michael Flynn）、前中情局局長大衛．裴卓斯（David H. Petraeus）。川普二〇一六年勝選後，博明隨佛林加入過渡團隊，在二〇一七年正式加入國安會，成為白宮中擁有中國實地經驗的少數高層官員之一。後來美國政府推出了多項針對中國的政策，包括疫情初期的中國停飛令、以「武漢病毒」稱呼COVID-19、停止資助世界衛生組織，乃至中止美國和平隊的中國專案、下令中國官媒駐美機構裁減中籍員工等等，博明都是重要背後推手。

博明也參與起草國家安全戰略文件，將中國明確為美國的戰略競爭對手，並稱其為「修正主義國家」。根據美國媒體報導，在與朋友的私下交流中，博明曾指，中國國家主席習近平正將中國帶往更加危險的極權主義社會。

憑藉SARS其間駐華記者經驗和人脈，博明很早就察覺到新冠病毒疫情事關重大。當年他也是第一個致電中國外科醫生蔣彥永的外媒記者。博明在一月初就曾與採訪SARS時結識的香港流行病學家通話。博明的妻子Yen Pottinger是一位經驗豐富的病毒學專家，曾供職美國疾控中心；他的哥哥保羅．波廷格（Paul Pottinger）也是華盛頓大學的一位病毒學專家，還參與治療了美國的首批新冠患者。博明認為北京對疫情處理不當、欺瞞真實感染規模。一月十一日，中國公開首宗新冠死亡案例，包括博明在內的一個白宮幕僚小圈子就開始每日開會研討疫情，但是博明的防疫建言並沒有馬上被採納。

一月中下旬，當美國還未發現首例新冠確診病例、總統川普讚美北京的防疫應對時，白宮內對華鷹派與鴿派正纏鬥不已，一邊是納瓦羅、博明等鷹派，另一邊是主張維護中美經貿合作的經濟幕僚姆努欽等，延宕了美國對疫情的應對。

博明在一月份就懷疑，病毒可能來自武漢病毒研究所，並要求美國情報機關搜集證據。他認為實驗室洩漏病毒一說有諸多間接證據支持。他的觀點也影響了總統川普與國務卿龐培歐，川普最終在一月三十一日採納了博明的建議，下達中國入境禁令。

博明盛讚許多中國人表現出了道德和行動上的勇氣，他列了一個名單，包括許章潤、任志強、許志永、伊利哈木、方方以及數百萬為了追求法治而和平示威的香港市民，他說這些人都是「五四運動」的領軍人物胡適、張彭春以及後幾代人的共同繼承者。

博明提到的另一個「五四運動」的領軍人物張彭春，在五四時期組建南開新劇團，曾把《花木蘭》和梅蘭芳介紹到西方。這個張彭春，我卻很陌生，一查才知道是一個「五四」的大才子。

張彭春（一八九二年四月二十二日——一九五七年七月十九日），字仲述，天津人，中國戲劇家、教育家、外交家、哲學家，南開校長張伯苓的胞弟，所謂「津門二傑」。他還是聯合國人權委員會副主席暨《世界人權宣言》起草委員會副主席。

張彭春引進儒家思想，建議把「仁」——「兩人同懷」或同情，放進宣言。「應該強調人權方面，」張彭春說，「作為人類，他必須經常意識到他人，與自己生活同一社會中的其他人。」

多年前，我曾聽余英時教授跟哥倫比亞大學的黎安友（Prof. Andrew Nation）教授辯論，黎教授說，中國傳統沒有「人權」思想，余先生不同意，說儒家「仁」的思想，就是「人權」的因素，「仁」就是兩人、他人。現在才知道，這可能就是從張彭春那裡來的。

五四時期，張彭春還同胡適、徐志摩、梁實秋、陳源（西瀅）等文友籌備組織文學社，社名尚未確定。張彭春便把「新月」二字推薦給朋友們，此即「新月社」的來歷。

張彭春一九五七年七月十九日因心臟病發作，逝世於美國紐澤西州，終年六十五歲。被故土遺忘的中國人，常常會在西典或西方檔案裡，璀璨不已。

哈佛法學家瑪麗·安·葛蘭頓寫了《美麗新世界：〈世界人權宣言〉誕生記》，披露中文資訊裡失蹤的歷史細節，極為驚人。

地球上是否存在著每個人「生而為人」就應當擁有的權利？這些權利又都是什麼？這些問題從一開始就困擾著後二戰時代雄心勃勃的人權法理建構者們；雖然一九四八年十二月十日聯合國大會以無反對票的形式通過了《世界人權宣言》，但是八張棄權票預示，各國、各民族之間存在的巨大文化與政治差異，如何找到可以普遍適用的國際標準？

人權委員會副主席、中國代表張彭春對第一條的表述，「所有人都被『上帝』或生而賦有理性和良心」提出異議，他說他的國家擁有占人類相當大比例的人口，卻擁有不同於基督教西方的理念與傳統。

他認為，《世界人權宣言》應當與「盎格魯—美利堅」傳統國家更具有個人主義色彩的權利文件有所區別。

他強調，聯合國的目的應是增加人們的道德高度，不是促進自私的個人主義。要理解權利就必須將其與義務相聯繫。一個人只有意識到他的義務，他的道德水準才會進步。以上對於權利與義務之間關係的強調，最終被體現在《世界人權宣言》第二十九條中。

《世界人權宣言》在討論中也爭論是否刪去第一條中「親如兄弟」般對待他人的表述，張彭春又成功地說服大家接受將這一表述置於文件開頭，避免讓《宣言》中的權利看上去顯得具有個人主義色彩。也就是說，張彭春以他的智慧，將儒家的「仁」引進宣言，也就是在普世價值中楔入中國傳統，何等了得。

張彭春作為「妥協藝術大師」的能力，無疑要歸功於他對多元文化的廣博學識。他長時間致力於讓西方更瞭解中國，同時讓中國人熟悉其他傳統的理念。張彭春於一九四〇年至一九四二年擔任中國駐土耳其大使，一九四二年至一九四五年擔任駐智利大使。這使得他對伊斯蘭文化產生了興趣，並系統地認識了南美國家存在的問題。作為中國高雅文化的愛好者，他還曾宣導將中國戲劇、戲曲和文學的財富呈現給西方的觀眾。

茂春好風度，灑笑「賣國賊」

很多人第一次聽到「余茂春」這個名字，都是通過《環球時報》總編胡錫進在微博上公布有關余茂春的資訊，稱「美國惡毒的對華政策，據說很多出自這名華裔」。

不久，中共前總書記趙紫陽的政治祕書鮑彤在推特上轉發了一則視頻，並寫道：「改寫歷史，留此為證，余茂春被重慶永川中學除掉高考狀元」。視頻顯示，一名石匠正在吃力地用鐵鑿除去余茂春三個大字，這是重慶永川中學正在把他的高考狀元的大名從石碑上鑿除。

余茂春是重慶永川中學高考狀元，一九七九年考入南開大學，永川中學引以為傲，為了永久紀念，把該校極為罕見的幾位高考狀元的大名銘刻在校園的石碑上，其中一行刻著一九七九年文科狀元余茂春。

該視頻被大量轉發，下面跟著很多評論：

早晚有一天，這個名字會再刻上去。

真搞笑，名字給鑿了他就不是狀元了？

余茂春值了，這份塗抹只會使得他的人生更為卓越和精采。

到了今年八月，「環球網」再發文，語調上升到直接開罵了，文章直接將余茂春定性為

「賣國賊」，並稱「將被釘在歷史的恥辱柱上」。

然後中國的所有媒體都加入行列，掀起一陣痛批余茂春的罵潮。

網上更流傳出一段視頻，顯示余茂春故鄉安徽的余氏一眾族人召開名為「憤怒聲討漢奸余茂春」的會議，主題之下的小題訂明是「開除余茂春族籍、驅逐出族譜」。

據媒體瞭解發現，余茂春自幼隨父母移居重慶，他在安徽並無直系血親。

一些海外學者對中國媒體的狂罵及所作所為覺得不可理喻。美國芝加哥大學政治系教授楊大利認為，中文世界裡對余茂春的許多批評「很不公允」。他指出，美國共和黨與民主黨已就對華政策取得很大共識，余茂春作為一個幕僚，必定參與目前美國的政策制定，但「不是任何一個作為顧問級的人物在美國行政機構能夠影響國家決策的，美國的對華政策不可能因為一個教授而完全轉向」。

澳洲蒙納許大學從事中國研究的高級講師凱大熊（Kevin Carrico）認為，作為一名美國公民，余茂春利用自己在中國方面的專業知識幫助美國制定外交政策是「標準操作」，而中國從官方媒體到民間的激烈反應則「不標準」：

> 這凸顯了中國從官方到民間的一種焦慮感，他們渴望有中國血統的成功菁英忠誠於所謂的「祖國」，順應他們所有的政治性假設，但現實是，每個人都有表達自己政治觀點的自由，許多政治觀點就是與北京的極端性預設不一致。

我跟余茂春多年交往，這次怎能默不一言？於是八月十三日在臉書發帖：

余茂春被中共扣「賣國賊」帽子，莫大榮光，由此他榮升劉曉波同一級別，別人嚮往這份殊榮還不得呢。

二〇一七年七月十日，明鏡電視主持人陳小平採訪我，上來就問：劉曉波被中國政府塑造為「賣國賊」，八九以後很多文章批判他，而你把他稱為「民族英雄」，你是怎麼定位他的？我答道，共產黨用「賣國賊」來形容劉曉波，這是它的一頂帽子，實際上共產黨罵我「賣國賊」，比罵劉曉波還要厲害，因為它罵《河殤》嘛，《河殤》讚揚西洋文明，批判中國傳統，是不是？共產黨其實是最反傳統的，但是這時候它需要利用傳統了。不值一提啦，他們才是賣國賊，現在咱們看得很清楚，你採訪郭文貴先生，他說共產黨是盜國賊，其實他們是先賣國、再盜國，因為共產黨把中國老百姓當成廉價勞動力都賣給西方，他們從當中分一杯羹而已。

「賣國賊」是民族主義話語中的一頂帽子、一根棍子，因為中國攤上了一段近現代「恥辱史」，無非是華夏文明衰落了，新興的西洋文明跑來做生意，偏偏滿清自大顢頇，於是人家使上堅船利炮了。那會兒李鴻章辦洋務，就被國人罵為「賣國賊」。

一八九五年甲午戰敗後，李鴻章向伊藤博文簽下《馬關條約》，賠款白銀兩億六千萬兩、割讓台灣，直隸布政使陳寶箴見光緒「泣曰：『殆不國矣！』」其子陳三立自武昌致電張之洞：「請奏誅合肥以謝天下。」——這陳氏父子，恰是陳寅恪的爺爹兩代。史家唐德剛稱李鴻章是「四化」祖師爺，並稱：「『同治中興』這幫科甲正統出身的名臣，都是槃槃大才，老實說，後來我們及身而見的國共兩黨之內的高幹黨官，有幾個能和這大群翰林進士之中的『文』字輩人物相比。」

晚清自林則徐禁煙以來，與列強輕啟戰事而招禍，至甲午重創，始覺亡國滅種，遂成近代激變起點，一發不可收拾。然而華夏並未「亡國滅種」，只是一路積弱下去，老祖宗留下的「儒法道」皆不頂用，於是「崇洋媚外」加激進主義，最終從西方選了個最壞的馬克思主義，還添加了一份最惡劣作料列寧主義，究其緣故，乃中國後來又被日本入侵和占領，而躲在西北等著「摘桃」的一個土匪集團，日後奪取了江山，於是成王敗寇，民族前途與意識形態皆任其來選，沒得商量。

毛澤東特別珍惜近代鑄成的這份「國恥」遺產，不肯讓它隨歲月逐漸蕩滌消融，特將其鑄鍛成一份「政治的、意識形態的、修辭的、情感的」的武器，其中便有「賣國賊」這根棍子，用來打擊任何反對這個政權的人，大家別忘了，老毛給他的「第二把手」劉少奇扣的帽子是「叛徒、內奸、工賊」，而給他的「副統帥」林彪扣的是「叛徒」、「叛黨叛國」。毛澤東不是什麼「天縱英才」，不過是個將民族的舊時之痛、切膚恥辱不斷炒作、搬弄的無賴，其惡劣性質，一如他感謝「皇軍占領大半個中國」救了共產黨。

這個歷史掌故早已褪色，我們再看近三十年共產黨向西方出賣中國廉價勞力謀取暴利的「全球化」勾當，其洞開國門，向西方輸送利益，朱鎔基年年到歐美拿大訂單、撒銀子，「新洋務」十年之間，中國廉價產品使美國消費者節省了六千億美元，從晚清賠款走到「世界大工廠」，中國用了一百六十年，西方列強當初賣你鴉片，也是逼你做生意嘛，一百多年的「國恥」中國人算是白受了，也再清晰不過地顯示，誰才是貨真價實的「賣國賊」。

可憐的是，中國吃瓜大眾出賣勞動力，只換得糊口銀兩，還得活在「新三座大山」之下——教育、醫療、住房三波「商品化」，將中國人民送回「舊社會」，民間有諺云：「房改是要把你腰包掏空，教改是要把二老逼瘋，醫改是要提前給你送終！」而翻身不得的根源，乃是當年毛澤東鍛鑄的「民族主義」，至今還是他們的一副精神枷鎖。

不久有報導說，美國政府擬禁止對所有中共黨員發放赴美簽證，並有可能取消中共黨員家屬的綠卡和簽證。消息傳出，中國網民一片歡騰，有順口溜稱：反腐靠川普，倡廉靠美國。

習近平「轉攻為守」

九月初，中國牆內瘋傳一段「中央北戴河會議的最新精神」，大力「宣傳抗美援朝」、發揚「上甘嶺精神」、備戰備荒，像一篇小學生作文，然而六十年代「我們的黑白電影」單子裡，也沒《上甘嶺》這部片子，而從電影裡發掘「我黨遺產」，是一個創舉呢。但說這是「北戴河會議新精神」，你信嗎？倘不在乎這些牆內詞彙的隔世陳舊和荒誕可笑，其釋放的資訊，乃是習近平已從「大國崛起」戰略轉移為收縮抵抗。

然而更重要的是，他並未對此前拋棄「韜光養晦」、轉而「大國崛起」的左傾盲動承擔責任，有驚無險地扭轉大戰略，亦未見他找誰來做替罪羊。從耍橫到裝慫，不需付「學費」，這算「新極權」的一個特徵？

但這不符合中共一貫性格和作風，即錯誤路線執行者必須負責下台，乃是此黨「偉光正」的訣竅，也是毛澤東「戰無不勝」的貓兒膩，否則該黨會遭受巨大損失，早就掛掉了；否則從劉少奇到林彪，把老毛累得賊死，把全國人民也折騰個溜夠，不都白瞎了？

看來這次「北戴河」神祕不宣，應是政治局常委們接受習的「轉舵」而不追究責任，任「小學生」繼續瞎鬧。但是，這一點或許恰是此黨當下的「成熟」，因為西方大夢初醒，正興師問罪，而海外「換人」呼聲震天，此局勢下「團結」才能共度危機，換習恰恰「要上帝國主義的當」。

這便意味著，該黨自覺他們的「合法性」並未損失殆盡，仍可繼續為「習極權」支付代價；而國內百姓亦未覺得「換制」有那麼要緊，或反正也換不了，就讓習「下一盤很大的棋」吧。

一般的說法，是習不僅顢頇，也深通權術，乃中共三十年未見的狠主，直逼老毛。其實，六四屠殺以降，「合法性」成疑，該黨若不走普世價值道路，只有相反走集權道路，而且必須越來越極端，俗話說，螺絲越擰越緊，鬆一扣就滑絲了，所以該黨的前景，就是呼喚強硬獨裁者，而犧牲社會發展和大眾利益，且必須走到與西方和國際社會死磕的那一步，這是屠殺已經預設的前景，西方耗三十年從生意吃虧上才看到這一步。

習近平回頭發掘毛澤東遺產，不是什麼「上甘嶺精神」，而是「一窮二白」、「自力更生」之類，還有計畫經濟、票證制度、糧食副食布匹定量等等，而這樣的社會也須有相配文化，比如當時全中國唱得最頻繁的一首歌，〈文化大革命就是好〉，被人把歌詞改成這樣：

無產階級文化大革命，
嘿，九十號！九十號呀，九十號，九十號！
煙號票，酒號票，豆瓣兒豆粉全要票。
肥皂一月買半塊，火柴兩盒慢慢燒。
媽媽記，娃娃抄，號票不能搞混了。

說到這兒，倒想起一個人來，跟習爭儲落敗的薄熙來，最能玩這套把戲。二〇〇七年「十七」大後，他上任重慶市委書記，從外地空降過來，把自己的親信王立軍從大連調來做公安局長，構陷煉獄、酷刑「治官」，重手蕩平地方勢力，稱之為「打黑」，以民粹手段博得民眾擁護，頗得毛澤東「文革」訣竅；「打黑」之後是「唱紅」，二〇〇九年秋，中國最搶眼的事情，不是北京秦俑方陣式的胡錦濤閱兵典禮，而是重慶的「唱紅」，嘉陵江畔傳來高亢的「革命歌聲」——紅旗、紅歌、紅標語，組成「紅海洋」，是被人遺忘了的一個舊景觀，乃造勢煽動，一種前現代的巫術，假如我們回到「文革語境」，便知道薄熙來是在搞「黨內路線鬥爭」——他對治理中國，跟江澤民、胡錦濤有不同的思路，特別是他「善於」繼承和發展毛澤東傳統，正以更有效的新術，謀取最高權力。

恰巧最近有一份「王立軍口述」被扔到網上，其透露的真相駭人聽聞：「其實唱紅『打黑』運動中死的人多著呢，只是都被包住了，沒讓媒體知道，告訴你一個準確的數字，有幾十個非正常死亡，有上百個被打得殘廢或受傷，有上千人被刑訊逼供，有上萬人受到株連，官方說追逃了三萬七千人，實際上有十萬人左右，光忠縣就有六十一個追逃小組，可見，薄熙來搞得確實是『二次文革』啊，我是現代版的『謝富治』。」

輿論皆稱美國「滅共」，會把中共逼回毛時代，而鄧的「韜光養晦」已經露餡，那「光」既鑾又蠢無法再「韜」得回去了。玩毛術，習不幸未經文革錘煉，那時他還小，「打過老師」的大哥哥大姐姐們有經驗，可這三十年都貪腐了，據說都對他咬牙切齒。我們不知道，如今在牢裡的薄二哥，心裡會不會嘀咕：瞧，我在重慶都替你預演過了，要讓我來玩，指定比你玩得更花哨更嫻熟；而曾慶紅會不會暗暗叫悔：早知有今日，當初留下薄熙來多好……。

無論是川普的「貿易戰」，還是習近平的「細菌戰」，或者兩者兼顧，將中國逼回閉關鎖國，漂亮的說法叫「內迴圈」，按老話兒說，那叫「洋務運動」閉幕了，回首三十年師夷，鄧小平不過學了一回李鴻章而已，沒什麼「總設計」可言，然而的確令人感慨：中國起飛，黃金萬兩，貧富崩裂，山河破碎。如今鳴鑼收鼓，縮回去「迴圈」霧霾和汙水嗎？

習近平「轉攻為守」，除了大力宣傳抗美援朝、「上甘嶺精神」，備戰備荒，做好糧食及能源儲備之外，似乎應還有個「花木蘭精神」吧，還有諸如：

——啟動國家經濟雙迴圈體系；

——大力宣傳獨立自主、自力更生的精神，以舉國之力實現高科技及高端製造業突破；

——將國防開支提高到占GDP四%以上；

——突破美國構建的第一、第二島鏈，實現對美國戰略突圍；

——大力發展核武器，真正以強大的核威震懾美國的瘋狂等等。

這些都頗有這個獨裁者的風格，色厲內荏，然而更大的信號是，「中國崛起」告吹。六年前，即二〇一四年，我跟法廣安德烈有個訪談：「野蠻的崛起」，安德烈問：「今天中國的崛起，是一種什麼性質？」

中國經濟尤其是近二十年的「掠奪式」的資源耗竭型的發展，使它的資源匱乏非常嚴重。今天中國對外的發展，純屬資源爭奪上的擴張。但是如果不是因為二十五前的六四屠殺，中國完全可以走另外一條更加合理的、消耗更低的發展道路。

核心問題是，鄧小平要用經濟發展來挽回六四所造成的合法性缺失問題。如果沒有這樣一個政治危機，中國政府完全可以很合理地安排經濟發展，不必走現在這種讓中國資源全部耗盡，土地、水源、空氣統統汙染的發展道路；同時，又在分配上造成了非常嚴重的不公平，極小部分人拿走了中國九十%的財富，其他十幾億人只占百分之幾的財富，我們還付出了環境的代價。胡平對此有一個極神似的概括：「槍聲一響，變偷為搶」。

反過來說，不偷不搶的話，中國可以篤篤定定地走一條資源低消耗的發展路徑，也犯不著到海外去搶資源。今天的經濟發展道路造成中國兩個喪失：中華民族的生存家園沒有了，還有這些年的封閉造成了非常嚴重的精神荒漠，中國人失去了心靈的家園。所以我可以講，中國十億人今天在心靈上也是在流亡。

第九章

數位幽靈

十月驚奇

在全球幾個月來的高度關注下，經過一場轟轟烈烈的競選活動，美國總統大選終於在（二〇二〇年）十一月三日登場了。無論結局如何，二〇二〇年的美國總統大選都應該會在美國歷史上被記上一重筆。《河殤》撰稿人，流亡美國的作家蘇曉康先生在分析美國大選時指出，他從大選中看到的是美國左右陣營的「文化戰爭」，宗教的影子也越來越突出；從國際政治上看，他認為川普在四年前當選以及美國的國際戰略局勢布局是三十年以來的全球化所帶來的蝴蝶效應。

實際上，從多個層面來看，這場選舉都非常特別。無論是民眾投票創下新高，還是白熱化的競爭，再加上新冠疫情肆虐讓美國成為感染和死亡人數都居全球最之首的國家的背景，川普都未能倖免，他在染疫隔離入院治療一週後，迅速返回熱烈參加競選造勢活動的支持者中。而反觀他的對手，拜登團隊的競選策略似乎是以靜制動，主要原因世人皆知，雖然今年兩位競爭白宮主人的主要候選人是拜登和川普，但是如果可以將美國選民分成兩個陣營的話，很顯然並非民主黨和共和黨這兩個美國傳統大黨，而更是熱烈支持川普和極度厭惡川普的兩大派別，很多人投給拜登就是因為反對川普，而並非支持拜登的競選綱領。所以，有分析將這場選舉戲稱為「對川普的全民公投」。

「政治素人」川普的四年執政被反對人士指責為嚴重地破壞了美國的民主制度，同時也撕裂了美國，激化了種族衝突。但從另一個角度看，或許川普的四年執政和二〇二〇年選舉是一個歷史拐點。

自從二〇二〇年春天病毒蔓延以來，坊間一直流傳著「十月驚奇」的說法，誰知到了深秋，這個「驚奇」原來是美國大選，拜登代表民主黨挑戰現任總統川普。十一月三日，法廣主持人艾米採訪我，前面引的文字，是法廣這次節目的導言，這次訪問我談了對川普和拜登兩個人的看法，以及美國社會被左右撕裂的深刻背景[1]：

第一、美國中西部的中產階級，將川普送進了白宮。因為那些人所在的選區和所在的州都是關鍵性的搖擺州，而背後有一個更大的背景，那就是就是三十年來的所謂「全球化」。中國三十年的崛起，就是讓美國的資本進入了中國，讓美國大量購買中國產品，後果就是把美國中西部的工業和市場全部搶走了；

第二、在六四屠殺以後鄧小平採取「韜光養晦」策略，要江澤民和美國做生意，柯林頓非常得意，和江澤民簽署了兩個很重要的決議：最惠國待遇和世界貿易組織，促進了

1 法國國際廣播電台〈蘇曉康看美國大選：美國社會分裂原因非常深刻〉：https://www.rfi.fr/cn/ 專欄檢索 / 國際縱橫 /20201103/- 蘇曉康看美國大選 - 美國社會分裂原因非常深刻

中國的崛起。他沒有想到，中共這個集權政府是通過列寧式的集權方式來輸出廉價勞動力：在非常低的工資、沒有福利也沒有人權的保障的情況下，讓大量農民工組成中國勞工，這是有史以來從未出現過的現象：從十八世紀的西方工業革命到後來的兩次世界大戰，以及之後的美國崛起都沒有發生過類似局面；只有到了二〇〇〇年以後，中國共產黨才超越其老大哥蘇聯與西方競爭中的經濟崩潰，中共政權不僅沒有垮掉，還拿來了西方的市場經濟，也在西方造成了中產階級的赤貧化；

第三、「全球化」這種剝奪的局面要形成，需要兩種因素：一個是中國的集權制度，另一個是西方的華爾街、白宮和政府願意和中國作交易才能實現，美國那幾任總統，柯林頓、小布希和歐巴馬——兩個民主黨一個共和黨的總統，都做了這件事，所以到了二〇一六年的那場大選時，美國中西部的老百姓就把川普這樣一個地產商和億萬富翁送進了白宮；

第四、拜登就是要延續柯林頓、小布希和歐巴馬的路線，他本身就是歐巴馬的副總統，而民主黨的方針，就是要延續柯林頓當年和江澤民談判好的兩邊做生意政策，利用廉價勞動力的方式來維持美國中產階級的生活水準。我想如果拜登上台，他還是會繼續走這樣的路，因為中國這三十年來資本主義基本成型。目前廉價的勞動力已經轉移到了東南亞國家，但老闆都還是中國的；

第五、川普和拜登競爭的背後，有一場我稱之為美國的「文化戰爭」，也是左右兩翼的鬥爭。川普代表右翼，是中西部的中產階級，也是美國的基督教徒，他們反對的是左翼中包括民主黨和歐巴馬這樣的政治家，以及好萊塢現在的價值觀念所代表的新價值觀，包括同性戀婚姻、變性合法等等。左傾很超前，但沒有社會基礎，主要涉及到美國東西兩岸的大城市，包括洛杉磯、紐約的年輕人，他們受過高等教育，也非常熱衷於新的價值觀；美國中西部卻是非常廣泛的普通農民，都是基督徒，在觀念上就比較傳統，既反對伊斯蘭的極端傾向，也反對左派的超前的價值觀念。所以美國的分裂實際上是非常深刻的。

美國意識形態左右大戰，左傾福利、平均、平權而激進（如變性人等），右翼則是中西部信教民眾，守持基督教倫理底線，卻內藏「白人至上」價值，但是雙方對沖，卻受來自東方的某種因素介入，咸信中共的滲透，我則覺得更簡單，乃是中國廉價勞力，在一個壞制度的統禦之下，所向無敵，其實就是我說的「鬼推磨」。

二次大戰後，英美自由主義思潮，有讓位於左翼共產主義思潮之趨勢，國家主義、民族主義、集體主義等左傾思潮方興未艾，都成為一種新極權的土壤和氣候，以致半個世紀以來歐美之外的世界一派暴力血腥；相反，在民主社會裡，人權、民權、平等、均富等價值觀，其實是在溫室裡發育茁壯的，跟外面的血腥毫好不搭界；更有甚者，乃是「西方建制派」以生意和人權兩策應對苟活的共產體制，妄言「經濟出改革」，又「人權當外交」，其實不過是「美國利益第一」、「大財團進帳第一」而已，羞答答地掩飾西方民主制度包裹下的利己內核，由此既豢養了交易對方的極權制度，也害了兩端的老百姓。西方民粹主義的興起，恰好說明左傾幼稚全球退潮。

多貓膩：「數據政變」

美國這次大選，恰被一場瘟疫襲擊，因郵寄投票、計票軟體、人為改票等弄出大烏龍，挑戰者拜登被媒體宣布當選，現任總統川普指「大規模系統作弊」，告上法院，而謠言四起，群情激憤，觸及美國憲政根基，萬分嚴重。前俄亥俄州州務卿肯·布萊克威爾（Ken Blackwell）撰文稱「美國歷史上最大的選舉搶劫」，涉及大型科技寡頭公司、激進左派和政府官員，他們利用武漢病毒大流行來削弱、改變和消除幾十年來為維護正當選舉制定的法律。

那款軟體Dominion，中國網民戲稱「多貓膩」，因這款軟體的介入，以及使用中國供應商部件的選舉機器，釀成一場精心設計的「數據政變」，此說法由移民美國多年的中國經濟學家何清漣首創，我感覺是對這場大選最準確的概括。

> 五十年前我們可以將人送上月球，但（今天）我們不能在費城和賓州舉行可靠安全的大選，這裡到底發生了什麼？這絕對是設計好的，因為我們有這種技術，我們擁有令世界

羨慕的隱形飛機，但我們卻不能比阿富汗更好地舉行大選。

何清漣引述了賓州參議員 Mastriane 上述這段話之後，指出三點：

第一、二〇一九年民主黨的南茜・佩洛西（Nancy Pelosi）發布關於「選舉改革」的 House Resolution 1（H.R. 1）法案，長達六百頁，其一允許各州提早投票，選舉日和線上選民註冊，從而削弱了投票冊的準確性；其二要求「無過錯」的缺席投票，允許任何人以任何理由通過郵件投票。今年的疫情給了郵寄選票最好的藉口。可以說，除了實施多年的傳統舞弊手法，比如一人多次重複投票、幽靈投票、非公民投票、點票員改票、護理員受薪後在自己服務的養老院收割選票等之外，最大的舞弊發生於郵寄選票與電腦軟體系統改票。

第二、Dominion 機器和軟體，早由專家論證有問題，美國選舉委員會舉行過兩次關於機器安全性能聽證，但是多州仍採用它為民主黨在短時間內向拜登灌注選票。

第三、高科技大資本對選舉進程的介入，不止於捐款，而是直接操盤，臉書 CEO 祖克柏做得最為肆無忌憚。他們也搞資訊的壟斷，推特、臉書都通過刪帖、禁言限制保守派言論，放大左派言論的傳播效應。

但是另一種觀念認為，「系統性大選舞弊」之不可能，是結構性的，因為在美國的聯邦制中，選舉和計票都是以州為單位獨立進行的，不存在一個全國統一的選舉和計票系統，每個基層的運作和監督都是獨立的，非常局部的、地區性的操作。這種地方自治，本能地預防任何外來力量，甚至聯邦政府，直接介入地方選舉，加上兩黨高度動員互相監督機制，操縱全國或者操縱州的大選，難度都極大。這次大選，民主黨有沒有超常能力突破這種結構而操作全國，只能存疑而難以證實，有種分析認為，他們模仿共產主義運動而多年推行的勞工／社區，有效地組建網路，其組織能力非渙散的共和黨可比。

「系統性大選舞弊」之可能，跟那款「多貓膩」軟體有關，而美國特種部隊在德國法蘭克福，火拚中央情報局，奪得一部伺服器，這些證據，都在一個人手裡，即律師鮑威爾，她在不同地區的法院發起多個訴訟，均提到「多貓膩」投票系統被用來系統性地操縱、作弊、竄改，卻沒有一個立案成功。按照憲法，十二月十五日那天，全國所有各州分別正式確認其選舉結果之後，法院就沒有權力改變選舉結果了，所以鮑威爾律師掌握的證據，必須在此前遞交法院立案，然而法院聲稱至今也沒有從她那裡收到可以立案的證據。

局外人與沼澤

二〇二一年元月六日，川普號召了一場「人民運動」，抵制國會認證拜登當選，據說上百萬美國人響應號召，從全國各地驅車奔赴華府，網絡上鋪天蓋地、車流滾滾的視頻，皮卡（Pickup）尤其多，顯示大量藍領，聲勢浩大，然後是華府街頭、方尖碑廣場、憲法公園萬頭攢動，人山人海，堪稱民主壯景。

十二年前，二〇〇九年一月二十日，歐巴馬登上歷史舞台，我在《鬼推磨》中稱他乃「中興之主」[2]：

> 華盛頓方尖碑廣場上雲集了兩三百萬美國人，前來觀看他的就職典禮，他們何能甘心美國的衰落呢？這個國家還那麼年輕，她的國力還那麼強盛，而環視周遭又哪裡出現了替代者？這個黑白混血兒確乎是氣度不凡，演講情詞並茂，剩下就要看他的運氣了。

哪個才算民主？兩場集會皆萬眾沸騰，歷史卻已經翻轉，貧富黑白左右再次對立撕裂；而話語顛倒，當年的Yes而今成No，又有新詞彙誕生：沼澤，還有對應詞「局外人」。

弔詭的是，歐巴馬雖能在美國造出他的克里斯瑪（Charisma）神話，充分動員了至少兩種文化／種族心理，一是非洲裔美國人的認同滿足感，一是白人的救贖滿足感；當然還可以包括第三種，即所有有色人種的成功感，「Yes, We can」乃是最具涵蓋性的一個口號，然而，它不免是一個幼稚的左派泡沫，全民福利、控槍、全球暖化，卻媾合華爾街；醫保普及，卻令受保者和國家雙方都不堪負荷；大搞「社會主義」之際，卻聽任華爾街集體瞎搞。歐巴馬撤軍阿伊、放縱中國在南海擴張，令中共坐大，美國再次遭遇強敵，則是一個重大戰略失誤。

---

2 蘇曉康《鬼推磨》第五章，頁二二九。

有一則祕聞稱，副總統拜登的兒子杭特，在白宮說服歐巴馬允許中國在南海珊瑚礁築島，顯示民主黨與中共沆瀣一氣，而柯林頓夫婦引北京入最惠進世貿，乃是中國崛起的金鑰匙，到底把美國搞窮搞糟了。這股勢力，最進被美國民眾冠以「沼澤」（swamp）之稱，還有一個別稱「深層政府」（Deep State Swamp）。他們要找一個人來「抽乾」沼澤，無疑他不能在「沼澤」裡，必須是一個「局外人」，或稱「政治素人」。

於是接下來便有「二〇一六年美國大選成兩個惡棍的爭奪」：

川普只是一個張狂的商人，希拉蕊才是陰險的政客，與好萊塢華爾街沆瀣一氣，代表美國正宗資本主義，大選第二場辯論川普笨嘴拙舌，希拉蕊則頗顯老辣辯才，媒體也傾向她，民調卻說川普占上風，細想之下，原來希拉蕊雄辯「政治正確」那一套，已是年輕選民和「紅脖子」們（the red necks）不要聽的（相反他們更欣賞川普的粗鄙），而希拉蕊引述蜜雪兒的話居然成敗筆，這才看到美國隱蔽的「種族立場」，歐巴馬魅力盡失被大眾拋棄，希拉蕊和她的競選團隊未能把脈這個這個隱晦的民意（情緒），可能輸掉這場選舉。西方制度強於人，人性缺陷被制度過濾淨化，乃是此制度特色中比分權功能更大的優點。

難道「制度淨化人性缺陷」，也是一個神話嗎？美國迎來一位「憨大」總統，偏偏性格毛病極多，川普確乎承諾他的「蓋茲堡演說」，主攻華盛頓建制派和全球化（華盛頓、北京、華爾街），造反資本主義，引來華爾街、大媒體和好萊塢的聯手圍剿、口誅筆伐，弄到只有一個推特可用，搞了四年「推特治國」。美國經濟在他治下可圈可點，但是他應對瘟疫，一敗塗地，就在於他的性格。川普夫婦十月二日中招，雖迅速復原，卻已於競選投下陰影，因為他的防疫政策失敗在先，而他本人拒絕相信專家意見而視病毒於不顧，恰在證實左翼菁英對他的詬病，大選情勢下，國民何敢將全國安危置於其手掌？這位地產商坐進白宮後弱項一再敗露，但是我更擔憂他敗給民主黨，令美國再給四年綏靖北京，恐難翻身矣！

「沼澤」似欲畢其功於一役，終結川普這廝，竟傾巢出動，他先被民主黨舞弊奪走選票（拜登曲線），接下來共和黨大老麥康奈出面拋棄他，再接連被三權分立的最高法院、國防部等拒絕，最後連他的副總統彭斯也背叛了他，於是他只剩下一條路：號召人民，他也只能用推特號召，說二〇二〇年大選是「我們國家歷史上最大的騙局」，號召支持者不要放棄，「一月六日華盛頓見，大家不要錯過了這個資訊」。

他絕對想不到後來出現的失控，「和平抗議」總會被「少數暴徒」演成一場暴亂，而遭到全世界譴責，好像三十年前的「八九學運」又在華府重演，遠在北京偷笑的，已非鄧小平了。

不過，我對大選紛爭興趣不大，選情洶洶之下，我測試自己，發現難怪半個世紀前我是個「文革逍遙派」。緣由倒不是美國人，而是華裔們，準確說是中國大陸移民，網稱「華川粉」，或「黑川」，儼然對立為兩個陣營，猶如文革中的「保皇派」和「造反派」，互相廝打不說，還決裂、「退群」，據說多年好友反目，比比皆是，這不是很像當年文革嗎？

最像文革的地方，是一些特徵：沉迷各種謠言，更著迷高層內幕分析，甚至代入角色設計謀略、民粹語言氾濫；

如文革者還如：有一個絕對的克里斯瑪（毛、川）；也有一個絕對壟斷的邪惡勢力（四人幫、大媒體、社交媒體巨霸、華盛頓沼澤）；當然還有在野的「我們人民」（we people）；

以及抗議方式如遊行示威，一小部分人強烈主張「武鬥」，最後幻覺是「川普軍管鎮壓」。大家彷彿「午夜夢迴」，做了一次「懷舊文革」的時間穿越，多為六、七十歲的暮年族群，無疑我也在其中，一個邊緣族群被中心震盪所波及……

中國人經過文革和八九兩場「人民運動」，雖然整體的評價至今眾說紛紜，沒有定論，但是我估計參與者都會有一個共同經驗，那就是兩個字：失控，因為失控帶給我們的「血的教訓」，太嚴重了。

六月份「黑命貴」打砸搶引起的騷亂，令我想起研究法國大革命的古斯塔夫·勒龐，他寫了一本《烏合之眾——大眾心理研究》，成為中國人研究文革的極好支援意識，我在第七章〈美國鬧文革〉中已有詳述，此處不贅述。今天看來，除了中國在專制底下特別「歲月靜好」，全世界似乎都在進入一個動盪期，所以勒龐的知識會慢慢受到重視，因為他說得很管用，認為人們為偶然事件或一個目標而聚集在一起，自覺的個性就會消失，成千上萬孤立的個人也就獲得了一種心理群體的特徵，受著無意識因素的支配、大腦活動消失、智力下降、感情徹底變化，基本上就是兩個特徵：低智商和受操控。這次川普號召的「攻占國會」，再一次證實了勒龐，他的知識具有普世性，甭管法國人、中國人還是美國人，概莫能外。

假如，川普身邊的顧問中，有人讀過勒龐，把這些淺顯的知識跟他講一下，也許他不必再做此敗筆。然而，我們也會問：半個世紀前，毛澤東在天安門城樓上檢閱百萬紅衛兵時，他想到了後來的全國內戰、天下大亂，以致「九一三」溫都爾汗爆炸了嗎？

誰是Q？

川普用推特號召了一場「暴亂」，推特則對他實施了「專制」，將一位總統的帳號封殺。於此同時，左傾的臉書、推特加強審查機制，箝制保守派的聲音，隨後三大網路巨頭又聯手「絞殺」了川普支持者的新陣地Parler。輿論驚呼一個「數字暴政」降臨了。

自從這次大選以來，傳統媒體聯手封殺川普，乃是網路上謠言滿天飛的肇因，除非你像中共那樣築防火牆封網，直接實行專制主義，而網路是一塊脫韁野馬的西部荒野，更是人們口無遮攔逞嘴快的地界，各種極右極左的陰謀論、精神錯亂的斷言分析、毫無根據的預報猜測，像洪水一樣，在臉書、推特、YouTube、google 各平台氾濫。

其間最火的，叫「匿名者 Q」（Qanon），它的謠言聳聽、怪誕、奇異，追隨者瘋狂，全球據說至少數十萬 Q 迷，劇烈影響大選。這個現象，可說西方在價值（信仰）衰落之際，因領袖低能、政治系統失調、媒體偏激而衍生各種解構元素，謠言主導了輿論傾向和受眾情緒。

我很晚才注意它，還是被一個「小甘迺迪沒死」的消息，吸引到它那邊，它說老布希葬禮上，與會者皆收到一封信。

二〇一八年十二月五日，美國首都華盛頓 DC 的國家天主教大教堂，舉行前總統老布希的葬禮，美國政要名流都來了，如柯林頓夫婦、歐巴馬夫婦、拜登夫婦、小布希夫婦、川普夫婦、彭斯夫婦等，他們都收到一個信封。

信封裡面的卡片寫著：「他們知道了所有的事。對不起。」

署名是老布希。

小布希夫妻收到的字條，裡頭說：「Your father Bush was executed for his assassination of my father, JFK, and you are next.」（你的父親布希因暗殺我父親甘迺迪而被處決，你是下一個。）

署名是小甘迺迪。

網傳小甘假死，因為他弄清楚了其父係布希家族所殺，而人家實力雄厚，他報不了仇，於是製造空難死亡，隱名埋姓組織Q，伺機……一看便知，這是借甘迺迪故事編造出來的，而甘迺迪遇刺事件，有一種說法，它好比美國歷史裡一條噴火猛龍，因為它與越戰有關。這又講遠了，回到Q。

美國有一個叫4chan的網站，在此發文不需要註冊，所以很多不願意暴露個人資訊的人都來在此發帖。二〇一七年，4chan上出現一系列神祕的帖子，發帖人署名為Q，漸漸被人稱之為「Qanon」（匿名者Q）。Q的貼文專門揭露美國政壇大老的隱祕，以及其他機密，但是總不直接講出答案，只給線索，讓追隨者自己尋找答案，像是一個大型猜謎遊戲，吸引了很多人來解題，可見它的策略之妙。

Q表示，知道他們身分的人不超過十個，其中只有兩位不屬於美國軍方。人們普遍認為Q是若干個處於美國政府內部的人，他們能接觸到美國最高保密等級，Q迷們相信川普和Q極為密切，甚至很可能就是成員之一。

Q講歐巴馬，提到「Huma在哪裡？」HUMA是哈佛大學穆斯林同學會（Harvard University Muslin Alumini）的縮寫，有位沙特王子，二〇一七年十一月四日因貪汙被捕，他就是HUMA的金主，資助歐巴馬讀哈佛，所以歐的真實身分是穆斯林。

Q指出，希拉蕊母女都戴過反基督的倒十字架項鍊。

Q最大的一個揭祕，是說崇拜撒旦的戀童癖控制了美國。它揭露美國政壇、金融界、科技界、新聞界，甚至最高法院大法官，還有娛樂圈大老們，多為撒旦教崇拜者，他們組成一個小集團，長期施行兒童販賣，他們很多人都是戀童癖。

Q認為有一個陰謀集團，試圖通過「大重置」計畫，控制全人類，而川普總統阻止了這一計畫。其實沒那麼神祕，因為確有一個關於資源管理的大重置設想，試圖以前所未有的規模，以數位科技精度清點全球，然後高效管理和控制所有人類資源，這近乎是一個地球資源的共產主義烏托邦，或者是另一種形式的「數位暴政」，完全沒有把人性計算在內；而當西方科學家耽於幻覺之際，習近平去年底已經在虛擬G20峰會上，呼籲全球範圍內採用中共的QR碼系統，即「數位免疫護照」，其根據核酸測試結果識別人們健康狀況，綠碼者可自由旅行，橙碼或紅碼者需隔離兩週，等於將中共在國內有效監控人民的那個「人體追蹤系統」布網全球，這跟北京當初放毒，正好配套。

接下來再講一個Q的故事，你就當看一部軍事片吧：

二〇二一年一月一日的，川普跟最信任的佛林將軍祕密研討三個小時。佛林將軍建議，從中東召回「尼米茲」號。如果一月六日發生意外，川普轉移到「尼米茲」號上。「尼米茲」航母戰鬥群有兩艘「維吉尼亞」級攻擊型核潛艇，每一艘攜帶了四十枚核彈頭，足以威懾整個華盛頓D.C.，在此情勢下，川普可以通過七千萬支持者，要求重新大選。

「尼米茲」號航空母艦艦長特德．布蘭奇上校，是一個保守派，美軍十一個航空母艦艦隊中，唯一支持川普的艦長。

川普下令國防部長克里斯多夫．米勒，立即將「尼米茲」號航空母艦召回美國本土。命令一發出，五角大廈譁然。國防部長和總統，竟然繞過五角大廈的參謀部，直接給航母戰鬥群下達部署指令，而「尼米茲」號竟然真的啟動回國。

一月二日，參謀長聯席會議主席馬克．米利趕緊給布蘭奇上校電話：「為什麼直接回國？」

布蘭奇：「這是三軍統帥川普總統跟國防部的合法命令。」

馬克．米利無奈，聯絡拜登與裴洛西。拜登團隊認為，必須阻止尼米茲號返回本土。

一月三日，馬克．米利立即約米勒到五角大廈開會，同時召集在世的十個退休國防部長。十部長與參謀長米利同時對米勒施壓，如果尼米茲號返回本土，一旦發生軍事意外，他們會將米勒送上軍事法庭。

米勒：「我一個文官，你們送我上軍事法庭？」

米利：「不是軍事法庭就是聯邦法院，反正都一樣。你必須下令尼米茲返回中東。這是拜登的意思。」

米勒：「我只聽現任總統的命令。」

於是米勒去白宮請示，在路上他突然收到新聞，十個退休的國防部長發出公開信，要求軍隊不得捲入大選爭議。

軍中大量十部長的舊部，米勒知道大勢已去。到了白宮，米勒說：「我不下令，尼米茲號會被攔截，一樣回不來，我明天就是罪人。」

川普臉色鐵青。

米勒回到五角大廈，密電布蘭奇上校，停止回國，返回波斯灣。

以上是虛構，真實新聞是，一月十二日美國參謀長聯席會議正副主席馬克．米利和海騰（John E. Hyte），連同六大武裝部隊參謀長發表聲明表示，「作為軍人，我們必須體現國家的價值觀和理想。我們擁護和捍衛憲法。任何破壞憲法進程的行為不僅違反我們的傳統、價值觀和誓言，而且是違法的。」

聲明稱，「二〇二一年一月六日發生在華盛頓特區的暴力騷亂是對美國國會、國會大廈和我們的憲法程序的直接攻擊。我們對兩名國會員警和其他與這些前所未有的事件有關的人的死亡表示哀悼。我們目睹了國會大廈內不符合法治的行動。言論和集會自由的權利並沒有賦予任何人訴諸暴力、煽動和叛亂的權利。

「作為軍人，我們必須體現國家的價值觀和理想。我們支持和捍衛憲法。任何破壞憲法進程的行為，不僅違背了我們的傳統、價值觀和誓言，而且是違法的。二〇二一年一月二十日，根據憲法，經各州和法院確認，並經國會認證，當選總統拜登將舉行就職典禮，成為我國第四十六任三軍統帥。

「對我們部署在國內的保衛我們國家的男男女女來說——時刻準備著，盯著地平線，專注於任務。我們對你們為保衛每一個美國人所做的持續服務表示敬意。

「近二百五十年年來，美國人民一直信任美國武裝部隊來保護他們和我國憲法。正如我們在整個歷史上所做的那樣，美國軍隊將服從文職領導人的合法命令，支持民政當局保護生命和財產，依法確保公共安全，並繼續全力以赴保護和捍衛美國憲法，抵禦一切國內外敵人。」

聲明由美國參謀長聯席會正副主席米利和海騰、陸軍參謀長麥康維爾（James C. McConville）、海軍陸戰隊司令伯傑將軍（David H.Berger）、海軍作戰部長吉爾代（Michael Gilday）、空軍參謀長布朗（Charles Q. Brown Jr.）、太空作戰部長雷蒙德（John W. Raymond）、國民警衛局局長霍坎森（Daniel R. Hokanson）共同簽署和發布。

然而，還有更大的焦慮。眾議院議長裴洛西（Nancy Pelosi）也跟米利連繫，她擔心「一個精神錯亂的總統」，使用核子密碼，按下攻擊按鈕；但是米利告訴她，美國憲法賦予總統發動核子武器的獨一權力，國會不能干預，國防部首長、軍事將領和平民，都必須遵守其命令，不論同意與否。只有總統才能夠使用的核子攻擊密碼，然而依據戰爭法，軍事官員可以拒絕執行違法的命令。

眾議院也通過一項決議案，要求副總統彭斯和內閣使用他們的憲法權力，罷免川普總統，然而彭斯拒絕了，他寫信給裴洛西說，他反對動用憲法第二十五條修正案罷免川普總統：「我不認為這項行動符合國家的最佳利益或國家的憲法」，而且他認為「有違憲法，並開啟一個可怕的先例」，他強調，相關憲法修正案只有在總統因健康或者精神原因不具備履政能力時才適用，而不能作為懲罰手段。《紐約時報》譏諷他：「彭斯最後關頭反抗川普的代價是丟掉了自己的票倉，將永遠不可能成為美國總統。」

總之，川普四年執政，折騰個夠，很難在美國歷史上找到先例，我便從《西遊記》裡，借「孫猴子大鬧天宮」的中國典故，來說天界也算寬宏大量的。

舊宮還朝

大選塵埃落定，拜登登基，從他釋出的兩個資訊來看，這一屆政府不會改變對華政策，一是啟用對華還算強硬的布林肯做國務卿，他贊同龐培歐定性中共在新疆實行「種族滅絕」政策；二是邀請台灣駐美代表蕭美琴出席就職典禮。這兩條並未影響中國外交部發言人依然阿諛拜登是「善良的天使」，可見其殷勤心態。「美國再次偉大」、孤立主義、推特治國，統統成過去時，她會往哪裡去？

一月二十五日我在臉書貼了一則「輪到美國韜光養晦嗎？」：

然而華盛頓沒有新貴，只是舊宮還朝，拜登也只有返回「全球化」一條路可走，所謂「老馬要吃回頭草」，去年底我對法廣艾米便說過這個預測，問題是「橋燒了、路毀了」，美國要修補對華關係還能對其強硬下去？其中的貓膩兒，有點像以前鄧小平對美的「韜光養晦」，也說不定，不過從柯林頓、歐巴馬、小布希三屆積累了許多經驗，包括拿人權做交易，「華盛頓沼澤」就是這麼蓄出來的。

《明鏡》陳小平看到這則臉書，便來邀我網上聊聊，我先提了一個細節：鄧小平對西方祭出「韜光養晦」謀略，這四個字曾經也是林彪當年對付毛澤東的謀略，所以要讓西方人懂得中國傳統陰謀，實在也是難為他們。

我說美國對華政策的潛台詞，是尼克森的一句話：取消對中國最惠國待遇，最大的受害者並非中國，而是「仰息自由市場的人們」。這句話要翻譯才能懂，即西方「自由市場」離不開中國廉價勞動力，這幾乎如同資本離不開利潤一樣。六四屠殺後，尼克森第一個發出聲音，就是提醒布希「不要弄壞雙方關係」，我在《鬼推磨》中特別寫過一段文字，講「德州佬」如何跟「四川佬」打太極拳[3]，其中提到老布希與鄧小平玩那個「六四綠卡」遊戲：

3 蘇曉康《鬼推磨》第一章，頁四三～四七。

輿論說布希有一招老謀深算，即送「六四綠卡」給中國留美學生，將中國近二十年來被訓練成功的極少數人才大多留在美國——鄧小平恢復高考，十二億人裡受過高等教育的充其量不過一千萬，百分之一；這中間的百分之一即十萬人，由西方正規訓練出來的，其中十分之一即一萬人，乃是中國菁英裡的菁英，全數留在美國，這筆買賣鄧小平是賠得精光，中國資源匱乏、人口膨脹，算下來只有人才是唯一剩下的資源，還讓人才最豐富的美國掘走了。

陳小平糾正我，說持「六四綠卡」（民間亦稱「血卡」）不是十萬而是四十萬之眾；然後我們討論誰勝誰負？當年美國職業市場其實吃不下所有四十萬中國留學生，他們當中很大一部分拿了「六四綠卡」又返回中國，今天的一個猜測是，這批留學生，對「中國崛起」起了何等的作用，是一個絕好的課題，可惜未見有人研究。

鄧小平其實只有一個謀略：經濟救黨。他在後毛時代，救毛的合法性喪失，才搞「改革開放」、「白貓黑貓」那一套；「六四」屠殺後，他要再救一次合法性，還是經濟這一套，他哪裡知道老布希柯林頓會迎奉他，拉他進世貿，他就知道有救了，什麼也不需要改，所以他才敢對李光耀說「殺二十萬穩定二十年」。

然而，陳雲比鄧小平看得更深，依然憂慮「合法性」，才有「子弟接班」的戰略出籠，說明他並不覺得「經濟可以救黨」，這是今天習近平的合法性來源，弔詭地反映了「太子黨」恰恰沒有「合法性」安全感，這又是習近平色厲內荏的根源。

但是鄧小平對美「韜光養晦」，居然大獲全勝，以至三十年後美國大呼後悔，副總統彭斯直言三十年對中共「零容忍」，卻扶持了一個忘恩負義的敵人。這裡可以做一個比擬式的想像：第二次世界大戰中，羅斯福令美國的製造業，充當「全球民主兵工廠」，這種規模，在不到一個世紀後，盡數被東方的一個共產黨政權拿走。

我們也聊到「美國對華百年失利」，若回眸二戰以來中美關系之演變，則更是令人蹉跎，金鐘先生曾有一個梳理：美國對華綏靖主義史話[4]，我讀後簡單為他列了一條線：

> 羅斯福（親華）、史迪威（惡蔣）、馬歇爾（融共）、麥克亞瑟（挺蔣）、尼克森、季辛吉（熊貓派）。

這其中又有兩個歷史細節，頗彰顯人事關系和人的性格成為歷史造因，有時候會超越那些更宏觀和決定性的形勢或力量對比。

芭芭拉・塔奇曼那本著名的史迪威傳記，透露中國遭遇「共禍」的根源，實乃蔣介石與

4 「光傳媒」：https://www.ipkmedia.com/ 金鐘：美國對華綏靖主義史話

史迪威的崩解，使羅斯福失去寄望中國（國民黨）成為美國戰勝日本的輔佐力量（主要是陪美國消耗兵力），轉而在雅爾塔請史達林出兵中國東北，此乃國民黨失去中國大陸的決定性因素，蘇軍占領東北，毛澤東派林彪出兵關外，國民黨就輸定了。蔣史公案，則中美制度差異之大，兩人性格缺點皆被放大，又使兩種制度的缺點亦被放大，此為毛澤東這梟雄得逞之訣竅，而一個「醋性子喬」（Vinegar Joe）的性格，亦為中國幾億人一個世紀災難的偶然造因。

金鐘講了另一個故事：毛周一九四四年曾密謀會見羅斯福總統而不得，近三十年後無惡不作、眾叛親離，卻接到天上掉下來的餡餅，由美國大總統送上門來。原來一九六九年有一場核武危機被利用。該年三月，中蘇在邊界珍寶島（達曼斯基島）發生武裝衝突。這無人小島，主權未定，多年來由蘇方巡邏看守，並無衝突。文革是反蘇高潮，毛決定在珍寶島動武，搞一場對蘇「反擊戰」，雙方交火幾次，出動國防軍，使用新武器。蘇軍陣亡五十八人傷九十四人。事件震動莫斯科高層，軍方主張使用「外科手術式」核武，打擊中共核基地，「一勞永逸地消除中國威脅」。蘇方將此計畫告知有核合作的美國。季辛吉、尼克森獲悉，商定阻止蘇用核武，並通知中共。做一單不顧國格的大交易。從此季辛吉演繹的中美外交，成為一個新模式，被稱為「熊貓派」。

過去五百年，全球有兩個權力大轉移，第一次是西歐興起，第二次是美國崛起，其基本含義即是對全球資源的控制，所以九〇年代初美國有所謂「新保守主義」，是美國的右翼，又絕對離不開石油，有位國防部次長沃爾福威茨研製出「美國第一」路線圖：一、控制全球能源和戰略資源；二、壓制所有潛在對手（包括以法德為代表的「舊歐洲」和聯合國一類超主權組織）；三、通過控制戰略資源，扶植「新歐洲」、「新中東」。他跟迪克·切尼、拉姆斯菲爾德並稱「三大右王」，然而他們還沒來得及照劇本演繹，「九一一」突如其來，倒也給了他們大幹一場的機會，發動戰爭功陷伊拉克。這一派雖然是共和黨，但是他們不過是更露骨徹底的實施「美國第一」戰略，那時候他們甚至沒有把東亞的中國放在眼裡，只視其為一個提供廉價勞動力的市場，可以為美國生產廉價生活用品，維持中產階級生活指數不墜。

民主黨則是左翼，大政府、福利養窮人、開放移民，後來又弄了一個「全民醫保」，雖然這種政策在歐洲已經搞得經濟萎靡，但是美國左翼只需抓住中國市場和廉價勞動力，一切都玩兒得轉，前提是必須回到對中國的綏靖政策，要中共配合，所以拜登自是請回希拉蕊的原班中國政策團隊，幾乎是「舊瓶舊酒」，至於這三十年吃了中共「韜光養晦」的虧，傷疤還沒好，就重蹈覆轍，似乎民主黨要執政，捨此也無它途。

大疫之年，全球鎖住；毒霧東來，瘟戰驟起；東西對峙，中美交惡；白宮換人，舊宮還朝；彼岸不見，前景茫茫……。

二〇二一年二月九日停筆
大疫中春雪
是日美國確診人數達二千七百六十一萬，死亡四十七．四萬
全球確診人數達一．〇七億，死亡二百三十四萬

INK PUBLISHING

蘇曉康作品集 06

瘟世間

作　者　蘇曉康
總 編 輯　初安民
責任編輯　陳健瑜
美術編輯　林麗華
校　對　孫家琦 陳健瑜 蘇曉康

發 行 人　張書銘
出　版　INK 印刻文學生活雜誌出版股份有限公司
新北市中和區建一路 249 號 8 樓
電話：02-22281626
傳真：02-22281598
e-mail：ink.book@msa.hinet.net
網　址　舒讀網 http：//www.inksudu.com.tw

法律顧問　巨鼎博達法律事務所
施竣中律師
總 代 理　成陽出版股份有限公司
電話：03-3589000（代表號）
傳真：03-3556521
郵政劃撥　19785090 印刻文學生活雜誌出版股份有限公司
印　刷　海王印刷事業股份有限公司

港澳總經銷　泛華發行代理有限公司
地　址　香港新界將軍澳工業邨駿昌街 7 號 2 樓
電　話　(852) 2798 2220
傳　真　(852) 3181 3973
網　址　www.gccd.com.hk

出版日期　2021 年 4 月　初版
ISBN　978-986-387-395-2

定　價　380 元

國家圖書館出版品預行編目資料

瘟世間 / 蘇曉康 著；--初版, --
新北市中和區：INK印刻文學，
2021.04 面 ；14.8 × 21公分.（蘇曉康作品集；6）
ISBN 978-986-387-395-2（平裝）
1.中國大陸研究　2.言論集
628.7　110003469

舒　讀　網

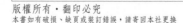